AR FY NGWAETHAF

Ar fy ngwaethaf

John Stevenson

bwthyn
GWASG Y BWTHYN

ISBN 978-1-907424-68-7

Cyhoeddwyd gyda chymorth ariannol
Cyngor Llyfrau Cymru.

Cyhoeddwyd ac argraffwyd gan
Wasg y Bwthyn, Lôn Ddewi, Caernarfon LL55 1ER
gwasgybwthyn@btconnect.com

CYNNWYS

DIOLCH

Diolch i'r rhai a fu efo fi ar hyd y daith.
Dwi wedi eu siomi sawl gwaith
ond maen nhw wedi aros yn driw i mi.

LLINELL AMSER JOHN

1951	Geni ym Mangor
1956-1962	Ysgol Llangoed
1962-1969	Ysgol David Hughes, Porthaethwy
1969-1973	Coleg y Brifysgol, Bangor; Graddio mewn Hanes
1973-1976	Gweithio yn Aliwminiwm Môn fel swyddog personél dan hyfforddiant; Priodi Linda; Cael fy ethol ar Gyngor Bangor
1976-1979	Swyddog Personél Cyngor Arfon
1979	BBC Bangor, gohebydd llawrydd
1980-1985	Aelod o staff y BBC fel newyddiadurwr
1985-1993	Cael fy niswyddo, ac yna byw ar y stryd; fy mlynyddoedd coll
1993-1997	Gweithio i Ann Clwyd AS
1997	Cael swydd yn ôl efo'r BBC yng Nghaerdydd
1999-2005	Gohebydd Seneddol, Llundain
2005-2013	Gohebydd Gwleidyddol, BBC Bangor
2013	Gweithio fel newyddiadurwr / cynhyrchydd llawrydd

RHAGYMADRODD

'Er gwaetha pawb a phopeth, ry'n ni yma o hyd.'

'Yma o Hyd', Dafydd Iwan

Cyfeirio at y Cymry yr oedd Dafydd, wrth gwrs, ond o newid gair neu ddau, mi allai'r gân fod yn anthem bersonol i minnau. Ydw, mi ydw innau yma o hyd hefyd, ond ar fy ngwaethaf y mae hynny. Mi fasa petha wedi medru bod yn dra gwahanol . . .

Mi fydda i'n meddwl weithiau, fel y mae pawb ohonom wrth fynd yn hŷn, am wn i: beth pe bai'r hyn ddigwyddodd i mi heb ddigwydd? Beth fyddwn i wedi'i gyflawni pe bai'r amgylchiadau wedi bod yn wahanol a finnau wedi ymddwyn yn wahanol ar adegau penodol o 'mywyd? Lle faswn i wedi mynd o ran gyrfa yn y BBC? Faswn i wedi llwyddo i greu gyrfa wleidyddol i mi fy hun, fel oedd yn uchelgais gen i ar un adeg? Neu a faswn i wedi llwyddo i wireddu un arall o fy mreuddwydion cynnar, i fod yn un o hoelion wyth y Bedyddwyr Cymreig?

Ond dwi wedi rhoi'r gorau i feddwl fel'na erbyn hyn. Does 'na ddim pwrpas iddo fo. Peth hawdd ydi edrych yn ôl a meddwl y gallai pethau fod wedi troi allan yn well. Wrth hel meddyliau fel hyn yn ddiweddar, fe'm trawodd i fel mellten, bron:

'Diawl, John, nid "Be fasat ti wedi medru ei gyflawni" sy'n bwysig, ond "Be ti *wedi'i* gyflawni, er dy waetha di dy hun".'

A phwysicach na hynny hyd yn oed ydi'r ffaith fy mod i wedi adfer fy mherthynas efo fy mhlant, ac efo fy mam, a bod fy nhad wedi mynd i'w fedd yn gwybod nad oeddwn i'n wastraff amser llwyr. Do, dwi wedi bod yn y gwter, yn llythrennol; dwi wedi ceisio lladd fy hun; dwi wedi bod trwy'r felin yn emosiynol, a fwy nag unwaith dwi wedi llwyddo i ddistrywio gyrfa neu gyfle addawol. Ond rywsut, rywfodd, mi ddois i drwyddi. Ydw, dwi yma o hyd – ar fy ngwaethaf.

Dyma fy stori . . .

Ysbryd tangnefedd ym mhwll disberod

Wel, wel, mae hi wedi dod i hyn, ydi hi? Beth fasa fy nhad a'm mam yn ei ddweud pe baen nhw'n fy ngweld i rŵan, yn y ffasiwn stad? Heb newid fy sanau, llnau fy nannedd na thorri fy ngwallt ers misoedd, heb sôn am olchi fy wyneb.

Ydi, mae hi wedi dod i hyn . . . Fedrwn i ddim suddo'n is. Tyrchio mewn sgips archfarchnadoedd am fwyd, codi *doner kebabs* wedi hanner eu cnoi oddi ar y llawr, hel stwmps sigaréts pobol eraill i wneud smôc i mi fy hun, a hyd yn oed yfed fy mhiso a fy chwd fy hun er mwyn yr alcohol oedd ynddyn nhw. Hen chwedl alcis. Mae rhywun yn dysgu pethau rhyfedd ar y naw pan mae o'n byw ar y stryd.

Mae'n ddydd Nadolig 1985, a dwi wedi cael lle diogel i gysgu tu ôl i ganolfan siopa Broadmead ym Mryste. Dwi wedi gwneud nyth i mi fy hun efo bagiau duon yn llawn sbwriel; mae gen i botel neu ddwy i gadw cwmni i mi, ac mae popeth mor gyfforddus ag y gallen nhw fod i rhywun sy'n byw ar y stryd, dan yr amgylchiadau mwyaf llwm.

Ond yna, dyna gysgod dros y cyfan. Mae'n perthyn i ŵr croenddu, mawr, sydd wedi dod o hyd i fy nghuddfan. Beth wnaiff o rŵan, tybed? Fy mygwth i, er mwyn cael fy mhoteli? Fy nyrnu fi er mwyn eu cael nhw? 'Ta'u cymryd nhw p'run bynnag, am ei fod o'n gwybod na fyddwn i'n ymladd yn ôl? Diolch i Dduw, wnaeth o'r un o'r rhain, ond mi ges i lawer mwy o sioc o weld yr hyn ddaru ddigwydd. Cynnig plât papur i mi wnaeth o, a beth oedd arno ond darn o gyw iâr a mins pei.

'Merry Christmas, brother,' meddai, cyn diflannu i'w loches garbord ei hun.

Bron i chwarter canrif yn ddiweddarach, mae'r weithred yn dal yn fyw iawn yn fy nghof. Hyd yn oed yn fy mhydew o anobaith, roedd 'na ysbryd brawdoliaeth ar gael, roedd 'na gariad a charedigrwydd a gofal am gyd-ddyn, a dwi'n cofio'r profiad hwnnw'n fyw iawn. Tangnefedd Duw a fo gyda tithau hefyd, frawd, meddyliais.

Mi adferodd y gymwynas syml honno fy ffydd mewn dynoliaeth ar adeg dywyll iawn, iawn. Ond doedd dim angen adfer fy ffydd yn y ddynol ryw mewn gwirionedd. Doedd dynoliaeth ddim wedi gwneud dim byd o'i le. Y fi oedd y drwg. Y fi oedd angen adennill ffydd ynof fi fy hun, oherwydd nid byw ar y stryd am wyth mlynedd oedd yr isafbwynt. Roeddwn i wedi bod mewn lle llawer gwaeth – ac is – na hynny hyd yn oed. Ym Mryste y digwyddodd hynny hefyd – ym mhen draw gorsaf drenau Temple Meads a bod yn fanwl gywir.

Fan'no y dewisais roi diwedd ar y cwbl, a cheisio lladd fy hun . . .

Ond sut roeddwn i wedi cyrraedd y fath stad yn y lle cyntaf?

Wrth dderbyn y gwahoddiad i sgrifennu'r llyfr hwn mi addewais i mi fy hun y byddwn i'n gwbl onest ynglŷn â phopeth. Fel arall doedd 'na ddim pwrpas ei wneud o. Ac mi gewch chi'r hanes cignoeth – *warts and all* – yn y man. Yn y cyfamser, dwi am fynd â chi'n ôl i'r dechrau.

Ddoe yn ôl

'Mae Leusa wedi marw!'

Rhuthrais drwy ddrws y ffrynt yn gweiddi nerth fy mhen, ar bawb oedd yn gallu clywed, fod Leusa wedi'n gadael.

Doeddwn i fawr mwy na phump oed ond roedd fy ngalar a'r dagrau yn amlwg. Mi oeddwn *wedi* ypsetio. Ond roedd 'na broblem! Wyddai Nain na'r bobol drws nesaf, na'r cymdogion eraill, pwy ar y ddaear oedd Leusa heb sôn bod y wraig druenus wedi marw! Dyma gael row am ddweud celwydd. Ond er gwaetha'r cerydd a'r bygythiad o gael chwip din, mi oeddwn i'n benderfynol fod Leusa wedi marw, a bod rhaid dangos i Nain.

Gyferbyn a thŷ Nain a Taid yn Glanrafon roedd llain o dir caregog, wedi ei orchuddio gan eithin. Yr enw lleol ar y diffeithwch yma oedd y Marian. Roedd 'na slabiau mawr o gerrig calch noeth, yn llygad yr haul bob hyn a hyn yng nghanol yr eithin. Yno, yn gorwedd yn grimp ar un o'r cerrig, yr oedd corff llonydd Leusa druan.

Y peth nesaf wyddwn i oedd fod Nain yn chwerthin.

Oedd, roedd Leusa, y greadures, yn farw ond doedd dim angen galw am ambiwlans. Madfall fechan oedd Leusa druan, neu giali pen wirion fel dan ni'n deud yn Sir Fôn (*lizard*), ac yn amlwg roedd hi wedi marw ar ôl bod yn gorwedd yn yr haul yn rhy hir. Roedd y Marian yn atynfa i bob math o anifeiliaid bychain a does dim rhyfedd fod y rhan yma o Lanrafon bellach yn warchodfa natur leol.

Mae'n amlwg o'r profiad cynnar yna bod 'na elfen orddramatig ynof o'r cychwyn cyntaf, a rhaid cyfaddef ei bod hi'n rhan ohona i byth! Un o'r lluniau cynhara ohona i ydi hwnnw lle dwi'n ista ar y bwrdd smwddio a finnau tua blwydd oed ac yn wên o glust i glust.

Fe'm ganed ar y 30ain o Fawrth 1951 yn Ysbyty Dewi Sant, Bangor, yn blentyn i Ronnie a Norma Stevenson. Gyda llaw, dyma'r flwyddyn y cipiodd Cledwyn Hughes etholaeth Môn i'r Blaid Lafur oddi ar Megan Lloyd George a'r Rhyddfrydwyr. Merch o Fiwmares oedd fy mam a bachgen o Lanrafon ger Llangoed oedd fy nhad. O weld lluniau o Mam o'r dyddiau hynny, roedd 'na harddwch naturiol yn perthyn iddi. Roedd fy nhad ychydig yn hŷn na Mam, a chafodd y cyfle i fynd i'r Ysgol Ramadeg ym Miwmares, ond fel llawer un arall, roedd mwy o angen iddo fynd allan i ennill cyflog. Ond roedd o wedi gweld dipyn ar y byd, gan iddo dreulio blynyddoedd y rhyfel yn gwas-anaethu yn y Royal Marines. Bu hynny'n destun balchder iddo a bu'n aelod o'r Royal Naval Association hyd y diwedd.

Mae'n amlwg fod amgylchiadau bywyd yn rhai digon anodd i fy rhieni gan eu bod yn lletya yng nghartref fy nain a 'nhaid ar ôl priodi. Tŷ bach yng ngwaelod yr ardd a chario dŵr o bwmp oedd y drefn bob dydd. Albanwr oedd fy nhaid,

Alec Stevenson. Fel cymaint o'i gyfoedion, treuliodd flynyddoedd y Rhyfel Byd Cyntaf yn aelod o un o'r catrawdau milwrol. Os dwi'n cofio'n iawn, roedd o'n rhan o'r Argyle and Sutherland Highlanders. Y gwir yw nad oes gen i fawr o gof am fy nhaid gan y bu farw pan o'n i'n ddim o beth. Tybed a ydi'r chwedl yn y teulu ein bod yn hanu o linach y nofelydd Robert Louis Stevenson yn gywir?

Ond yn ôl pob sôn, roedd Taid braidd yn rhy hoff o'i ddiod ac yn anorfod, roedd hynny'n siŵr o fod wedi creu tensiynau o fewn y teulu. Bu fy rhieni'n byw efo Nain a Taid am rai blynyddoedd cyn iddyn nhw lwyddo i gael tŷ cyngor newydd sbon ar stad Bryn Paun yn Llangoed, ac mi oedd hynny iddyn nhw yn nefoedd ar y ddaear. Dycnwch Mam oedd yn gyfrifol am inni gael tŷ yn y lle cyntaf gan iddi blagio'r meddyg lleol i gefnogi ein cais a hynny ar sail fy iechyd bregus yn blentyn. Diffttheria oedd y broblem, mae'n debyg. Mae gen i gof clir o gael fy mhowlio ar droli i mewn i'r hen Ysbyty Dewi Sant ym Mangor, a'r stafell yn llawn stêm am eu bod yn berwi offer i'w diheintio. Roedd arna i ofn am fy mywyd! Y peth nesaf, roeddwn i'n cael nodwydd yn fy nghefn, ac roedd y boen yn arteithiol. Ond mi gliriodd yr aflwydd, ac roeddwn i'n rêl boi wedyn. Roedd hyn tua 1957, felly dim ond deng mlynedd oedd wedi mynd heibio ers i Nye Bevan sefydlu'r Gwasanaeth Iechyd Cenedlaethol. Dwi'n blentyn y Wladwriaeth Les am sawl rheswm: mi ges i fy ngeni yn Ysbyty Dewi Sant, a chael triniaeth feddygol yno, diolch i'r Gwasanaeth Iechyd; mi gawson ni dŷ cyngor, ac mi ges innau addysg gyfun a phrifysgol efo grant llawn, diolch i'r Wladwriaeth Les. Felly mae'r bendithion dwi wedi'u cael mewn bywyd i gyd oherwydd y Wladwriaeth Les.

Mae gen i gof clir hefyd o symud i'r tŷ cyngor newydd ar brynhawn chwilboeth o haf, a finnau'n eistedd at ben trelar oedd yn cael ei dynnu gan dractor Wil Fron, yn cludo holl eiddo fy rhieni i'n cartre newydd. Oni bai am ymdrechion Mam, mae'n debyg na faswn i wedi byw ac mi ydw i'n diolch iddi hi am y gofal a'r cariad hwnnw.

Yn hytrach na gorfod rhannu tŷ efo Nain a Taid, roedd gynnon ni gartref ein hunain bellach – tair llofft, stafell fyw, cegin, cwt celfi a gardd helaeth. Cyngor Dosbarth Aethwy oedd perchennog y stad newydd ac roedd Bryn Paun, fel stadau Pen y Nant a Tawel Fan, yn rhan o ymgyrch y llywodraeth i wella byd pobol gyffredin yn dilyn blynyddoedd tlodi'r tridegau a blynyddoedd tywyll yr Ail Ryfel Byd. Ond roedd fy nhad yn agos iawn at ei fam, ac yn ôl pob sôn roedd o'n gyndyn i symud i Langoed i ddechrau. Roedd cynghorau ar draws y wlad yn codi tai fel lladd nadroedd, a dwi'n cofio fy nhad yn adrodd stori ddoniol am un o'i gyd-weithwyr yn y chwarel yn cael tŷ cyngor newydd. Roedd o wedi symud i mewn dros y penwythnos, ac yn ystod amser panad fore Llun dyma pawb yn holi sut roedd y mudo wedi mynd.

'Gwych,' medda fo. 'Dwi wedi gwirioni. Mae 'na stafell sbesial ar gyfer molchi, efo sinc yn erbyn y wal efo dŵr poeth ac oer, fel y medrwch folchi dan eich ceseiliau a ballu. Wedyn mae 'na fàth ar yr ochr arall, efo dŵr poeth ac oer i chi gael molchi drostach chi. Ond yr hyn sydd wedi fy nhiclo'n fwy na dim ydi'r bowlan yn y gornel ar gyfer golchi'ch traed. Dim ond dŵr oer sydd ynddi, ond dim ots, mae'n dda 'i chael hi.'

Wnaeth neb ei gywiro fo, hyd y gwn i.

Gweithio yn chwarel galch Penmon roedd fy nhad. Naw punt a deunaw swllt oedd cyflog wythnos ar y 19eg o Ragfyr 1953, sef yr wythnos gyflog olaf cyn y Nadolig y flwyddyn honno. Mae llyfr cownt cyflogau chwarel Penmon yn cofnodi faint o dâl a faint o dreth incwm yr oedd pob gweithiwr yn ei dderbyn ac yn ei dalu. Cyfanswm y bil cyflogau yr wythnos honno oedd £399, 16 swllt a 9 ceiniog. Mae'n gamsyniad mawr meddwl am Benmon a Llangoed fel ardal fewnblyg, gwbl Gymraeg a phell o bob man. Gerllaw Priordy Penmon, er enghraifft, mae adfail yr Hen Farics yn dal i sefyll, a fan'no oedd cartref y dynion oedd yn teithio'n bell ar gyfer yr wythnos waith – yn rhy bell i fedru mynd a dŵad adref bob nos.

Er i mi adael Llangoed yn 1969 i fynd i'r coleg, dwi'n dal i feddwl am y pentref, ac Ynys Môn, fel 'adra' ac yno mae fy nghalon i o hyd. Gweithiodd fy nhad, fy nhaid a fy hen daid yn chwareli'r ardal: Carreg Onnen, Chwarel y Pic, Chwarel y Becyn. Cefais innau'r cyfle i weithio yn Chwarel Dinmor un haf ar y bont bwyso, yn cadw cownt o'r llwythi cerrig oedd yn cael eu cario oddi yno. Oni bai am yr anogaeth ges i gan Mam a Dad i wneud yn dda yn yr ysgol, yn y chwarel faswn i wedi gweithio am weddill fy oes. Roedd addysg yn arbennig o bwysig i fy nhad. Un o'r pethau cyntaf wnaeth o pan es i'n ddisgybl i Ysgol David Hughes oedd mynnu fy mod yn ymaelodi efo llyfrgell Biwmares.

Un o Hogia Môn ydw i ac un o Hogia Môn fydda i byth, a diolch am gael y fath fraint. Braint oedd cael fy ngeni ym Môn, braint oedd cael fy magu ym mhentref Llangoed a braint i mi, ryw ddiwrnod, fydd cael rhywun i wasgaru fy llwch i'r gwynt oddi ar draeth Lleiniog. (Mi ddylwn ddweud nad ydw i am i hynny ddigwydd yn rhy fuan!) Gyda llaw, fedra i ddim cymryd at yr enw 'Ynys Môn' o gwbl, a dwi'n gwybod fod 'na nifer o Fonwysion eraill yn teimlo'r un fath â fi. Sir Fôn fydda i'n galw'r lle ar lafar efo ffrindiau, a dim ond pan oeddwn i'n darlledu y byddwn i'n defnyddio 'Ynys Môn'. Dwi ddim yn siŵr iawn pam dwi'n teimlo fel hyn, ond mae'r enw 'Ynys Môn' yn gamarweiniol p'run bynnag. Yn ogystal â'r brif ynys mae gynnoch chi Ynys Cybi, Ynysoedd y Moelrhoniaid, Ynys Seiriol, Ynys Llanddwyn a pheth myrdd o ynysoedd llai fel Ynys Dulas, Ynys Moelfre, Ynys Badrig ac yn y blaen, felly os rhywbeth, 'Ynysoedd Môn' ddylai'r enw fod. Erbyn meddwl, efallai mai 'Môn' yn unig ddylid galw'r lle. Ond dyna fo, dwi'n crwydro rŵan.

Wedi imi ddychwelyd i'r Gogledd yn 2006 ar ôl fy nghyfnod yn gweithio yn Llundain, mi fues i'n rhentu tŷ dros dro, ger Moelfre. Roeddwn wir yn mwynhau'r llonyddwch cymharol, wedi cyfnodau o fyw bywyd prysur yn Llundain, Caerdydd ac yna Llundain am yr eildro. Ac un o'r pethau a'm trawodd i fwyaf wrth yrru ar hyd ffordd yr A55 o Borthaethwy am Gaergybi oedd pa mor llydan ydi'r awyr ym Môn. Nid ei fod ddim mymryn yn fwy ym Môn nag yn unman arall, wrth gwrs, ond oherwydd y prinder adeiladau uchel a mynyddoedd mae 'na lawer iawn mwy o'r awyr i'w gweld.

Dwi'n cofio meddwl yr un peth yn union am ehangder yr awyr ar brynhawn braf yn ôl yn y chwedegau ar ddiwrnod cynhaeaf gwair, ar fferm Tyddyn Isaf ger Llangoed. Bûm yn gweithio ar Tyddyn Isaf yn ystod gwyliau'r ysgol ac ar y penwythnosau. Fferm deulu draddodiadol oedd hi o ryw hanner can erw o dir ac yn cynhyrchu digon i gadw teulu cyfan, sef Huw a'i wraig, ei dad, a thri o blant. Dydd Llun oedd diwrnod sêl ym Mhorthaethwy ac ar ddydd Mercher roedd sêl Llangefni. Uchafbwynt y flwyddyn amaethyddol oedd ymweld â Sioe Môn, sef Eisteddfod yr Anifeiliaid, y Primin. Doedd 'na ddim yn hen ffasiwn am y ffaith fod Tyddyn Isaf yn dal i ddefnyddio offer traddodiadol ac yn dilyn patrwm oedd yn bod ers sawl cenhedlaeth – pladur i dorri ysgall; gwella' i gneifio defaid, picwarch i chwalu tail o gefn trelar, oedd yn cael ei dynnu gan y Ffyrgi Bach; beindar i lapio'r ŷd yn sypiau ar ôl ei dorri; cryman i dorri cloddiau; a godro'r gwartheg efo llaw. Fy hoff joban oedd cael dreifio'r Ffyrgi Bach, ac roeddwn i'n dreifio'r tractor fel taswn i'n Stirling Moss. Dyna oedd ffermio yn y dull traddodiadol.

Heb fod yn bell o Tyddyn Isaf roedd fferm Bodgylchedd, oedd yn cael ei ffermio ar y cyd â fferm Cae Mawr ac yn eiddo i stad Baron Hill. Yn y cyfnod yma y dechreuodd y broses o uno ffermydd, a chanlyniad hynny oedd fod nifer o ffermydd Môn wedi cael eu prynu gan ddynion 'o ffwrdd' oedd wedi gwneud arian ym myd busnes a masnach. Nid ffermio fel y cyfryw oedd y cymhelliad ond, yn hytrach, resymau yn ymwneud â mantais treth incwm a threth gorfforaethol.

Gyrrwr lorri galch oedd fy nhad a hynny yn y cyfnod pan nad oedd iechyd a diogelwch yn cyfri fawr ddim. Mae 'na ddigon o gwyno y dyddiau yma am reolau 'health and safety', ond ga i awgrymu fod y rheolau wedi cael eu gweithredu am resymau penodol, sef i ddiogelu pobol yn eu gwaith. Fel yn y chwareli llechi, roedd llwch chwarel, er enghraifft, yn felltith yn y chwareli calch, a hefyd wrth gwrs i weision fferm oherwydd clefyd y ffarmwr neu *farmer's lung*. Roedd gyrru lorri galch yn golygu fod Dad yn cael teithio i ffermydd ym mhob twll a chornel o Sir Fôn. Doedd dim byd gwell gen i o ran blas na bechdan gorn-bîff o'r tun bwyd ar ddiwedd ei ddiwrnod gwaith. Beth sy'n ddiddorol am hen lyfr cyflogau'r chwarel lle bu 'Nhad yn gweithio ydi amrywiaeth y jobsys a nifer y dynion oedd yn gweithio yno. Gweithiodd fy nhad bron yn ddi-dor drwy gydol ei oes heb erioed ofyn ceiniog o bwrs y wladwriaeth – yn gyrru lorri i ddechrau, yna mewn job coler a thei yn gwerthu hadau a bwyd anifeiliaid i nifer o wahanol gwmnïau ac yna'n olaf, yn gyrru craen yn ffatri cwmni Aliwminiwm Môn yng Nghaergybi.

Mae 'na ddau berson yn sefyll allan o'r dyddiau yma: gŵr o'r enw Glyn James a ffermwr lleol o'r enw Iorwerth Rowlands. Mi ddysgodd fy nhad ganddyn nhw, a thrwy hynny mi ddysgais innau, lawer am y grefft o drin pobol. Glyn James oedd yn berchen y cwmni cludiant oedd yn dosbarthu'r nwyddau fferm roedd fy nhad yn eu gwerthu. Cymeriad a hanner oedd Mr James – stwcyn bach o ddyn oedd prin yn gallu darllen na sgwennu. Ond am ddawn trin pobol, a busnes!

Gaerwen oedd y pencadlys. Roedd Mr James wedi prynu hen lorri gan y fyddin ar ddiwedd yr Ail Ryfel Byd ac wedi cyflogi dreifar i yrru'r wagan. Dwi'n cofio gofyn iddo yn fy niniweidrwydd pam ei fod o'n cyflogi rhywun. Oni fyddai'r costau'n llai o yrru'r lorri ei hun? 'Ia,' medda fo, 'ond pwy fasa'n hel y busnes i gadw'r lorri ar y lôn?' Caffaeliad mawr i Mr James oedd ei wraig Jennie a'r gŵr oedd yn gyfrifol am waith y swyddfa, sef Mr Solomons.

Ond Iorwerth Rowlands oedd ffrind pennaf fy nhad, gŵr oedd yn denant ar fferm Bryn Bela oedd yn eiddo i stad Baron Hill. Roedd o'n gyfaill cwbl ddibynadwy, yn onest ei farn ac yn hirben ei gyngor. Roedd cyfraniad Iorwerth Rowlands yn ymestyn ymhellach na ffiniau tref Biwmares. Cafodd ei ethol yn gynghorydd ar Gyngor Ynys Môn. Ei gyfraniad mwyaf oedd ymgyrchu i ddatgelu'r llygredd gwleidyddol oedd yn graddol barlysu gwaith yr awdurdod. Pe bai pobl wedi gwrando mwy ar yr hyn roedd o'n ei ddweud, dwi'n argyhoeddedig na fyddai'r Cyngor wedi llithro mor ddwfn i bwll difancoll. Un o'r troeon olaf i mi ymweld â Iorwerth, ac yntau'n llithro, er gwaethaf gofal cariadus ei wraig Gwyneth a'i fab Ken, oedd i wneud cyfweliad am Gyngor Môn ar gyfer cyfres materion cyfoes Radio Cymru, *Manylu*. Gwnes addewid syml ar ddiwedd y cyfweliad, sef y byddwn i fel newyddiadurwr yn parhau efo'r gwaith roedd o wedi ei ddechrau. Cwbl briodol oedd bod eglwys helaeth Biwmares yn orlawn ar gyfer ei angladd. Roedd yn fraint bod wedi cael nabod Iorwerth a dwi'n gobeithio i mi lwyddo i gadw fy ngair iddo fo, drwy ofyn cwestiynau cyson am ymddygiad Cyngor Môn a'i chynghorwyr.

Roeddwn yn dal i weithio yn Llundain pan ddaeth yr alwad fod fy nhad yn wael. Roedd o wedi cael strôc rhai blynyddoedd ynghynt ac yntau yn ei bumdegau ond cyn pen dim roedd o'n ôl wrth ei waith. Cyndyn oedd o i ymddeol yn 65, a chyn pen dim wedyn, roedd o'n gweithio i gwmni yn Llanberis. Ond erbyn cyrraedd canol ei saithdegau roedd o'n amlwg yn dechrau arafu, a bu'n rhaid rhoi'r gorau i weithio. Dyna mewn gwirionedd oedd dechrau'r diwedd.

Roedd gweld fy nhad yn araf ddirywio yn Ysbyty Gwynedd yn wir loes calon. Roeddwn i'n teithio o Lundain bob dydd Gwener a dychwelyd ar fore Llun. Canser y coluddyn oedd y salwch a hwnnw'n prysur ymledu. Erbyn deall, roedd Dad yn gwybod ers tua deunaw mis fod rhywbeth mawr o'i le ond wedi dewis peidio dweud wrth neb. Pan ddywedodd wrtha i'r rheswm pam, mi fûm i bron â chrio. 'Doeddwn i ddim am i ti boeni a doeddwn i ddim am fod yn niwsans.' Dyna'r math o ddyn oedd fy nhad, yn poeni am bobol eraill yn hytrach na'i les ei hun. Er ei fod o'n marw, ddaru o ddim colli mymryn o'i hiwmor. Dyma un enghraifft:

'Pan fydda i wedi mynd,' medda fo, 'sbia yn y drôr yn y gegin. Mae 'na ddarn bach o bapur a rhif ffôn arno fo. Ffonia nhw.'

'Ffonio pwy?' medda finnau.

'Clutton's,' medda fo a'i wyneb yn hollol syth. Clutton's ydi'r cwmni yn y Gogledd sy'n casglu anifeiliaid marw o'r ffermydd. 'Gofyn iddyn nhw anfon wagan i fy nôl i. Mi fydd yn rhatach i ti na hers.'

Dwi'n dal i gredu ei fod o'n hanner o ddifri.

Cefais gryn sioc o gyrraedd Capel Jerusalem, Llangoed ar gyfer yr angladd. Y gwir oedd fy mod, wrth reswm, wedi disgwyl gweld y teulu a hen gyfeillion fy nhad yno. Doeddwn i ddim wedi disgwyl na dychmygu y byddai'r fath niferoedd wedi dod i dalu'r deyrnged olaf. Roedd y capel yn llawn dop, yn orlawn, ac i mi roedd hynny'n arwydd o'r parch oedd yn bodoli tuag ato.

John Williams o Fiwmares oedd yn gyfrifol am yr holl drefniadau, a rhaid dweud ar goedd ei fod wedi gwneud y gwaith yn dawel a diffwdan. William J. Lewis, fu'n weinidog gyda'r Bedyddwyr yn Amlwch a Phen-sarn a Phen-y-groes, oedd yn gofalu am yr oedfa. Gwnaeth hynny mewn modd agos atoch chi ond doedd Mr Lewis ddim yn nabod fy nhad. Felly, roedd hi'n ddigon naturiol nad oedd o'n gallu rhoi'r deyrnged. Y gwir ydi fod hynny'n fy siwtio, gan 'mod i'n awyddus i roi'r deyrnged fy hun. Diolch i Wil Lewis, mi ges i'r cyfle. Wrth gerdded am y sêt fawr, roeddwn i'n teimlo'r caredigrwydd yn lapio amdana i fel blanced gynnes.

Ydw, dwi wedi cael darlledu o Downing Street, ger y fynedfa i Balas Buckingham ac wedi cael gweithio yn San Steffan. Ond y bore hwnnw yng Ngorffennaf 2002 yn Llangoed, roeddwn i'n gwybod mai'r bobol yma oedd yn cyfri go iawn yn fy mywyd – llawer ohonyn nhw wedi bod yna efo mi er cychwyn y daith. Mi oeddwn i efo teulu a chyfeillion. Dyma ddywedais i:

Mae gan bob un ohonoch chi sydd yma'r bore 'ma eich atgofion personol am fy nhad ac, wrth reswm, dwi'n trysori y rhai s'gen i.

Mi fydd rhai ohonoch chi'n cofio Dad yn hogyn yn tyfu i fyny yn Glanrafon, tra bo rhai ohonoch yn ddisgyblion efo fo yn Ysgol Gynradd Llangoed neu'n cydweithio efo fo yn y chwareli calch ym Mhenmon, yng ngwaith aliwminiwm Rio Tinto neu'r ffatri yn Llanberis.

Cymydog oedd o i rai ohonoch chi – yn achos un sy yma'r bore 'ma, mi fuoch chi'n byw drws nesa i'ch gilydd am dros ddeugain mlynedd a hynny heb dorri gair croes erioed. Diolch i ti, Nan, am gadw golwg arno cyn iddo orfod mynd i'r ysbyty.

I Helen, mi oedd o'n gymar am fwy nag ugain mlynedd a diolch iddi hithau am ofalu amdano fo, hyd yn oed pan oedd o'n mynnu bod yn greadur digon cysetlyd ar brydiau.

I Mark ac Emma mi oedd o'n daid gofalus oedd yna bob amser; Mathew a Cameron y gorwyrion a Sophie yr orwyres, fo fydda'n sleifio bagia o betha da i chi gnoi, tu ôl i gefn Mam a Dad. Mi o'n i'n siarad amdano efo Sophie. 'Ydi, mae Taid wedi mynd,' medda hi, 'ond mynd i gysgu wnaeth o. Gobeithio'i fod o wedi newid ei byjamas cyn mynd i weld Iesu Grist.'

Mae fy atgofion i yn atgofion mab am ei dad. Roedd o yna i mi bob amser, yn fy annog i wneud fy ngorau yn yr ysgol. Roedd o yn fy ngharu ond yn onest a di-lol, beth bynnag oedd y llwyddiant neu'r siomedigaeth.

Mae sawl un wedi dweud wrtha i ers i Dad farw y byddan nhw'n ei gofio fo fel hen foi iawn efo amser i bawb. Mi oedd o hefyd yn eithriadol o browd o'r teulu.

Dwi am ddweud ar goedd un peth bach syml. Mi oeddan ni'n eithriadol o browd ohonot titha: yn browd o dy gael yn dad, yn daid ac yn hen daid.

Doedd bywyd ddim bob amser yn hawdd i 'Nhad a dwi'n gwybod 'mod i wedi ei siomi o ac wedi colli cysylltiad dros dro. Ond ar ddiwedd fy mlynyddoedd coll, fo oedd yna yn annog ac yn fodlon ceryddu hefyd. Beth bynnag dwi wedi llwyddo i'w wneud yn fy mywyd, mae llawer o'r clod am hynny oherwydd y cychwyn ges i gan fy rhieni ac mi oedd 'Nhad yn rhan allweddol o hynny.

Mi fu 'Nhad a'i deulu yn byw yn y pentref yma am genedlaethau. Roedd pawb yn ei nabod ac yntau'n nabod pawb.

Wna i byth anghofio fy nhad, a ga i ofyn i chithau beidio â'i anghofio fo chwaith. Diolch am fod yma'r bore 'ma.

Bu farw 'Nhad yn ystod wythnos olaf y tymor seneddol. Bryd hynny, roedd Rhun ap Iorwerth a minnau'n sgwennu colofn bob yn ail i bapur newydd *Y Cymro*: Rhun yn trafod gwleidyddiaeth yn y Cynulliad Cenedlaethol a minnau yr wythnos wedyn yn sôn am wleidyddiaeth yn San Steffan. Gwyddem yn iawn nad oedd cylchrediad *Y Cymro* yn fawr ond credai Rhun a minnau fod 'na ddyletswydd arnom i gyfrannu, o gofio mai prin oedd y cynnyrch newyddiadurol yn y Gymraeg. Dyna oedd y rheswm fy mod hefyd yn golofnydd i'r cylchgrawn *Cristion*, yng nghyfnod fy hen gyfaill Denzil John yn olygydd. Wythnos wedi marw 'Nhad fy nhro i oedd hi i sgwennu'r golofn i'r *Cymro*, ac mi leciwn i rannu peth o'r hyn ddywedais i. Dyma ddetholiad:

HEB Y GWLEIDYDDION, MAE'N LLE EITHAF BRAF

Mae Tŷ'r Cyffredin wedi cau am yr haf a thymor gwyliau'r gwleidyddion wedi cychwyn.

Mae Tŷ'r Arglwyddi yn dal ati tan fis Awst ac adeiladau San Steffan yn dal i fod yn lle digon prysur gyda'r adeiladwyr wedi cychwyn ar y gwaith blynyddol o gynnal a chadw.

Tan yn gymharol ddiweddar bu'r Senedd yn cau yn gyfan gwbl tan yr ail wythnos ym mis Hydref. Ond gydol mis Awst, mae'r lle yn llawn o dwristiaid gan fod modd i'r cyhoedd gael ymweld (dan amodau caeth) â'r hen Balas Brenhinol.

Mae'r Senedd heb yr aelodau seneddol yn lle tawel a gwag. Mae dyn yn cerdded drwy'r Lobi Ganol a chlywed sŵn ei sgidiau yn clecian ar y teils. Yn ystod y sesiwn mae hi fel stesion Crewe, gyda'r cyhoedd yn tyrru yno wrth y cannoedd i godi rhyw fater neu'i gilydd gyda'r llywodraeth. Yn nhymor y gwyliau mae modd cael pryd o fwyd yn yr ystafell fwyta ger Oriel y Wasg, a hynny heb orfod disgwyl mewn ciw hir. Fel arfer mae'r lle yn llawn o newyddiadurwyr efo rhyw damaid blasus o stori am ryw wleidydd neu'i gilydd. Mae'r hyn sydd ganddyn nhw i'w ddweud yn llawer mwy blasus na'r hyn sydd ar y plât cinio.

Y gwir yw 'mod i'n gweld colli bwrlwm a phrysurdeb San Steffan pan mae'r lle wedi cau. Mae cael gweithio fel gohebydd seneddol yn un o'r breintiau mawr gan 'mod i'n ddigon hen ffasiwn i gredu fod gwleidyddiaeth yn bwnc pwysig sy'n effeithio ar bob un ohonon ni yn ddiwahân.

Dysgais hynny yn gynnar iawn gan fy nhad. Bu farw fy nhad yr wythnos hon ac roedd yn loes calon ei weld yn llithro tua'r diwedd yn Ysbyty Gwynedd. Cafodd driniaeth a gofal gwerth chweil ac mae ein diolch fel teulu yn fawr iawn i'r holl staff.

Roedd Dad bron â bod yn bedwar ugain oed ac yn un o'r genhedlaeth aeth drwy'r Ail Ryfel Byd. Doedd o ddim yn arwr na chwaith yn gweld ei hun felly. Ond fel sawl un arall, mi aeth i wasanaethu pan ddaeth yr amlen frown drwy'r post. Gwasanaethodd gyda'r Royal Marines a bu'n aelod o'r Royal Naval Association hyd y diwedd. Aeth i'r Dwyrain Pell yn hogyn a daeth adref i Langoed yn ddyn.

Doedd o erioed yn aelod o blaid wleidyddol ac roedd o'n ddigon diflewyn-ar-dafod wrth drafod gwleidyddion unigol. Er mor ddibris oedd o o bolisïau unigol neu o drywydd llywodraeth, doedd o byth yn ddibris o'r broses wleidyddol. Roedd o, er enghraifft, yn ddilornus o bobol nad oedden nhw'n trafferthu i fwrw pleidlais . . .

. . . Gyda'i farwolaeth, mae 'na ddarn ohona i wedi mynd hefyd ac mae'r hiraeth yn cydio'n drwm ynof i ar hyn o bryd. Wrth feddwl am fywyd a chyfraniad y gŵr cyffredin anghyffredin yma oedd yn dad i mi, dwi'n sylweddoli fod ei gred mai pobol gyffredin sydd piau'r broses wleidyddol yn anhraethol bwysig.

Y Cymro: 27 Gorffennaf 2002

Mae 'na ragor na degawd ers i mi sgwennu'r darn yna o werthfawrogiad am fy nhad, ond y gwir yw fy mod i'n dal i feddwl amdano. Mae'r modd y mae cymdeithas bellach yn gyndyn i drafod marwolaeth a thrin y meirw yn destun rhyfeddod i mi. Yn y Canol Oesoedd Pabyddol, roedd pobol yn ymwybodol o brofiad marwolaeth yn eu bywyd pob dydd. Yn eglwys Llaneilian yng ngogledd Môn mae 'na furlun yn portreadu sgerbwd ac oddi tano y rhybudd moel mai 'Colyn Angau yw Pechod'. Roedd plant yn marw'n gynnar bryd hynny, dynion a merched yn marw'n ifanc wrth fynd ynglŷn â'u gwaith. Yn ardal y chwareli, roedd 'na wahanol arferion: plât a hances boced i dderbyn offrwm;

cau y llenni fel arwydd o barch; sefyll ar ymyl pafin a thynnu het os oedd hers yn mynd heibio. Cnebrwn bach neu gnebrwn mawr, cnebrynau a dynion yn unig yn alarwyr. Bellach mae marwolaeth wedi mynd yn bwnc nad ydi o'n beth neis i'w drafod, dim ond ei adael i'r bobol broffesiynol. 'Dengys hwn y ffordd i fyw,' meddai'r hen emyn, ond sylwer ar y cymal o flaen hynny: 'Dengys hwn y ffordd i farw' – adlais o hen gredo cyn dyddiau Anghydffurfiaeth.

Fel y dywedais i, roedd y Senedd wedi cau ac felly mi gefais gyfle i fod yn Llangoed drwy gydol yr haf ar ôl marwolaeth fy nhad. Bob dydd, mi fyddwn i'n mynd am dro drwy'r pentref. Sgwrs efo hen gydnabod ac yna i gyfeiriad y fynwent, i fyny Allt Chadwick, heibio Plas Llangoed a fferm Tŷ Cerrig, heibio'r ysgol gynradd ac i'r fynwent. Treulio rhyw ddeng munud wrth y bedd cyn ailafael yn y siwrne.

Ar y pryd, yr hyn ro'n i'n ei wneud oedd mynd am dro, ond rŵan, gyda phellter amser, dwi'n gweld yn glir beth ro'n i'n ei wneud mewn gwirionedd. Math o 'ddoe yn ôl' oedd y cyfan. Wrth gerdded drwy'r hen gynefin a gweld y fan lle cefais fy magu, daeth y cyfan yn fath o bererindod i'm gorffennol. Oes, mae 'na berygl i mi fynd yn or-ramantus a sôn amdanaf fy hun fel alltud yn dod adref! Mae'r nofelydd Tristan Hughes – yntau wedi'i fagu yn Llangoed – yn crybwyll y perygl hwnnw yn ei nofel afaelgar *Send My Cold Bones Home*: 'Like an exile for a land he has left, lost or never known, burnishing it until it glinted and dazzled beneath the beams of some mythopoeic sun.'

Pwy a ŵyr felly! Efallai 'mod i'n iawn, a bod yr awyr yn lletach a'r haul yn fwy llachar yn Sir Fôn!

Sputnik
ac ysbryd Plas Llangoed

'Ping' oedd y sŵn ddaeth allan o'r bocs mawr brown yng nghornel yr ystafell ddosbarth ac yna 'ping' arall wedyn, bob rhyw ddeg eiliad. Dyma'r oes cyn y rhyngrwyd a datblygiadau technolegol eraill fel yr iPlayer.

1957 oedd y flwyddyn a minnau'n chwech oed ac yn ddisgybl yn Ysgol Gynradd Llangoed. Dyma flynyddoedd cynnar y Rhyfel Oer rhwng y Gorllewin a'r Dwyrain, gyda'r Unol Daleithiau a Rwsia yn ysgyrnygu ar ei gilydd. Wedi'r cyfan, pan gefais fy ngeni yn 1951, chwe blynedd oedd ers diwedd yr Ail Ryfel Byd ac roedd Rhyfel Corea heb ddechrau tanio.

Ond beth am y ping? Beth oedd hwnnw?

Daeth y ping o set radio fawr ym mlaen yr ystafell ddosbarth. Yr hyn oedd i'w glywed oedd negeseuon radio o'r gofod. Cafodd y lloeren gyntaf erioed ei hanfon o'r ddaear ym mis Hydref 1957 a Rwsia wedi achub y blaen ar yr Americanwyr. *Sputnik* oedd yr enw ar y teclyn arallfydol, ac wrth iddo deithio o amgylch y blaned roedd plant Ysgol Llangoed yn gwrando'n astud. Dyna ddechrau'r byd sydd bellach mor gyfarwydd. Ond bryd hynny, roedd y fath gampwaith yn gwbl, gwbl newydd. Yn sicr, roedd hi'n gyfnod o ddarganfyddiadau a ninnau mewn ysgol wledig yn Sir Fôn yn cael elwa o'r breintiau.

Dechreuais fy addysg gynradd ym mis Medi 1956. Yn wahanol i heddiw, roedd yr ysgol ar gyrion y pentref. Bellach mae gan blant Llangoed ysgol newydd a hynny lathenni o fy hen gartref ar ystad tai cyngor Bryn Paun. Pa synnwyr, meddech chi, oedd mewn codi'r hen adeilad mor bell o ganol y pentref? Wel, yn syml, pwrpas yr ysgol oedd addysgu plant yr ardal: Llangoed, Penmon, Glanrafon a Llaniestyn. Mae capel y Presbyteriaid ac eglwys y plwyf o fewn tafliad carreg i'r ysgol ac fe'u codwyd yno am yr un rheswm. Roedd yn safle hwylus a chanolog.

Gan fod yr ysgol mor bell o ganol y pentref, yn y gaeaf, bws amdani, ond yn yr haf roedd criw ohonom yn cerdded i'r ysgol. Fasan ni byth wedi mentro yn ystod y gaeaf, nid oherwydd y tywydd, ond oherwydd y bwgan! Rywsut neu'i gilydd tyfodd y gred ymhlith plant y pentre fod 'na fwgan yn byw yng ngerddi Plas Llangoed. Welais i na neb arall fwgan na chlywed sŵn bwgan, oni bai fod un ohonom yn gwneud nadau er mwyn codi ofn ar y gweddill. Pan ddigwyddai hynny, mi fyddai'r cwbl ohonon ni fel milgwn yn rhedeg nerth ein coesau am loches.

'Glywist ti o . . .'

'Wel, do, siŵr iawn . . .'

'A finna hefyd!'

Peth creadigol ydi dychymyg plentyn.

Yn wahanol i bolisi addysg y dyddiau hyn, doedd dim dewis ysgol. Roedd plant ardal Llangoed yn mynd i Ysgol Llangoed ac roeddan ni ar ein hennill oherwydd hynny. Mae'n gas gen i weld plant yn sefyllian ym mhob tywydd wrth ddisgwyl am fws am 7.30 y bore, am fod eu rhieni wedi penderfynu eu hanfon i ysgol 'well' na'r un leol. Yr hawl i fedru dewis ysgol, ddwedwn i, sy'n golygu gweld cau cymaint o ysgolion gwledig, oherwydd fod cymaint o rieni yn sugno'r bywyd o ysgolion lleol trwy anfon eu plant i ysgol bellach a 'gwell'. Sut mae ysgol gymharol fach yn mynd i oroesi os ydi teuluoedd dosbarth canol yn cludo eu plant i ysgol arall, filltiroedd o'u cartref?

Miss Prydderch oedd enw fy hoff athrawes. Y gwir amdani, wrth gwrs, oedd fod pob athrawes fenywaidd yn 'Miss' i ni blant. Mr E. J. Jones oedd y prifathro ac yntau'n ŵr hoffus â gofal am blant. Roedd amryw o genhedlaeth Mr Jones yn athrawon arbennig. Os dwi'n cofio'n iawn, roedd o wedi treulio amser yn y lluoedd arfog ac wedi cymhwyso i fod yn athro pan ddaeth y rhyfel i ben. Roedd yn bolisi bwriadol gan lywodraeth Clem Attlee i hwyluso'r hyn a elwir yn 'emergency training', sef cwrs blwyddyn mewn canolfannau megis Coleg Cartrefle yn Wrecsam.

Oedd, mi oedd sbeling a syms yn bwysig ac roedd yr ysgol yn dal i ddefnyddio *penholder* ar gyfer dysgu sgwennu. Roedd 'na bwyslais mawr ar sgwennu taclus. Roedd dysglaid fach o inc ar bob desg a llond trol o bapur sugno wrth law. Roedd Ysgol Llangoed yn ysgol o Oes Fictoria o ran adeiladwaith: mynedfa i'r plant lleiaf (*Babies*); mynedfa arall i fechgyn ac un arall i'r genethod. Roedd pob diwrnod ysgol yn dechrau ar yr iard a ninnau fel

rhes o soldiwrs yn martsio i mewn fesul catrawd. Yna'r
register: Miss Prydderch yn galw enw pob plentyn a fo neu
hi yn ateb neu un o'r lleill yn galw, 'Tydi o ddim yma, Miss.'

Yna dyna ddechrau'r diwrnod gwaith. Dwy wers hanner
awr cyn i gloch yr ysgol ganu a ninnau'n rhuthro allan i
chwarae am 10.30. Ond roedd 'na reswm arall am yr
ecsodus – potel fach o lefrith i bob plentyn a ninnau'n
llowcio'r cynnwys fel ŵyn bach! Yna'n ôl am ragor o *lessons*.
Dyna'r adeg o'r dydd pan oedd y set radio yn cael ei
defnyddio ar gyfer rhaglenni 'Schools Broadcasting' a
ddarlledid gan y BBC. Stori neu ddynes yn chwarae'r piano
ac yn canu a ninnau'n ymuno nerth ein pennau! Mae 'na un
gân sydd wedi glynu yn y cof am ryw reswm a does wybod
pam. 'Were you ever in Quebec, / Stowing timber on the
deck?' ydi'r llinellau cyntaf, dwi'n cofio. Dyma'r gweddill:

> Were you ever in Quebec,
> Stowing timber on the deck?
> Where there's a king with a golden crown
> Riding on a donkey!
>
> *Cytgan*:
> Way O and away we go
> Donkey riding, donkey riding,
> Way O and away we go
> Riding on a donkey.
>
> Were you ever off the Horn
> Where it's always fine and warm?
> Where there's a lion and a unicorn
> Riding on a donkey.

Were you ever in Cardiff Bay
Where the folks all shout, 'Hooray!'?
Here comes Johnny with his six months' pay
Riding on a donkey.

Were you ever in Timbucktoo
Where the gals are black and blue?
And they wriggle their arses, too
Riding on a donkey.
(piffian chwerthin yn fan'na wrth reswm)

Were you ever in Vallipo
Where the gals put on a show?
Wriggle their arse with a roll and go
Riding on a donkey.
(rhagor o biffian)

Wuz ye ever down Mobile Bay
Screwin' cotton all the day?
A dollar a day is a white man's pay,
Ridin' on a donkey.

Wuz ye ever in Canton
Where the men wear pigtails long,
And the gals play hong-ki-kong?
Ridin' on a donkey.

Wuz ye ever in Mirramashee
Where ye tie up to a tree,
An' the skeeters do bite we?
Ridin' on a donkey.

Wuz ye ever on the Broomielaw
Where the Yanks are all the go,
An' the boys dance heel an' toe?
Ridin' on a donkey.

Y fath ddiniweidrwydd! Peidiwch â gofyn pam mae'r gân wedi glynu, a diolch i Google am fy helpu i ddod o hyd i'r geiriau. Dwi ddim yn cofio oeddan ni'n cael canu am y merched yn siglo'u pen ôl a wna i ddim ceisio dychmygu beth ydi *hong-ki-kong*!

Cinio ysgol oedd pinacl y bore i mi. Porc-pei gartra efo tatw a chabaitsh oedd y ffefryn – crystyn a chig mochyn wedi ei roi drwy'r minsar ac yna crystyn arall ar ei ben. Y ffefryn i bwdin, a hynny o ddigon, oedd tarten gwstard. Crystyn, haen o jam a haen o fanana wedi eu cuddio dan domen o gwstard oer. Y gyfrinach oedd fod y pwdin wedi cael ei osod yn yr oergell dros nos a bod yr haen gwstard yn drwchus. Bwyd y nefoedd os bu erioed! Roedd y bwyd yn cael ei baratoi yn ddyddiol yn nghegin yr ysgol a does dim dwywaith na fyddai Jamie Oliver a'r Hairy Bikers wedi dysgu llawer gan Miss Jones a'r ledis eraill yng nghegin Ysgol Llangoed.

Dwn i ddim ai am fy mod yn mynd yn hŷn ond dwi'n argyhoeddedig fod y tywydd yn llawer mwynach yn y pumdegau a'r chwedegau cynnar. Dyna pam, am wn i, fod yr ysgol gyfan, bob wythnos, yn medru mynd allan am y prynhawn ar daith natur – i lawr heibio Tŷ'r Ysgol, ar hyd Lôn y Wern ac ymlaen ar hyd y ffordd rhwng Glanrafon a Llangoed a heibio afon y Rhyd. Ffordd arall oedd allan o'r ysgol, drwy'r giât garu ac i mewn i'r parc, heibio'r pwmp dŵr ar y chwith, allan drwy'r giât bellaf i'r ffordd gul at ben uchaf Allt Porti. Yna i lawr yr allt serth ac yn ôl i'r ysgol. Roedd y rhain yn ddyddiau delfrydol i blentyn ar ei dyfiant.

Mi wnes i sylweddoli pa mor bwysig oedd y dyddiau yn Ysgol Llangoed a'r ardal o gwmpas y pentref yn yr wythnosau wedi i mi golli 'Nhad.

Fel y soniais, pan fu farw 'Nhad yn 2002 ges dreulio'r cyfan o fis Awst yn yr hen gartref yn Llangoed ac yn yr hen gynefin. Bob dydd tua hanner awr wedi deg, dyna gychwyn y daith drwy'r pentref i gyfeiriad mynwent y plwyf ac yna cerdded yr un daith ag ro'n i'n arfer ei dilyn i'r ysgol. Cerdded dros Bont y Rhyd, i fyny Allt Chadwick, heibio Bryn Coch, ymlaen heibio Plas Llangoed (heb ofni unrhyw fwgan y tro yma), a toc wedi mynd heibio Plas Llangoed, seibiant ac edrych i lawr heibio Plas Iolyn a thros bentref Llangoed i gyfeiriad afon Menai. Dyna'r cysur. Cysur y cyfarwydd. Roeddwn i wedi cerdded yr un daith gannoedd o weithiau'n ôl a blaen i Ysgol Llangoed a gwneud hynny yn gwbl ddifeddwl fel plentyn ysgol gynradd. Wrth golli 'Nhad mi ddois i sylweddoli fod y cysur wrth gofio yn eli ar y briw mwyaf poenus.

Roedd un gwahaniaeth mawr rhwng y drefn addysg bryd hynny a threfn addysg heddiw. Addysg gawson ni oedd yn ceisio ehangu gorwelion a siapio cymeriad a hynny'n sylfaen i ba lwyddiant bynnag ddôi wedyn, heb sôn am dargedau yn barhaus. Roedd yn addysg werth chweil. 'Cartrefol' ydi'r gair faswn i'n ei ddefnyddio i ddisgrifio naws yr ysgol. Un peth oedd yn creu yr ysbryd hwnnw oedd fod pawb yn nabod ei gilydd. Peth allweddol arall oedd fod y prifathro, Mr Eddie Jones, yn byw yn y pentref ac yn rhan o fywyd cymdeithasol y fro. Roedd Mr Jones a'i deulu yn byw yn Nhŷ'r Ysgol; roedd yn flaenor yng nghapel Tŷ Rhys; roedd Mrs Jones yn gwneud ei neges yn un o siopau'r pentref ac yn nabod y plant wrth eu henwau ac felly roedd teulu Tŷ'r Ysgol wedi ei wau yn rhan o'r gymuned leol.

Mae Ysgol Llangoed wedi ei gweddnewid erbyn hyn. Sioc a loes calon i mi oedd darllen y frawddeg ganlynol o adroddiad Arolygiaeth Estyn am 2009: 'Daw tua phymtheg y cant o'r disgyblion o gartrefi Cymraeg eu hiaith a'r gweddill o gartrefi ble siaredir Saesneg ar yr aelwyd.' Dyna faint y newid ieithyddol mewn pentref bychan yn y Gymru Gymraeg, a digwyddodd hynny o fewn fy nghenhedlaeth i! Roedd yna wir ymdeimlad o berthyn bryd hynny. Diolch am yr hyn a gafwyd, ddwedwn i.

Torri cwys ym myd addysg . . . a thorri crib y prifathro

Cafodd fy nhad ei ddeffro cyn toriad gwawr gan y sŵn o fy llofft. Agorodd ddrws yr ystafell wely yn araf a chlywais ei lais yn gofyn, 'Be ydi'r sŵn 'na . . . be ddiawl ti'n wneud?' a hynny mewn llais digon cysetlyd.

Dyna lle'r oeddwn i, am 5.30 y bore, yn cerdded yn ôl a blaen yn fy llofft, yn gwisgo crys, tei, siwmper, trowsus bach a *blazer* ac efo bag ysgol dros fy ysgwydd. Roedd fy nhad yn gegrwth! 'Mae'n hanner awr wedi pump y bore,' medda fo. 'Dwi'n gwybod,' medda finnau yn llanc. 'Dwi'n practisio mynd i'r ysgol a dwi ddim isio bod yn hwyr am y bỳs.'

Medi 1962, a finnau'n barod am fy niwrnod cyntaf yn Ysgol David Hughes, Porthaethwy. Gadael y nyth bach clyd yn Ysgol Gynradd Llangoed a chychwyn ar daith addysg fyddai'n para am fwy na degawd. Fy mlwyddyn i oedd y flwyddyn lawn gyntaf yn yr ysgol newydd ym

Mhorthaethwy. Sir Fôn oedd y sir gyntaf drwy Brydain gyfan i gyflwyno trefn o addysg gyfun a hynny yn yr oes pan oedd Cyngor Sir Fôn yn flaengar wrth ddarparu gwasanaethau cyhoeddus: Ysgol Syr Thomas Jones, Amlwch, Ysgol Gyfun Llangefni, Ysgol Thomas Ellis yng Nghaergybi a ninnau wedyn, yn gyntaf ym Miwmares ac yna ym Mhorthaethwy.

Cafodd Ysgol David Hughes ei sefydlu ym Miwmares yn 1603 i ddarparu addysg i blant tlawd. Daeth, yn y man, i fod yn ysgol ramadeg. Llwyddodd fy nhad, er enghraifft, i basio'r *11-plus* ac ennill lle yno. Ond erbyn i mi gyrraedd, roedd naws yr ysgol gyfun yn bur wahanol. Roedd poblogaeth yr ysgol yn fwy na phoblogaeth holl ardal Llangoed. Roedd yr adeilad yn un cwbl newydd. Roedd 'na Neuadd Fawr, ystafelloedd pwrpasol i gynnal gwersi chwaraeon, ystafelloedd gwyddoniaeth, celf, crochenwaith a dwsinau o stafelloedd dosbarth. O gymharu ag Ysgol Llangoed, roedd fy ysgol newydd yn fyd cwbl wahanol. Dyna'r ail gam ar y grisiau oedd yn arwain yn y pen draw i fyd newydd o bosibiliadau. Addysg oedd yr allwedd i ni blant o gefndir cyffredin i fedru camu drwy'r drws i'r 'goleuni deallus' ar yr ochr draw. Roedd cenedlaethau o fy nheulu ar y ddwy ochr wedi gweithio ac ennill eu crystyn drwy fôn braich, pa allu bynnag oedd ganddyn nhw rhwng y ddwy glust. Roedd byd addysg yn ddihangfa i mi o fyd caled y chwarel, y fferm neu weithio yng ngarej cwmni bysus Crosville.

Roedd plant y flwyddyn gyntaf wedi eu rhannu'n ffrydiau dysgu ar sail iaith: plant di-Gymraeg yn nosbarth E1, E2 ac E3 a ninnau Gymry yn nosbarth C1, C2 neu C3.

Ond mi oedd 'na ymdrech i gyfuno, gan fod pawb yn perthyn i un o chwe thŷ. Cefais i fy ngosod yn nhŷ Tudur, dan ofal Mr R. E. Thomas. Duw a ŵyr sut gafodd Mr Thomas annwyl yr enw 'Seagull' ond fel'na yr oeddan ni blant yn ei nabod o. Mr G. T. Evans oedd fy athro dosbarth – 'Ifans Bach' lym ei ddisgyblaeth, uchel ei lais wrth gadw trefn a mawr ei galon tuag atom ni blant.

Roedd 'na lawer o naws yr hen draddodiad Gramadeg yn perthyn i'r ysgol newydd. Roedd y prifathro, Sidney Evans, yn gwisgo gŵn ac roedd rhwyg cymdeithasol rhwng y Cymry Cymraeg a phlant o deuluoedd Saesneg. Y rhwyg bellach, wrth gwrs, yw hwnnw rhwng plant y dosbarth canol Cymraeg a'r gweddill. Ond nid felly'r oedd hi yn nechrau'r chwedegau. Doedd y diwydiant diwylliannol Cymraeg ddim wedi dechrau blaguro.

Plant gwledig oeddan ni'r Cymry Cymraeg: Niwbwrch, Llanddona, Pentraeth, Llangoed, Brynsiencyn. Plant tref oedd y rhai di-Gymraeg: Biwmares a Phorthaethwy. Y gwir oedd 'mod i'n gallu pontio'n rhwydd rhwng y ddwy gymuned. Roedd Alon Prytherch o Borthaethwy yn ffrind agos. Ond Cymry Cymraeg, gan fwyaf, oedd fy nghylch cydnabod: Derek Doyle, Myrddin Roberts, Margaret Davies, Emyr Byron Hughes, Ann Smith, Annes Jones, Robat Idris Davies a'r annwyl Gwyndaf Hughes oedd fy ffrindiau pennaf.

Mae Derek wedi gweithio i Gyngor Gwynedd ers degawdau ac er bod ein llwybrau wedi gwahanu, mae gen i feddwl mawr o Derek Doyle o hyd. Mae o'n ddyn difyr a deallus sydd heb anghofio lle cafodd o ei fagu nac o ble daeth o. Loes calon i mi oedd clywed am farwolaeth annhymig Gwyndaf Hughes . . . Jôs fel roeddan ni'n ei nabod – Duw a ŵyr pam! Bachgen o blwyf Llanffinan rhwng Benllech a Phentraeth oedd o, ac mi oedd fy nhad yn ffrindiau efo'r teulu gan ei fod o erbyn hynny yn gwerthu hadau a bwyd anifeiliaid ac roedd tad Jôs yn gwsmer. Roedd Jôs a minnau yn ffrindiau mynwesol a dwi bron yn fy nagrau rŵan, wrth feddwl am y gwewyr meddwl oedd wedi creu y fath amgylchiadau wnaeth iddo saethu'r ferch roedd o'n ei chanlyn, cyn troi'r gwn a'i ladd ei hun. Alla i ddim dychmygu'r loes a'r boen a achoswyd i'r ddau deulu na chwaith y dolur enaid oedd wedi clwyfo Jôs ei hun. Heddwch i'w lwch: dyna'r cyfan alla i'i ddweud!

Mab fferm, mab gweinidog, merch i gynghorydd oedd hefyd yn brifathro a merch i feddyg. Dyna fantais addysg gyfun: fod plant o wahanol haenau cymdeithasol yn plethu i'w gilydd yn gwbl naturiol.

Y Brif Neuadd oedd y canolbwynt. Dechreuai pob dydd gydag 'asembli', ond mi fyddai dweud fod y dydd yn dechrau gyda gweithred o ddefosiwn yn gwbl gam-arweiniol. Diflannai pob mymryn o ddefosiwn pan ddechreuai'r prifathro golli arno ei hun a dechrau chwythu bygythion a chelanedd. Does gen i ddim amheuaeth o gwbl fod Mr Sidney Evans, sef prifathro David Hughes, yn ŵr dymunol. Roedd o wedi gwneud gwaith arloesol ym maes Radar yn ystod yr Ail Ryfel Byd, a dwi'n deall ei fod wedi bod yn dysgu Ffiseg mewn ysgol yn Aberaeron ar ôl hynny, cyn cael ei benodi'n bennaeth Ysgol David Hughes. Prifathro o'r hen deip oedd o, ac roedd disgyblaeth lem yn uchel iawn, iawn ar ei restr flaenoriaethau. Yr eironi oedd fod Cyngor Môn wedi arloesi wrth greu'r system addysg gyfun ar yr ynys, ac eto roedd ein prifathro ni o draddodiad yr ysgolion gramadeg. Roedd o'n gwisgo gŵn, er enghraifft, er nad oedd neb arall o'r staff yn eu gwisgo os dwi'n cofio'n iawn. Saesneg oedd ei ddewis iaith efo ni, er ei fod o'n siarad Cymraeg yn iawn. Roedd o a'i wraig yn aelodau efo'r Annibynwyr ym Mhorthaethwy, ac mi wnaeth gyfraniad mawr yno, meddan nhw. Ond y gwir amdani yw nad oedd o'r math o ddyn i fod yn brifathro ar gwt ieir, heb sôn am arwain ysgol newydd ac arloesol! Roedd o'n foi eithriadol o ecsentrig, a dwi'n siŵr y basa pobol o fy nghenhedlaeth i ac eraill sy'n ei gofio fo yn cytuno fod yna ddeuoliaeth yn perthyn iddo. Roedd o'n medru bod yn ddyn hynod o ffeind a hynaws, ond ar y llaw arall roedd o'n brifathro llym, yn gwisgo gŵn, ac yn cario cansen efo fo bob amser fwy neu lai. Bwli oedd o, ac roedd o'n hoff iawn o ddefnyddio honno, fel tasa fo'n tanlinellu ei awdurdod. Ond un bore, o flaen yr ysgol i gyd, mi dorrais ei gansen yn ei hanner, fel y cewch chi glywed yn y man. Saesneg oedd ei ddewis iaith efo ni, er ei fod o'n siarad Cymraeg yn iawn. Roedd o a'i wraig yn aelodau efo'r Annibynwyr ym Mhorthaethwy, ac mi wnaeth gyfraniad mawr yno, meddan nhw.

Yr hyn oedd yn achub Ysgol David Hughes rhag suddo i bwll disberod oedd fod Mr Evans yn ffodus i gael dynion a merched yn ddirprwyon a phenaethiaid adrannau wrth ei gefn, oedd yn fodlon ei gynnal. Oni bai amdanyn nhw, dwi'n siŵr y byddai Sid wedi bod mewn dŵr poeth oherwydd ei ddulliau disgyblu, a'i ymddygiad cyffredinol. Er enghraifft, mi oedd yn ddyletswydd gyfreithiol ar y pryd i gynnal 'asembli' bob bore, a dyna pryd y byddai'n gwneud y cyhoeddiadau dyddiol ac yn y blaen. Ond mae'r syniad o ddefod grefyddol yn nonsens llwyr, achos roedd o'n colli arno'i hun yn lân wrth ddweud y drefn wrthon ni'r disgyblion. Roedd yr effaith yr oedd o'n gobeithio'i chreu – sef ofn a pharch – yn diflannu'n llwyr oherwydd roedd y plant jest yn chwerthin am ei ben o. Doedd neb yn ei gymryd o ddifri!

Mr Herbert Anthony oedd y dirprwy brifathro a Miss Dilys Jones oedd y ddirprwy brifathrawes. Mr Tecwyn Jones (Tough Tex), sef tad fy nghyn cydweithiwr, Siôn Tecwyn, oedd pennaeth yr Adran Ysgrythur. Fo ddaru bwyso arna i i gymryd y papur lefel-A Ysgrythur mewn blwyddyn, ac mi lwyddais i gael gradd A am fy ymdrech. Methiant llwyr oedd ymdrechion glew Mr Alexander Jones i ddysgu Lladin a Groeg i mi ac felly hefyd ymdrech Miss Jones Ffrensh i ddysgu Ffrangeg. Dysgais yn gynnar iawn nad oeddwn yn ieithydd. Mwy o drychineb fyth oedd fy ymdrechion gwyddonol a mathemategol – cwbl, cwbl anobeithiol i'r graddau fy mod wedi fy ngwahardd rhag sefyll arholiad Lefel-O yn y pynciau hynny. Cefais fynd i ddosbarth y *dunces* ar gyfer y cwrs Arithmetic a bu bron i mi fethu'r arholiad.

Yn ogystal â Mr Anthony a Miss Dilys Jones, roedd 'na ddau ddirprwy answyddogol, sef Mr Roberts y gofalwr, a oedd yn gyfrifol am yr adeilad, ac Isaac, y dyn oedd yn edrych ar ôl y caeau chwarae. Sawl gwaith mi welais Isaac yn hel papur a sbwriel oddi ar iard yr ysgol, a phwy fyddai allan yno efo fo, yn ei ŵn, ac yn dal y sach iddo fo, ond Sid! Roedd o'n israddio'i swydd yn gyfan gwbl. Sut oedd modd cymryd dyn felly o ddifri?

Pan oedd y gloch yn canu ar ddiwedd pob gwers, roedd

Sid yn mynnu nad oedd neb yn rhuthro, a bod pawb yn cerdded yn barchus ac yn drefnus ar yr ochr chwith a'r dde. Roedd hyn yn obsesiwn ganddo, ac roedd o fel warden traffig yn goruchwylio'r holl beth ac yn trio cadw trefn. Ond yn ôl yr hyn mae pobol yn ei ddweud wrtha i roedd ganddo galon fawr, ond dim synnwyr cyffredin o gwbl.

Pan oeddwn i yn y chweched dosbarth mi wnaeth y prifathro gyhoeddiad fod Cyngor Môn yn cynnig ysgoloriaeth i ddau o ddisgyblion yr ynys i fynd yn fyfyrwyr i Goleg yr Iwerydd. Coleg a gafodd ei sefydlu yn Llanilltud Fawr ym Morgannwg ydi hwn, sydd bellach yn rhan o fudiad addysgol rhyngwladol sy'n cynnig bagloriaethau i fyfyrwyr o bedwar ban byd. Roedd gen i ddiddordeb roi cynnig arni, ac mi soniais am y peth ar ôl mynd adref, ac roedd fy nhad hefyd yn awyddus i mi ymgeisio. Y bore wedyn, mi es yn syth i swyddfa Sid a dweud bod gen i ddiddordeb. Ond doeddwn i ddim yn disgwyl yr ymateb gefais i. Doedd o ddim yn frwdfrydig nac yn argyhoeddedig iawn, a dyma fi'n mentro gofyn pam ei fod o mor llugoer am y peth. Ei ateb oedd na fyddai'r math yna o beth yn siwtio rhywun o fy nghefndir i. Doeddwn i ddim yn siŵr iawn beth yn union roedd o'n ei feddwl, ond pan ddywedais i wrth fy nhad, mi aeth o'n benwan. Beth roedd Sid yn amlwg yn ei feddwl oedd hogyn o gefndir tŷ cyngor a'i dad yn weithiwr chwarel a'i fam yn gweithio mewn ysbyty; a doedd hynny ddim yn ffitio i mewn i'r *elite*, fel petai.

Mi gefais fy anwybyddu ganddo hefyd pan ddewiswyd prif fachgen yr ysgol. Ond fi gafodd y llaw uchaf yn y diwedd achos mi oedd Cyngor Môn yn rhoi gwobr i bob ysgol – Gwobr Syr Thomas Jones – i'r disgybl oedd wedi dangos y dylanwad mwyaf ar ei gyd-ddisgyblion. Y disgyblion oedd yn pleidleisio – eu dewis nhw oedd hwn, a fi oedd eu dewis yn Ysgol David Hughes y flwyddyn honno, chwarae teg iddyn nhw! Roedd hynny'n plesio, ond doedd Sid ddim yn hapus o gwbl.

Mi fues i mewn un helbul go ddifrifol ar ôl mynd i'r chweched dosbarth. Roedd hi'n arferiad gan hogiau blwyddyn gynta'r chweched i wneud rhywbeth gwirion – chwarae tric o ryw fath fel arfer – er mwyn profi i'w cyd-fyfyrwyr eu bod yn ddigon 'tebol, fel petai. Ond dwi'n meddwl ein bod ni wedi mynd braidd yn rhy bell.

Roedd hi'n ddiwedd y chwedegau, ac roedd yr ymgyrch fomio yn ei hanterth, a beth wnaethon ni oedd cael cloc larwm, hanner dwsin o ganhwyllau a weiran neu ddwy yma ac acw, a rhoi'r cwbl mewn bocs carbord a'i osod o ar Bont y Borth. Wnaethon ni ddim ffonio'r heddlu na dim byd felly, ond wnaeth hi ddim cymryd llawer i rywun weld y bocs a hysbysu'r awdurdodau, ac mewn dim o dro roedd y lle'n ferw gwyllt. Rhaid cofio nad oedd ceir yn medru mynd dros Bont Britannia bryd hynny, felly roedd y traffig yn sownd ar y bont am oriau maith. Mi oedd o'n fater difrifol iawn, wrth gwrs, ac ar ôl i'r heddlu ymchwilio, doedd hi ddim yn anodd iawn dod i'r casgliad mai tric oedd o, ac mai disgyblion ysgol oedd ar fai. Mi gafwyd cyfarfod arbennig o'r llywodraethwyr, ac am ryw reswm un o'r athrawon gafodd y bai am roi'r syniad yn ein pennau ni, a bu bron iddo gael y sac. Ond dim o'r fath beth. Fy syniad i oedd o, a neb arall! Pe bai'r athro dan sylw wedi cael y sac, wrth gwrs, mi faswn i wedi codi fy llais, ond cadw'n dawel wnaethon ni, ac mi ddaeth pethau'n ôl i drefn yn fuan iawn.

Ond oedd, roedd honno'n weithred go ddifrifol.

Felly, rhwng popeth, doedd fy mherthynas efo Sid ddim yn un rhy hapus, a daeth pethau i'r pen yn ystod y gwasanaeth boreol un diwrnod. Fel y Sanhedrin yn y deml ers talwm roedd yr athrawon yn cymryd eu lle efo'i gilydd mewn un rhan o'r llwyfan bob bore, a'r chweched dosbarth yr ochr arall. Y bore hwnnw, roedd Sid ar fin rhoi cansen i ryw hogyn. Dwi ddim yn cofio beth oedd ei 'drosedd', ond roedd y creadur yn mynd i'w chael hi yn gyhoeddus o flaen pawb. 'Digon yw digon,' medda fi wrthyf fy hun, ac mi godais a martsio tuag at y prifathro, cymryd y gansen oddi arno a'i thorri hi'n ddau ddarn ar draws fy nglin. Mi aeth y lle'n dawel, dawel, cyn ffrwydro efo cymeradwyaeth fy nghyd-ddisgyblion. Dwi'n meddwl fod yr athrawon yn cymeradwyo'n dawel bach hefyd. Roedd wyneb Sid yn bictiwr. Doedd ganddo fo ddim syniad beth i'w wneud, a doedd ganddo fo ddim coes i sefyll arni mewn ffordd. Fedrai o wneud dim byd. Chefais i mo fy nghosbi am y weithred, neu mi fasa hynny wedi creu rhyw fath o 'ferthyr' ohona i. Mi wnaethon ni gadw allan o ffordd ein gilydd ar ôl hynny. Cynnyrch ei gefndir a'i gyfnod oedd Sid, ond tasa fo'n gwneud y math yma o beth rŵan mi fasa fo a'i deip mewn dyfroedd dyfnion.

Fy hoff bynciau oedd Hanes, Cymraeg, Daearyddiaeth, Saesneg ac Astudiaethau Crefyddol, gyda Hanes ar ben y rhestr a hynny o ddigon. O edrych yn ôl, mae'n amlwg fod fy niddordeb mewn hanes wedi tanio'n gynnar, oherwydd diddordeb fy nhad yn y pwnc. Roedd Dad yn ddisgybl yn nosbarthiadau'r WEA ym Miwmares oedd yn cael eu cynnal gan y diweddar Ogwen Williams. Gallai gwybodaeth Dad o hanes cyfnod y Tuduriaid fod wedi ennill gradd iddo ond doedd y Brifysgol Agored ddim wedi dechrau yn y dyddiau hynny.

Dylanwad arall yn y maes hwnnw, fel mewn nifer o feysydd eraill yn fy mywyd, oedd gwraig o'r enw Mrs Simpson. Roedd hi a'i gŵr yn byw mewn tŷ mawr rhwng Biwmares a Llangoed. Roedd Dad a Mam yn gweithio i'r teulu, yn rhan amser, ac mae fy nyled i deulu Bryn Hyfryd ym amhrisiadwy. Mwy am hynny yn y man. Ond yng nghyswllt fy niddordeb ym myd hanes, Mrs Simpson dalodd dros fy nhad a finnau i fod yn aelodau o'r 'Antiquarians', sef Cymdeithas Hynafiaethwyr Môn. Cylch gorchwyl y gymdeithas oedd hanes Sir Fôn dros y canrifoedd ac mae hi'n dal i fodoli, diolch i waith Tony Carr, Siôn Caffell a gweddill y pwyllgor gwaith. Mae pwyllgor cyhoeddiadau'r gymdeithas yn cyhoeddi'r Trafodion yn flynyddol, sef casgliad o ysgrifau difyr yn ymwneud ag agweddau ar hanes Môn, a nhw ddaru ddwysáu fy niddordeb: dwi'n falch o ddweud fy mod i'n aelod o hyd. Does gen i ddim amheuaeth o gwbl nad yw hon ymhlith y cymdeithasau hanes lleol mwyaf cynhyrchiol yn holl wledydd Prydain.

Y dylanwad mwyaf arnaf o ddigon ym maes hanes oedd fy athro Hanes, Mr Anthony, gŵr confensiynol yr olwg oedd yn dysgu'r pwnc mewn ffordd draddodiadol Brydeinig, heb fawr o sylw i hanes Cymru. Ond wedi dweud hynny, rhaid cofio fod Mr Anthony yn perthyn i oes wahanol ac yn dilyn cwricwlwm gwahanol: *Kings and Queens*; gwrthdaro rhwng gwledydd a rhanbarthau Ewrop; y gwrthdaro rhwng Protestaniaeth a Phabyddiaeth; a hanes cyfansoddiadol.

Dyna'r maes llafur arferol ac roedd Mr Anthony yn giamstar ar ei bwnc.

Mae un wers benodol wedi glynu fel gelen yn y cof: gwers am Ryfel Cartref yr ail ganrif ar bymtheg – Brwydr Marston Moor yn 1644. Roedd y dosbarth yn cael ei gynnal mewn ystafell oedd yn edrych allan ar draws iard yr ysgol. Cymaint oedd brwdfrydedd heintus Mr Anthony, ac mor fyw oedd y darlun yn y llifeiriant geiriol, fel bod y dosbarth yn hanner disgwyl gweld byddin Siarl y Cyntaf a byddin Cromwell yng ngyddfau'i gilydd ar iard Ysgol David Hughes. Ond dwi'n cofio hefyd am un peth oedd ar goll yn yr ymdriniaeth â'r Rhyfel Cartref: doedd 'na ddim sôn am ran allweddol teuluoedd bonedd gogledd-orllewin Cymru yn y brwydro. Dwi'n gwybod bellach am frwydr Allt Goch ger Biwmares. Cafodd yr Allt yr enw Coch am fod gwaed wedi llifo fel afon yn dilyn brwydr rhwng lluoedd teulu'r Bulkeleys a lluoedd y Senedd. Chlywais i ddim gair am hynny yn yr ysgol ond doedd dim bai ar Mr Anthony am hynny. Roedd o, fel ninnau, yn gynnyrch ei gyfnod.

Ond gwelodd y cyfnod yma newid araf yn y ffordd roedd hanes yn cael ei ddysgu. Mae'r diolch pennaf am y newid yn ddyledus i hanesydd o'r enw Eric Hobsbawm, ac yng Nghymru i bobol fel Gwyn Alf Williams, Deian Hopkin ac Emlyn Sherrington. Roedd llyfr arloesol Hobsbawm, *The Making of the English Working Class*, yn glasur a dorrodd dir cwbl newydd. Yn ddiweddarach daeth gwaith ysgol-heigion yng Nghymdeithas Hanes Llafur Cymru wrth astudio undebaeth lafur a hanes cymdeithasol; hanes pobol gyffredin o fewn eu cymdeithas a oedd yn chwa o awyr iach.

R. Arwel Jones oedd y dylanwad mwyaf arna i. Ble mae

dechrau egluro'r dylanwad a gafodd y dyn arbennig yma arna i ac ar sawl plentyn arall oedd yn ddisgyblion yn Ysgol David Hughes? Dau o bobol sydd wedi gwir ddylanwadu arna i go iawn: 'Nhad oedd un ac Arwel Jones oedd y llall. Y gwir ydi fod y dyn yma yn dal i ddylanwadu arna i. Perygl mawr gweithio yn y cyfryngau yw ego chwyddedig. Y perygl mewn gwleidyddiaeth a'r cyfryngau ydi mynd i gredu canmoliaeth gan bobol eraill. Roedd 'Nhad yn barod bob amser i roi pin yn y swigen os oeddwn i'n mynd yn fwy na fy sgidiau. Pan fu 'Nhad farw, cefais sgwrs hir efo Arwel a dweud yn blwmp ac yn blaen mai arno fo yr oedd y ddyletswydd i ddweud wrtha i y pethau nad oedd neb arall yn fodlon eu dweud amdanaf. Mae Arwel Jones yn gignoeth o onest ei feirniadaeth ac, ydi, mae dyn yn gwingo ambell dro ond dyna yw'r pris am wahodd gonestrwydd.

Mi ddois i nabod Arwel gyntaf a minnau'n aelod o gymdeithas ddadlau Ysgol David Hughes. Fo oedd wedi sefydlu'r gymdeithas fel modd i gael plant i hogi'r meddwl a'r tafod drwy siarad yn gyhoeddus. Roeddwn i wedi arfer gwneud hynny, mewn modd ffurfiol a sidêt, wrth 'gymryd rhan' yn ysgol Sul capel Tŷ Rhys ac mewn oedfaon yng nghapel Jerusalem. Ond y gymdeithas, oedd yn cyfarfod bob dydd Llun ar ôl oriau ysgol, ddaru fy mhrentisio yn y grefft. Dwi wedi sylweddoli bellach fod yna bwrpas arall i'r gymdeithas. Problem fawr i blant y dosbarth gweithiol ydi magu'r hunanhyder sy'n dod yn gwbl naturiol i blant o gefndir mwy breintiedig. Bachgen o gefndir cyffredin felly oeddwn i, yn byw mewn tŷ cyngor, ac mi oedd y gymdeithas ddadlau yn fodd i oresgyn y teimlad nad oeddwn i cweit cystal â phlant gweinidogion, cyfreithwyr, athrawon neu bobol fusnes. Mae 'na dwtsh o'r teimlad hwnnw yn rhan ohona i hyd yn oed heddiw a dweud a gwir, a dwi'n deffro bob dydd yn benderfynol o hyd i brofi, nid i bobol eraill ond i mi fy hun, fy mod i lawn cystal ag unrhyw un arall.

Fûm i erioed yn hogyn swil ac mae diolch i Arwel Jones ac aelodau o gymdeithas ddadlau David Hughes am hynny. Diolch i Arwel Jones, hefyd, am y cyfle i fynd ar deithiau cerdded ac i wersylla yn nghaban gwyliau'r Urdd yn Nant Gwynant. Un o'r pethau dwi'n eu cofio'n glir am aros yn Sgubor Bwlch ydi aros ar ein traed hyd yr oriau mân yn gwrando ar y radio fach (*transistor*) oedd yn eiddo i bob glaslanc oedd am gael ei weld yn cŵl. Ond roedd yr hyn oedd yn cael ei ddarlledu ar y radio'r nosweithiau hynny yn Awst 1968 ymhell o fod yn cŵl: lleisiau ofnus ar donfeddi gorsafoedd radio anghyfreithlon yn Tsiecoslofacia, yn ymbil am gymorth gan wledydd y Gorllewin. Roedd tanciau Rwsia wedi ymyrryd er mwyn rhoi diwedd ar y wleidyddiaeth newydd, ryddfrydol oedd yn dechrau llacio gafael Comiwnyddiaeth ar wledydd fel Tsiecoslofacia. Dyna, am wn i, oedd egin fy niddordeb, sydd wedi parhau ers hynny, yng ngwleidyddiaeth gwledydd Dwyrain Ewrop.

Flwyddyn ynghynt, eto diolch i Arwel Jones, cefais gyfle i fynd i Aberystwyth a hynny i gynhadledd unigryw. 1967, a minnau bellach yn y chweched dosbarth, oedd blwyddyn dathlu cyfieithu'r Testament Newydd i'r Gymraeg. Trefnwyd gŵyl arbennig i ddathlu'r achlysur: Wythnos y Gair. Yr wythnos gynhyrfus honno oedd y tro cyntaf mewn gwirionedd i mi fod oddi cartref am fwy na noson! Yn Aberystwyth, cefais y cyfle i gyfarfod â phobol ifanc o bob rhan o Gymru, cyfle i sgwrsio, i ddadlau, i gymdeithasu, i

50

feddwl ac i fyfyrio. Mi ddigwyddodd rhywbeth arall yn sgil y cwrs, sef cadarnhau'r syniad oedd gennyf o ddilyn gyrfa yn y pulpud. Roedd cael fy nerbyn yn ymgeisydd am y weinidogaeth gyda'r Bedyddwyr Cymreig wedi bod ar fy meddwl ers tro, ac roeddwn i bron gant-y-cant yn siŵr mai dyna'r gŵys yr oeddwn am ei dilyn p'run bynnag. Cadarnhawyd hynny yn ystod Wythnos y Gair.

Yn un peth, roedd yn gyfle i wrando ar rai o siaradwyr mawr yr oes. Dau a wnaeth argraff ddofn arna i oedd gŵr o Lundain, sef gweinidog gydag Eglwys y Bedyddwyr Seisnig, Dr Howard Williams, a gŵr o Rwmania. Cafodd y Parchedig Richard Wurmbrand ei garcharu am ragor na deng mlynedd oherwydd ei wrthwynebiad i Gomiwnydd-iaeth. Cafodd yr angerdd yn ei dystiolaeth argraff ddofn arna i a thaniodd fy niddordeb i wybod mwy am Rwmania, y wlad a allai drin ei dinasyddion ei hun yn y fath fodd dieflig.

Cafodd geiriau'r Dr Howard Williams effaith o fath gwahanol arna i. Erbyn 1967 roeddwn wedi cael fy medyddio ac yn aelod o Eglwys y Bedyddwyr yn Llangoed. Yn wahanol i'r Presbyteriaid, doedd 'na ddim 'dosbarth derbyn' fel y cyfryw. Un rheswm am hynny oedd nad oedd gan Fedyddwyr Llangoed weinidog ar yr eglwys. Cefais fy addysg grefyddol gan Mr Tecwyn Jones yn yr ysgol a gan y Parch. Hugh Jones Parry, sef y gweinidog Presbyteraidd lleol. Yr hyn oedd ar goll oedd y fframwaith deallusol i gynnal fy ffydd Gristionogol ac am y tro cyntaf, mi gefais glywed hynny o wrando ar y Dr Howard Williams.

Roedd tŷ Mr Jones Parry yn ymyl fy nghartref ar stad Bryn Paun. Roedd ei gymorth academaidd yn ystod fy nghyfnod yn y chweched dosbarth yn gwbl allweddol. Er ei fod yn weinidog ar un o'r eglwysi mwyaf yng ngogledd Cymru o ran maint ei haelodaeth, yn wahanol i lawer o weinidogion eraill bryd hynny (a heddiw), roedd Mr Parry yn dal a'i drwyn mewn llyfrau. Roedd o wedi cael ei drwytho fel sgolar yng Ngholeg Prifysgol Gogledd Cymru ac wedi hynny yn un o brifysgolion yr Almaen. Colled fawr i'r byd academaidd oedd fod Mr Parry, oherwydd amgylchiadau teuluol, wedi treulio ei yrfa y tu allan i 'Academia Fawr'.

Neil Kinnock, mewn araith herfeiddiol i gynhadledd y Blaid Lafur, ddywedodd y geiriau cofiadwy mai y fo oedd y cyntaf o'i deulu i gael mynd i brifysgol – nid am fod ei ragflaenwyr yn dwp ond oherwydd y diffyg cyfleoedd i blant o'i gefndir o. Ystyr y geiriau oedd fod plant y dosbarth gweithiol yn iawn i weithio yn y pwll a'r chwarel ac mewn ffatrioedd. Fel y soniais eisoes, pan ddywedais i wrth y prifathro fod gen i awydd cynnig am ysgoloriaeth i Goleg yr Iwerydd, cefais yr ateb nad oedd y math yna o beth yn addas ar gyfer rhywun o'm cefndir i. Diolch i'r drefn am athrawon fel Arwel Jones neu faswn i erioed wedi cael mynd ymhellach na gweithio yn chwarel galch Penmon.

Sylweddoli fy mod i'n wahanol . . .

Roeddwn i'n sylweddoli fy mod i'n hoyw – neu'n wahanol o leiaf – pan o'n i tua deuddeg oed neu'n gynnar yn fy arddegau. Doedd o ddim yn rhyw brofiad Lôn Damascus na dim byd felly; wnes ni ddim deffro un bore a phenderfynu fy mod am wisgo ffrog a *pigtails* am weddill fy oes, a phrynu bag llaw. Fuodd arna i erioed awydd gwneud hynny, wir i chi. Na, gwawrio arna i'n raddol wnaeth o. Doedd gen i ddim math o ddiddordeb mewn chwaraeon chwaith (does gen i ddim hyd heddiw), ac mae'n siŵr y byddai ambell un yn gweld y peth fel cliw, er mor ystrydebol ydi hynny. Ar y dechrau roeddwn i'n meddwl fod pob hogyn yn mynd drwy'r un math o beth, a'i fod yn rhan o dyfu i fyny. Ond yn raddol, mi ddechreuodd chwarae ar fy meddwl i.

Ar y pryd roedd mynd i brifysgol yn rhywbeth reit anghyffredin i fachgen o fy nghefndir i, hogyn tŷ cyngor oedd yn fab i chwarelwr a'i fam yn nyrs. Fi oedd y cyntaf yn y teulu i fynd i'r fath le. Fel y dywedodd Neil Kinnock: 'I was the first Kinnock in a thousand years to go to university.' Wel, fi oedd y Stevenson cyntaf, ac mi oedd yna bwysau i ddefnyddio'r galluoedd yr oeddwn wedi'u cael. Roedd fy nhad yn gweld unrhyw laesu dwylo fel colli cyfle. Dyna pam yr oedd llyfrau mor bwysig, ond doedd o ddim yn rhoi pwysau gormodol arna i chwaith. Dim ond isio i mi lwyddo yr oedd o. Roedd llyfrau'n agor byd hollol wahanol. Dwi'n cofio darllen stwff Jack London, er enghraifft, am ei gyfnod yng Nghanada yn gweithio fel *lumberjack* ymysg pethau eraill. Nid fy mod i'n ffansïo bod yn un o'r rheiny, cofiwch (fedra i ddim peidio meddwl am eiriau cân Monty Python, 'I'm a lumberjack and I'm OK'!). Ac er na wyddwn i mo hynny ar y pryd, roedd ei lyfr *John Barleycorn* yn berthnasol iawn i mi, achos hanes dyn yn dirywio oherwydd alcoholiaeth ydi hwnnw.

Doedd neb yn gwybod fy mod i'n hoyw, ac roedd hynny'n creu pwysau ynddo'i hun. Rydan ni'n sôn rŵan am gyfnod hollol wahanol i heddiw. Mae'r oes wedi newid, a'r pwyslais ar y pryd oedd ar i bawb gydymffurfio. Roedd rhywun nad oedd yn cydymffurfio yn wahanol, ac mi oedd hi'n beryg bod yn wahanol. Roedd bod yn hoyw yn drosedd bryd hynny, a doedd gen i ddim dewis felly ond byw efo'r celwydd. Pan ydach chi'n dweud celwydd wrthoch chi'ch hun mae'n hawdd iawn dweud celwydd wrth bobol eraill, ac mi ddois i'n ddyn hynod, hynod o gelwyddog, yn cuddio'r gwirionedd amdanaf fi fy hun – am fy rhywioldeb yn y lle cyntaf, ac yn ddiweddarach am yr alcoholiaeth.

Dwi ddim yn cofio sôn am rywioldeb na dim felly adref. Nid bod fy nghartref yn lle homoffobig, ond doedd pethau felly jest ddim yn rhan o'r dodrefn teuluol neu gymdeithasol. Doedd y peth ddim yn codi. Roedd y realiti yna yng nghefn fy meddwl, ac roedd y pwysau cymdeithasol i gydymffurfio – i fod yn un o'r hogiau – yn gryf hefyd. Doedd yna ddim pwysau adref i mi gael cariad na dim byd felly. Yr unig bwyslais oedd yr angen i wneud yn dda yn yr ysgol, i gael addysg dda i wella fy myd, ac i wneud cyfraniad. Y nod oedd dilyn Cledwyn Hughes fel Aelod Seneddol Sir Fôn, ond yn y cyfnod hwnnw fasa'r un blaid yn fwriadol yn dewis dyn hoyw i fod yn ymgeisydd seneddol. Dyna oedd y realiti ar y pryd, ac felly roedd rhaid cadw'r peth i mi fy hun, er mor anodd oedd hynny.

Rhwng un peth a'r llall – gwleidyddiaeth yn bennaf – wnes i ddim gweithio fel y dylwn i fod wedi gweithio yn y coleg. Hel diod fues i fwy neu lai am y tair blynedd, ac ro'n i'n llawer mwy gweithgar fel ysgrifennydd Undeb y Myfyrwyr a chadeirydd y Clwb Llafur nag yr oeddwn i efo fy astudiaethau academaidd. Dwi'n ddigon hen i gofio etholaethau cefn gwlad fel Môn, Arfon, Meirionnydd, Ceredigion, Penfro a Brycheiniog a Maesyfed i gyd yn cael eu cynrychioli gan y Blaid Lafur a phob un o'r Aelodau Seneddol hynny'n Gymry Cymraeg. Mae map gwleidyddol Cymru wedi newid yn aruthrol ers hynny, ac erbyn heddiw Albert Owen ydi'r unig Lafurwr o Gymro Cymraeg sy'n Aelod Seneddol mewn sedd wledig. Mae hynny'n addas mewn ffordd, achos Sir Fôn ddaru ethol yr Aelod Seneddol Llafur cyntaf mewn ardal wledig yn unrhyw ran o Brydain Fawr. Y Brigadydd Syr Owen Thomas oedd hwnnw, yn 1918. Keir Hardie oedd yr Aelod Seneddol Llafur cyntaf, wrth gwrs, ym Merthyr, ond Syr Owen Thomas oedd y cyntaf mewn sedd wledig. O ran cefndir, felly, roedd o'n dra gwahanol i'r darlun arferol o Aelod Seneddol Llafur. Ond ar y pryd, mae'n siŵr nad oedd neb yn meddwl dim am hynny.

Fe'i ganed yng Ngharrog, Llanfechell, yn fab i ffermwr cefnog, a chafodd addysg dda a choleg. Bu'n gweithio ar y fferm deuluol ac fel goruchwyliwr i deulu'r Bulkeleys o'r Brynddu, Llanfechell am gyfnod. Cymerai ran flaenllaw ym mywyd cyhoeddus Môn, fel cynghorydd sir, henadur, ynad heddwch ac uchel siryf. Roedd o'n arbenigwr ar amaethyddiaeth, ac mae'n debyg mai yn rhinwedd yr arbenigedd hwnnw yr ymwelodd â De Affrica tua diwedd y bedwaredd ganrif ar bymtheg. Yn anffodus iddo fo – neu'n ffodus efallai – mi dorrodd Rhyfel y Boer tra oedd o yno. Roedd o eisoes wedi bod yn ymhél â'r bywyd militaraidd adref ym Môn. Ffurfiodd gatrawd o *Rifle Volunteers* yng Nghemaes, er enghraifft, ac oherwydd y profiad hwnnw, a'i gefndir cymdeithasol, fe'i gwnaed yn gyrnol ym myddin Prydain yn Ne Affrica. Daeth y rhyfel hwnnw i ben yn 1902, ac o fewn ychydig dros ddegawd wedyn roedd Owen Thomas yn ei chanol hi unwaith eto pan dorrodd y Rhyfel Mawr yn 1914. Roedd o'n ffrindiau mawr efo Lloyd George ac mi alwodd hwnnw arno i sefydlu'r hyn oedd yn cael ei weld fel y Fyddin Gymreig, fo a Monwysyn arall, John Williams, Brynsiencyn. Cafodd Owen Thomas ei wneud yn frigadydd y tro hwn, ac yn 1917 cafodd ei urddo'n farchog. Yr eironi mawr, a chwerw iddo fo, yw ei fod wedi colli tri o feibion yn y rhyfel hwnnw. Mae 'na gofgolofn iddo yn Llanfechell, ac mae enwau'r bechgyn arni.

Na, nid y math o foi y byddech yn disgwyl ei weld yn sefyll dros y Blaid Lafur, ond dyna ddigwyddodd ar ôl i'r rhyfel ddod i ben yn 1918. Yn yr etholiad cyffredinol a gynhaliwyd ym mis Rhagfyr y flwyddyn honno, trechodd Syr Owen Thomas ddeilydd y sedd, y Gwir Anrhydeddus Syr Ellis Jones Ellis-Griffith, o 140 pleidlais. Daliodd ei afael arni yn etholiad 1922, ond fel ymgeisydd annibynnol y tro hwn. Bu farw'r flwyddyn ganlynol. Ond mae'n nodedig fel yr Aelod Seneddol Llafur cyntaf mewn sedd wledig drwy Brydain. Y pwynt dwi'n ei wneud yn y fan yma ydi fod gan Fôn draddodiad Llafur hir yn ymestyn yn ôl i ddyddiau cynnar y blaid. Rhai o gonglfeini'r traddodiad hwnnw oedd cyrff fel Undeb y Morwyr, Undeb y Gweithwyr Morwrol ac Undeb y Gweithwyr Rheilffordd, a'r Clwb Pabyddol yng Nghaergybi. Mae'r rhain wedi bod yn bwysig iawn i'r blaid dros y blynyddoedd.

Mi fuodd Cledwyn Hughes yn Aelod Seneddol yr ynys am wyth mlynedd ar hugain, ac roedd 'na ryw syniad mai'r prif reswm roedd o wedi wedi medru dal ei afael ar y sedd cyhyd oedd am fod ei dad yn weinidog, y Parchedig H. D. Hughes. Roedd y capeli'n dal yn ddylanwadol bryd hynny, ac efallai fod 'na elfen o wirionedd yn y peth. Ond llawer iawn pwysicach oedd dylanwad y trefniant undebol oedd yn bodoli yng Nghaergybi, a'r dref honno ydi cadarnle'r Blaid Lafur ym Môn hyd heddiw. Mae'n eironig fod mab i weinidog Methodist yn rhannol ddibynnol ar bleidleisiau Pabyddol, Gwyddelig yng Nghaergybi, ond mae'n wir.

Mi ddois innau'n weithgar efo'r Blaid Lafur pan oeddwn i'n dal yn yr ysgol. Mi oedd 'na gangen ym mhentref Llangoed hyd yn oed, efo Miss Jones Mountain View yn ysgrifenyddes ddiwyd arni. Mae pobol yn meddwl am Fôn fel sir amaethyddol, ond doedd hynny ddim cweit yn wir –

yn sicr yng nghyd-destun Llangoed beth bynnag. Roedd chwarel Penmon yn cyflogi 300 neu 400 o ddynion yn ei hanterth, a cherrig o'r chwarel gafodd eu defnyddio i adeiladu rhannau o ddociau Lerpwl, er enghraifft.

Ar wahân i'r ffaith fod fy nhad yn gweithio yno, mae gen i gysylltiad teuluol arall efo'r chwarel. Roedd David Evans, perchennog y chwarel flynyddoedd yn ôl, yn perthyn i mi o bell. Mi gewch chi glywed mwy am ei hanes o'n nes ymlaen – ac am ei gysylltiad efo Cadair Ddu Hedd Wyn. Dyna'r unig gysylltiad diwylliannol-hanesyddol sydd yn y teulu am wn i, heblaw am Mephiboseth a oedd yn weinidog efo'r Bedyddwyr yn y bedwaredd ganrif ar bymtheg. Roedd o'n dipyn o gymeriad, mae'n debyg. Mi gafodd ei hel allan o'r enwad am ryw fistimanars efo dynes, dwi'n meddwl. Mi orffennodd ei ddyddiau yn gwerthu llyfrau ail-law yn ardal Caerfyrddin a Sir Benfro. Pan fu farw fy nhad yn 2002, mi oeddwn i'n mynd o gwmpas y fynwent yng Nghapel Jerusalem ac mi ddois i ar draws bedd Mephiboseth, er mawr syndod i mi. Wyddwn i ddim tan hynny ei fod wedi'i gladdu yno.

Mae'r reddf wleidyddol mor iasol ynof fi rŵan ag yr oedd hi pan oeddwn i'n dechrau'r daith efo'r gymdeithas ddadlau yn Ysgol David Hughes, ac yn etholiad 1966 pan fues i'n canfasio efo Cledwyn Hughes. Ro'n i'n teimlo'n rêl boi ac yn llawer hŷn na fy mhymtheg oed. Dwi'n cofio cerdded ar hyd stryd fawr Caergybi efo Cledwyn, a synnu i weld ei fod o'n nabod pawb, neu felly'r oedd hi'n ymddangos. Roedd o'n cyfarch bron pawb, efo rhywbeth fel: 'Helô, su'ma'i, sut mae'ch modryb?' neu 'Sut mae'ch cefnder?', neu rywbeth cyffelyb. Ar ôl cyrraedd yn ôl i swyddfa'r blaid mi fues i mor hy â gofyn iddo fo pam nad oedd o'n holi am fam, tad, gŵr neu wraig. A'i ateb oedd ei bod hi'n oes pan oedd pobol wedi dechrau ysgaru, felly'r peryg oedd nad oedd 'na ŵr neu wraig, ac roedd posibilrwydd nad oedd mam neu dad. Ond mae gan bawb fodryb, ewythr, cefnder neu gyfnither, meddai. Dychmygwch y sefyllfa: Cledwyn yn cyfarfod rhywun ar y stryd ac yn holi am ei chyfnither, a'r ddynes honno'n mynd yn ôl ar y bws i Lannerch-y-medd neu ble bynnag, ac yn dweud: 'Welish i Cledwyn Hughes yn Holyhead, ac roedd o'n cofio atoch chi.' Dyna oedd ei gyfrinach o, roedd o'n ddyn pobol – arf ddefnyddiol iawn i wleidydd. A dwi'n gobeithio fy mod innau hefyd yn ddyn pobol. Roedd o'n rhywbeth a ddysgais gan fy nhad, a gan fy nghefndir.

Ond mae gen i gyfaddefiad mawr i'w wneud yn y fan yma, ac ella y bydd rhai ohonoch yn synnu o'i glywed o. Mi fu John Stevenson, mab i chwarelwr a dyn Llafur drwyddo draw o'i gorun i'w sawdl, yn canfasio i Blaid Cymru mewn ymgyrch etholiadol. Fy mhrofiad gwleidyddol cyntaf un oedd helpu John Lasarus Williams, y dyn gafodd y syniad o roi lôn uwchben y rheilffordd ar Bont Britannia ar ôl iddi gael ei llosgi yn 1970. Roedd pawb yn ei ddilorni am hynny ar y pryd, ond mi gafodd y freuddwyd ei gwireddu, wrth gwrs, ac roedd o'n syniad ysbrydoledig. Roedd o'n ffigwr amlwg iawn yn rhengoedd Plaid Cymru, ac mi fues i'n dosbarthu taflenni etholiad iddo fo. Roedd Dad a John L wedi bod yn yr ysgol efo'i gilydd, ac ar y pryd roedd o'n sefyll ar gyfer hen Gyngor Aethwy, fel annibynnwr, nid fel ymgeisydd Plaid Cymru, felly dydi hi ddim yn gwbl wir dweud fy mod wedi canfasio dros Blaid Cymru. Ond, mi ges

i bresant ganddo fo ar y diwedd hefyd, chwarae teg –
cyfrolau o ysgrifau Emrys ap Iwan. Felly fan'no y
dechreuodd fy nhaith wleidyddol i.

Mi safodd John L mewn etholiadau San Steffan dros
Blaid Cymru yn 1970 ac 1979. Dafydd Iwan oedd eu
hymgeisydd yn y ddau etholiad a fu yn 1974.

Mae isetholiad Caerfyrddin ym mis Gorffennaf 1966 yn
cael ei weld fel carreg filltir a throbwynt mawr yn ein
hanes, am mai o fan'no y dechreuodd cenedlaetholdeb
Cymreig dyfu go iawn. Ond dwi ddim yn derbyn hynny. I
mi, y trobwynt lle dechreuodd Plaid Cymru fod yn rym
gwleidyddol go iawn, yn hytrach na rhyw fudiad ymylol
neu fudiad protest, oedd yr etholiad cyntaf hwnnw yn 1974
pan enillodd Dafydd Wigley yn Arfon a Dafydd Elis-
Thomas ym Meirionnydd. Mi ddaeth Cyngor Gwynedd i
fodolaeth yr un pryd, ac mi ddaeth yn gadarnle o ran
llywodraeth leol i Blaid Cymru – ar un cyfnod roedd hi'n
wladwriaeth un blaid yno bron iawn, yn nyddiau pobol fel
Dafydd Orwig! Dwi ddim yn dweud hynny fel beirniadaeth
chwaith. Roedd hi'n ffaith. Roeddan nhw wedi dysgu llawer
o'r triciau yr oedd y Blaid Lafur wedi bod yn eu defnyddio
yn y Cymoedd ers degawdau. Er enghraifft, doedd dim
rhaid i chi fod yn aelod o Blaid Cymru i fod yn brifathro
yng Ngwynedd, ond roedd rhaid i chi gydymdeimlo â nhw,
ac mi gafodd pobol eu penodi oherwydd eu daliadau
gwleidyddol, yn yr un ffordd yn union ag yr oedd Ken
Hopkins, un o hoelion wyth Llafur yn y Rhondda a
chyfarwyddwr addysg y sir, yn gwneud yn siŵr fod y bobol
oedd yn cael swyddi prifathro yn y Rhondda yn aelodau o'r
Blaid Lafur. Roedd castiau salaf un blaid yn cael eu
hadlewyrchu gan y llall.

Ond i mi roedd y ddwy sedd yna – Arfon a Meirion – yn llawer iawn mwy arwyddocaol na Chaerfyrddin. Dwi'n dilorni dim o gwbl ar Gwynfor Evans. Roedd o'n gynghorydd sir hynod boblogaidd, a materion lleol oedd y prif rai yn ystod yr ymgyrch etholiadol pan enillodd o yn 1966. Ffactor arall oedd salwch deilydd y sedd, y Foneddiges Megan Lloyd George. Roedd Megan Lloyd George yn bur wael adeg yr etholiad cyffredinol ym mis Mawrth, ond mi fynnodd sefyll, gan wybod fod canser arni a chan wybod nad oedd ganddi lawer o amser i fyw. Ac yn wir, mi fuodd farw ym mis Mai, a chynhaliwyd yr isetholiad ym mis Gorffennaf. Roedd llawer o'r bobol oedd wedi pleidleisio iddi hi ym mis Mawrth yn teimlo bod Llafur wedi gwneud tro sâl trwy adael i ddynes wael sefyll, a dwi'n meddwl fod hynny wedi cyfrannu at fuddugoliaeth gyntaf Gwynfor Evans. Mi gollodd o sedd Caerfyrddin yn 1970, methu ei chipio'n ôl o drwch blewyn yn etholiad cyffredinol Chwefror 1974, a'i hadennill hi mewn etholiad cyffredinol arall ym mis Hydref y flwyddyn honno.

Roeddwn i'n weithgar iawn efo Undeb y Myfyrwyr ym Mangor. Mi fues i'n ysgrifennydd yr Undeb, ac yn syth ar ôl dechrau yn y coleg, roedd fy llygad ar swydd y llywydd. Yn y cyfnod cyn etholiadau'r llywyddiaeth, roedd Dafydd Iwan wedi cael ei garcharu am ei ran yn yr ymgyrch arwyddion. Fel rhan o'r protestio, mi benderfynodd Cymdeithas yr Iaith a'r Cymric (Cymdeithas Gymraeg y Brifysgol) feddiannu Llys Biwmares. 16 Ionawr 1970 oedd y dyddiad. Rŵan, roedd pawb yn gwybod mai Llafurwr oeddwn i, ond mi es i yno efo nhw am fy mod i'n eu gweld nhw, nid fel llond bws o Gymry Cymraeg ond fel llond bws o ddarpar bleidleiswyr yn yr etholiad. Doeddwn i ddim hyd yn oed yn aelod o'r Cymric heb sôn am Gymdeithas yr Iaith, ond mi es i efo nhw i Fiwmares, a dyma ni'n mynd i mewn i'r llys, canu'r caneuon a gweiddi'r sloganau ac yn y blaen (nhw, nid fi). Ond ryw chwarter awr yn ddiweddarach mi ges i sioc farwol bron – llais ar y corn siarad yn bloeddio dros y stryd i gyd: 'John Stevenson! John Stevenson! PC Gareth Salt sydd yma . . .' (un o fêts gorau 'Nhad). 'Mae gen i negas i ti gan dy dad. Os nad wyt ti allan o'r lle 'na mewn pum munud, mae o a finna'n dod i mewn i dy dynnu di allan gerfydd dy locsyn.'

Sut ddiawl oedd o'n gwybod fy mod i yno? Mae'n rhaid ei fod wedi fy ngweld i'n mynd i mewn, ac wedi dweud wrth fy nhad. Ond mi oedd gen i benderfyniad anodd i'w wneud rŵan, 'toedd? Ydw i'n aros yma, ac yn ennill pleidleisiau gwerthfawr, neu ydw i'n llyncu fy mhoer a mynd allan? Llyncu fy mhoer wnes i, ond roedd y protestwyr yno tan y bore wedyn. Mi gafodd y digwyddiad hwn effaith ar etholiad y llywyddiaeth, gyda'r Cymric fel un dyn yn pleidleisio yn f'erbyn i. Mi sefais i ar diced Llafur, ond mi safodd un o'r ymgeiswyr eraill – Sgowsar o'r enw Colin Burke – ar diced chwith eithafol, ac mi ddewison nhw ei gefnogi o.

Saeson oedd y rhan fwyaf o fy ffrindiau i yn y coleg ar y pryd – Rachel Pollard o Fanceinion, Roger Birch o Ynysoedd y Sianel, a Pete Gray o Mile End. Ac oherwydd yr hyn oedd wedi digwydd ym Miwmares a hefyd y ffaith eu bod nhw'n gweld fy mod i'n cymdeithasu efo Saeson, eu meddylfryd nhw oedd: os oeddan nhw am gael Llywydd Undeb oedd yn Sais, waeth iddyn nhw gael Sais go iawn ddim, yn hytrach na rhyw fwngral o Gymro oedd yn cynffonni i'r Saeson. Ac mi ges i fy nhrechu yn yr etholiad. Felly dyna i chi hanes yr unig brotest Cymdeithas yr Iaith i mi fod arni hi erioed.

Rhan o etholaeth Conwy oedd Bangor yn y dyddiau hynny, ac roedd y sedd wedi bod yn nwylo'r Ceidwadwyr ers blynyddoedd. Ond pan es i i'r coleg yn 1969 roedd hi yn nwylo Llafur, ac Ednyfed Hudson Davies yn Aelod Seneddol. Mi oedd 'na Glwb Llafur wedi bod yn y Brifysgol, ond roedd o wedi dirwyn i ben ac un o'r pethau cyntaf wnes i fel myfyriwr oedd ei ailsefydlu, ac mi gawson ni gyfle i gymryd rhan yn Etholiad Cyffredinol 1970. Roedd 'na lywodraeth Lafur ar y pryd, o 1966 i 1970, a dwi'n cofio bod rhai o'r gynnau mawrion wedi dod i fyny i'r etholaeth i ganfasio. Mi ddaeth y Prif Weinidog Harold Wilson yno yn 1970, a Tony Benn hefyd, ac mae'r arferiad yn parhau, yn enwedig mewn etholaethau ymylol fel Conwy. Un arall ddaeth i fyny i'r Gogledd bryd hynny oedd George Brown, yr Ysgrifennydd Tramor. Roedd pawb yn gwybod am giamocs George, a'i hoffter o godi bys bach. Roedd o newydd ddod yn ôl o daith i Dde America yr wythnos cynt, a'r sôn ydi fod Wilson wedi'i yrru fo yno er mwyn cael gwared arno fo o Lundain am sbel, achos roedd o'n yfwr diarhebol ac yn rhoi ei droed ynddi'n aml. Roedd 'na stori ddoniol yn un o'r papurau newydd am ddigwyddiad honedig yn ystod y daith i Dde America. P'un a ydi hi'n wir sy'n fater arall, ond mae hi'n werth ei hailadrodd. Roedd George mewn derbyniad swyddogol yn y llysgenhadaeth yn Buenos Aires, ac roedd o wedi cael llond cratsh. Mae'n debyg ei fod o wedi stagro draw at ddynes, gan foesymgrymu o'i blaen hi a dweud, 'I am the British Foreign Secretary, and I would be deeply honoured if you would join me in this waltz. It would be the highlight of my life, lovely lady in red, if you accepted the invitation . . .', neu eiriau cyffelyb.

'Thank you very much, Foreign Secretary,' oedd yr ateb, 'I am very honoured. But I need to correct you on two very important points. It isn't actually a waltz, it's a rhumba, and secondly I am not a lovely lady in red, I am actually the Cardinal Archbishop of Buenos Aires.'

Wythnos ar ôl hynny roedd yr hen George ym Mangor, ac yn amlwg roedd o wedi bod yn tancio ar y trên yr holl ffordd i fyny. Yn neuadd Eglwys y Santes Fair yr oedd y cyfarfod, ac roedd y lle'n llawn. Roedd hyn yn y dyddiau pan oedd pobol yn dal i fynd i gyfarfodydd gwleidyddol. Mi oedd Ednyfed Hudson Davies wedi gofyn i mi a fyddwn i'n fodlon gofyn cwestiwn i George am agwedd y Blaid Lafur at yr iaith Gymraeg. Iawn, medda fi, wrth gwrs y gwna i, ac mi sefais ar fy nhraed a gofyn y cwestiwn yn Gymraeg, gyda'r bwriad o'i ailadrodd yn Saesneg wrth gwrs. Ond y peth nesaf welais i oedd George Brown yn tynnu ei gôt, ac yn codi o'i sedd a mynd at ymyl y llwyfan a dechrau bytheirio. Roedd o isio cwffio efo fi! Am fy mod i wedi gofyn y cwestiwn yn Gymraeg roedd o wedi cymryd mai aelod o Blaid Cymru oeddwn i, wedi sleifio i mewn i'r cyfarfod! Mi fu raid i Ednyfed Hudson Davies ac Emlyn Sherrington ei ddal o'n ôl, efo'r geiriau, 'Sit down, you bloody fool, he's one of ours!'

Dwi'n cofio pan oedd Betty Williams yn ymgeisydd Llafur yng Nghonwy, yn 1987 dwi'n meddwl, ac mi wahoddwyd Michael Foot i fyny i ganfasio efo hi. Roedd o'n ddyn hollol ddiymhongar, ddim isio math o ffws na ffwdan, ac mi drefnwyd lle iddo aros mewn gwesty bychan yn ymyl Llandygái ger Bangor. Mi oedd 'na swyddogion o'r *Special Branch* yno efo fo, ac ar ôl ei gyfarfod o a chael swper, mi es i adref ac mi aeth Michael Foot i fyny i'w lofft. Ond y bore wedyn, mi glywyd bod 'na goblyn o le wedi bod yno yn ystod y nos. Roedd tri o'r dynion seciwriti wedi cael eu deffro gan fom IRA yn ffrwydro ger y gwesty, ac roeddan nhw wedi deffro Michael Foot a phawb arall a bu'n rhaid gwagio'r adeilad yn oriau mân y bore. Da iawn nhw am wneud eu gwaith mor drylwyr . . . ia wir . . . ond y drwg oedd, nid bom mohono o gwbl. Roedd y gwesty bach 'ma reit wrth ymyl y trac rheilffordd, a beth oedd yn mynd heibio am dri o'r gloch bob bore ond yr Irish Mail. Wel, mi oedd hi'n gwneud ufflon o sŵn, chwarae teg, ond mi fentra i ddweud bod 'na o leiaf un dyn seciwriti yn cael ei fesur am siwt sachlïain a lludw yn Llandygái y bore hwnnw.

Mi oeddwn i wedi cyfarfod Michael Foot o'r blaen, flynyddoedd ynghynt, yn ystod ymgyrch yr ail etholiad cyffredinol yn 1974. Roedd Goronwy Roberts newydd golli ei sedd i Dafydd Wigley, ac Emlyn Jones Sherrington oedd yr ymgeisydd Llafur, a finnau'n helpu efo'r ymgyrch. Y drefn oedd ein bod ni'n cael tri chyfarfod gyda'r nos – un mewn pentref bach, un arall yn rhywle mwy, gyda rali fawr ar ddiwedd y dydd mewn neuadd fwy eto. Fi oedd yn dechrau yn y pentref, wedyn roedd Emlyn yn cymryd drosodd, tra oeddwn i'n mynd ymlaen i'r ail gyfarfod, gan orffen efo'r rali fawr lle'r oedd rhai o'r enwau mawr yn siarad. Mi ges i'r fraint o siarad ar lwyfan Ysgol Syr Hugh Owen efo Jim Callaghan. Ond i mi, y rali fwyaf oedd honno efo Michael Foot mewn neuadd ym Mhen-y-groes. Olynydd Callaghan fel arweinydd y Blaid Lafur oedd Michael Foot. Areithiwr penigamp, ysgrifennwr ysbrydoledig ond arweinydd hynod o aneffeithiol. Y gwir yw nad bai Michael Foot i gyd oedd hynny. Daeth Foot yn arweinydd yr wrthblaid, sef y Blaid Lafur, ar yr union adeg pan benderfynodd y Blaid nad oedd hi am gael ei harwain! Beth bynnag, yn ôl i Ben-y-groes. Fi oedd yn dechrau'r cyfarfod, Emlyn yn siarad wedyn a Michael Foot yn gorffen. Roedd y lle'n orlawn, fel yr oedd cyfarfodydd gwleidyddol ers talwm, i'r graddau fod pobol yn gwrando tu allan i'r neuadd. Ond fel yr oeddwn i'n codi dyma Emlyn yn sibrwd wrth fy ochr i:

'Tynna dy blydi mac!'

Finna'n sibrwd yn ôl, 'Fedra i ddim.'

'Pam?'

'Mae *zip* fy malog i wedi torri!'

Ond er mawr ddifyrrwch i'r gynulleidfa roedd y meicroffon ymlaen, ac mi glywodd pawb y frawddeg anfarwol yn glir fel grisial!

Darlithydd Hanes yn y Brifysgol ym Mangor oedd Emlyn Jones Sherrington, a fo oedd fy nhiwtor personol i, ond roedd o a'i wraig Nancy a minnau'n ffrindiau pennaf hefyd am ein bod ni o'r un anian wleidyddol. Hogyn o Lanberis oedd o ac fel yr oeddwn i'n cael fy ngweld fel yr etifedd pan fyddai Cledwyn Hughes yn rhoi'r gorau iddi ym Môn, y ddealltwriaeth oedd y byddai Emlyn yn etifeddu'r sedd yng Nghaernarfon pan fyddai Goronwy Roberts yn cyrraedd pen y daith. Dyn disglair iawn oedd Emlyn. Roedd o'n darlithio ar Hanes Cymru ac yn arbenigo ar hanes yr asgell dde yng ngwleidyddiaeth Ewrop.

Roedd Emlyn a Nancy a finnau'n agos iawn yn y cyfnod yma, ac roeddwn i'n gweld eu plant – Stephen, Simon a Catherine – fel brodyr a chwiorydd imi bron, a phan fyddai eu rhieni'n mynd allan am bryd o fwyd neu i gyfarfod pwysig, fi oedd yn eu gwarchod nhw, ac roeddan nhw'n medru bod yn ddiawliaid bach drwg hefyd! Dwi'n cofio un noson yn arbennig. Byw mewn tŷ tri llawr ar Ffordd y Coleg ym Mangor Uchaf roedd y Sherringtons, a thrwy'r gyda'r nos mi oedd y plant wedi bod yn fy mhlagio, isio rhywbeth bob munud ac yn trio cymryd mantais ar fy ngharedigrwydd, fel y bydd plant efo gwarchodwyr, wrth gwrs. Roedd Catherine tua chwech neu saith oed ar y pryd, a phan ddaeth Emlyn a Nancy adref dyma hi'n gweiddi o dop y grisiau:

'Dad, dwi isio diod o lefrith. Doedd John ddim yn gadael i mi gael un.'

Gnawas fach! Ond 'Dos i dy wely!' gafodd hi gan Emlyn.

Y munud nesaf dyma 'na nodyn yn disgyn ar y llawr o dop y grisiau, efo neges yn dweud: 'Dwi isio diod o lefrith. *Love* Catherine.'

Dyma Emlyn yn sgwennu'n ôl: 'Dos i dy wely.'

Mi ddigwyddodd yr un peth eto funudau wedyn efo'r un ateb gan Emlyn: 'Dos i dy wely!'

Yna, dyma 'na nodyn arall yn cyrraedd efo'r neges anfarwol: 'I hate you. Love Catherine.'

Do, mi fuon ni'n chwerthin am hwnnw am flynyddoedd. Mi gafodd y plant eu magu mewn traddodiad Llafurol, ac mi ddaru Catherine etifeddu hynny achos roedd hi'n ymgeisydd Llafur yn etholiadau cynta'r Cynulliad.

Mi gollodd Goronwy Roberts i Dafydd Wigley yn etholiad cyffredinol Chwefror 1974, a phan safodd Emlyn dros Lafur yn yr ail etholiad a gynhaliwyd ym mis Hydref y flwyddyn honno, fi oedd ei *second man* o ar y drol, fel petai. Ond colli oedd ei hanes yntau, ac mi ddaru hynny effeithio'n o ddrwg arno. Ymhen blwyddyn neu ddwy wedyn mi chwalodd ei briodas. Roeddwn i a fy ngwraig wedi ysgaru eisoes – am resymau gwahanol, fel y cewch chi glywed – ac roedd hynny fel pe bai o wedi bod yn fath o gatalydd i Emlyn a Nancy, achos ymhen byr amser roeddan nhwythau wedi mynd yr un ffordd.

Roedd Nancy'n aelod o Gyngor Dinas Bangor, pan oedd gan y Cyngor rym i wneud pethau. Mi oedd Emlyn yn gynghorydd ar Gyngor Sir Gaernarfon ond rhywbeth i'w roi ar y CV gwleidyddol oedd hynny, mwy na thebyg. Mi oedd o a Nancy wedi bod yn canlyn ers dyddiau ysgol, a'r gliw oedd yn dal eu priodas efo'i gilydd – a dwi ddim yn golygu hynny mewn ffordd snobyddlyd – oedd gwleidyddiaeth, a'r brif elfen oedd y gobaith y byddai Emlyn, ryw ddiwrnod, yn cael ei ethol yn Aelod Seneddol dros Gaernarfon. Ond pan fethodd hynny â digwydd, roedd y gliw wedi mynd ac mi chwalodd eu priodas nhw.

Mi fuodd Emlyn farw yn 73 oed yn 2012 ac mi sgwennais i deyrnged iddo yn *Barn*. Un o'r pwyntiau wnes i oedd hwn: pe bai Emlyn wedi gafael ynddi a chyhoeddi mwy, mi fasa'n sicr yn cael ei ystyried ymhlith yr haneswyr mawr. A dwi'n dal o'r un farn. Roedd o'n edrych ar hanes Cymru, nid dan fwced, ond yn y cyd-destun Ewropeaidd. Ac fel dyn o flaen cynulleidfa, neu griw o stiwdants mewn darlith neu diwtorial, roedd o'n gwbl wych. Roedd o'n medru cysylltu ffeithiau yr oedd o wedi dod ar eu traws, nad oedd hi'n ymddangos fod cysylltiad rhyngddyn nhw, ac roedd ei ddadansoddiad o wastad yn gwbl wreiddiol a newydd sbon. Ond y drwg oedd, roedd o'n uffar diog! Dyna oedd ei wendid o, neu mi fuasai wedi cyhoeddi llawer mwy nag a wnaeth o. Dwi'n cofio un erthygl wych a sgwennodd o i gylchgrawn Cymdeithas Hanes Llafur yng Nghymru (Society for the Study of Welsh Labour History), ar O. M. Edwards a'r werin Gymraeg. Mi ydan ni'n arfer defnyddio'r term yna, 'y werin', ond yn ôl Emlyn – a dwi'n dal i goelio hyn fy hun hefyd – doedd 'na ddim ffasiwn beth â 'gwerin'. Y dosbarth gweithiol oeddan nhw – dosbarth o bobol ddeallus a diwylliedig, ac mi oedd y dosbarth hwnnw mewn llefydd fel bro'r chwareli yn wahanol i'r un dosbarth mewn mannau eraill. Hynny ydi, nid caridýms oedd y rhain, ond pobol lengar, oedd isio gwella'u hunain. Mae honna'n un erthygl sy'n sefyll yn y cof, ond roedd pawb yn gyfarwydd â 'phrosiect mawr' Emlyn, sef y llyfr yr oedd o i fod i'w sgwennu. Dadansoddiad o ddatblygiad y Dde yng ngwleid-yddiaeth Ewrop oedd ei thema, ac roedd o'n gosod twf cenedlaetholdeb, a Cheidwadaeth, o fewn y cyd-destun hwnnw. Roedd o'n mynd draw i'r Bibliothèque Nationale ym Mharis yn aml i wneud gwaith ymchwil, ond doedd 'na ddim byd i'w weld ar y diwedd, ac ar ôl ei farwolaeth roedd pawb yn cymryd yn ganiataol na ddeuai'r llyfr byth i fwcwl. Ond mae ei ail wraig, a'i weddw bellach, wedi dod ar draws disg gyfrifiadurol (*floppy disc*), efo'r llyfr cyfan arni hi. Dwi'n deall fod Gwasg Prifysgol Cymru'n trafod ei gyhoeddi. Gobeithio'n wir y gwêl y gyfrol olau dydd, achos mi fyddai'n gofgolofn anrhydeddus i hanesydd disglair, a choblyn o foi iawn.

Mae 'na un cymeriad arall yn sefyll yn y cof ar y sin wleidyddol o fy nyddiau ym Mangor – Guy Neave, darlithydd Hanes arall. Roedd Airey Neave, yr Aelod Seneddol a laddwyd gan fom yr IRA yn San Steffan yn 1979, yn ewythr iddo fo. Mi oeddwn i, Guy ac Emlyn yn fêts pennaf, a finnau'n rhyw fath o brentis iddyn nhw, yn dysgu'r grefft. Er mai Tori oedd ei ewythr, Marcsydd oedd Guy ond dwi ddim yn siŵr iawn pa Marx yr oedd o'n ei ddilyn – Karl 'ta Groucho! Roedd o'n dod o ochr Ganadaidd-Ffrengig y teulu Neave. Yn y cyfnod hwnnw yn dilyn Bloody Sunday pan oedd y sefyllfa yng Ngogledd Iwerddon yn dechrau mynd yn fwyfwy difrifol, mi ddiflannodd Guy un noson a welodd neb mohono fo am wythnosau, a wyddai neb ble'r oedd o chwaith. Ond mi ymddangosodd, ganol nos yn nhŷ Emlyn a Nancy, tua thair wythnos wedyn. Chawson ni mo'r stori i gyd, ond yr hyn a gafwyd ganddo oedd ei fod wedi bod yn Belfast yn helpu'r IRA. Ia, y bobol oedd wedi llofruddio'i ewythr o. Rhyfedd o fyd, fel y dywedodd rhywun ryw dro.

Felly dyna ichi'r math o gymdeithas – un wleidyddol iawn, iawn – yr oeddwn i'n troi ynddi yn y coleg, yn lle gwneud fy ngwaith academaidd. Dwi'n cofio'r llythyr gan yr Athro Hanes, Dr Keith Robbins, yn dweud nad oeddwn i cweit yn barod i sefyll yr arholiadau, a dwi'n cofio cael y llythyr diweddarach yn dweud mai gradd trydydd dosbarth ges i. Doedd hynny ddim yn syndod. Dwi'n cofio meddwl sut ddiawl oeddwn i'n mynd i ddweud wrth fy nhad, ond pan ddaeth yr amser y cwbl wnes i oedd ymddiheuro a dweud nad oeddwn i wedi gweithio'n ddigon caled. A'i ymateb o i hynny oedd:

'Na, na, chwarae teg, mi weithiaist yn ddygn iawn, John . . . ond ar y pethau anghywir.'

Fel arfer, roedd o yn llygad ei le.

Cors anobaith *neu* gyfres o amgylchiadau anffodus

'Fy enw i ydi John Stevenson, a dwi'n alcoholig.' Fel'na mae aelodau Alcoholics Anonymous yn cyfarch ei gilydd mewn cyfarfodydd, ond fues i 'rioed yn aelod o'r mudiad hwnnw. Datgan y peth fel ffaith yr ydw i. Mi ydw i'n alcoholig, ac mi fydda i'n alcoholig tra bydda i byw. Yr unig wahaniaeth erbyn hyn ydi fod yr alcoholiaeth o dan reolaeth am fy mod i'n llwyrymwrthodwr.

Mi fues i mewn cwpwl o gyfarfodydd yr AA pan o'n i'n dechrau dod yn ôl ar fy nhraed, ond doeddwn i ddim yn credu y basa fo'n gweithio i mi. Y cwbl y maen nhw'n ei wneud yn fy marn i ydi ffeirio un ddibyniaeth am un arall – sef y ddibyniaeth ar alcohol am yr angen i rannu profiad a mynychu cyfarfod cyffesu wythnosol. Mae'n ddibyniaeth lai niweidiol, wrth reswm, a dwi ddim yn dilorni'r mudiad am funud. Maen nhw'n gwneud gwaith clodwiw iawn ac os ydi o'n gweithio i chi, wel ewch amdani ar bob cyfri. Ond doedd y math yna o beth ddim i mi ar y pryd.

Wedi dweud hynny, mi fyddai rhai yn dadlau fy mod innau wedi ffeirio un ddibyniaeth am un arall, sef y ffags. Ond roeddwn i eisoes yn ddibynnol ar nicotîn pan o'n i'n gaeth i'r alcohol, ac felly nid *ffeirio* un ddibyniaeth am un arall wnes i. Mae pawb sy'n fy adnabod yn gwybod fy mod i'n smociwr o fri, ac wedi bod felly erioed. Pe bai yna'r fath beth â Thîm Smocio Cymru fi fyddai'r hyfforddwr a'r rheolwr, heb os nac oni bai. Dwi'n mwynhau smôc, neno'r tad – yn enwedig yr un gyntaf yn y bore efo panad o goffi. A dwi ddim yn meddwl bod sigaréts hanner mor niweidiol ag alcohol i mi (a phawb sy'n gysylltiedig â mi). Maen nhw'n bendant wedi bod yn gefn i mi ar adegau anodd iawn, felly chlywch chi byth mohona i'n eu condemnio nhw, a wna i mo'u gwadu nhw rŵan. Ond mi ydw i'n gwneud ymgais fwriadol i smocio llai wrth i mi sgwennu hwn, gyda golwg ar roi'r gorau iddi ryw ddydd.

Cyfres o amgylchiadau anffodus dros gyfnod o amser wnaeth fy ngwthio i ganol cors disberod, ond dwi ddim yn beio neb ond fi fy hun am y ffordd y gwnes i ymateb i'r amgylchiadau hynny. Wnaeth neb dywallt y ddiod i lawr fy nghorn gwddw i, wnaeth neb wneud y pethau dwl wnes i dan ddylanwad y ddiod. Fi wnaeth y rheiny i gyd. Ar ôl byw ar y stryd am ddegawd (mi gewch chi'r hanes hwnnw, peidiwch â phoeni), dwi ddim wedi cyffwrdd alcohol ers dros ugain mlynedd. A wyddoch chi be? Dydi o'n poeni dim arna i erbyn hyn. Hyd yn oed os ydi pobol eraill yn yfed o 'nghwmpas i, mi fedra i ddygymod â hynny'n iawn. Pam ddylen nhw gael eu cosbi am fy nibyniaeth i? Ond dwi wedi *bod* yn alcoholig ac mi *fydda* i'n alcoholig tra bydda i byw. Dyna'r pwynt, ac i bobol o anian arbennig mae alcohol yn wenwyn pur. Mi ddylwn i wybod: mi fues i'n gwenwyno fy hun yn ddyddiol, yn gorfforol ac yn seicolegol, efo fo. Do, mi lwyddais i oresgyn y diafol yn y diwedd, ond mae'n rhaid i mi fod yn wyliadwrus drwy'r amser, achos dwi'n ymwybodol iawn ei fod o'n dal i lechu yn y cefndir yn awchu am ei gyfle. Yr unig beth fedra i ei wneud ydi ceisio sicrhau na chaiff o mo'r cyfle hwnnw.

Mae 'na elfennau o'r hyn a ddigwyddodd sy'n rhyfeddod i mi. Y rhyfeddod mwyaf, oherwydd fy nghefndir a'r breintiau a'r cyfleon yr oeddwn i wedi eu cael mewn bywyd, oedd fy mod wedi 'nghael fy hun i'r fath sefyllfa yn y lle cyntaf. Mi oedd 'na gyfnodau hir wrth i mi ailsefydlu fy hun lle'r oeddwn i'n dadansoddi'r pethau yma, ac yn holi pam fod y peth a'r peth wedi digwydd. Dwi wedi rhoi'r gorau i hynny achos does 'na ddim pwrpas. Mae'r pethau yna wedi digwydd ac alla i ddim eu newid nhw. Ond dwi ddim yn eu cario nhw o gwmpas efo fi fel sach o bechodau ar fy nghefn erbyn hyn. Mi wnes i frifo a siomi peth myrdd o bobol. Dwi wedi gadael *casualties* ar fy ôl ym mhob man ar hyd y blynyddoedd, a dwi'n edifar am hynny. Ond yr hyn dwi'n hynod falch ohono ydi fod cymaint o bobol wedi dangos y fath hynawsedd tuag ataf wrth i mi ddod yn ôl ar fy nhraed – hynawsedd nad oedd gen i hawl i'w ddisgwyl, heb sôn am ei gael.

Mae pobol wedi fy atgoffa'n gyson fod gweithio fel gohebydd seneddol yn un o'r swyddi efo'r proffil uchaf yn y BBC; fy mod i wedi cyrraedd y brig o fewn y gorfforaeth ac nad oedd gen i ddim byd i'w brofi i neb bellach. Ond dwi'n deffro bob bore, nid i brofi unrhyw beth i bobol eraill, ond i brofi i mi fy hun fod y cyfnod anysytywallt, meddw yna yn y gorffennol. Duw a'm gwaredo pe bai'r amgylchiadau yna'n codi eto a minnau'n ailddechrau yfed, achos dwi wedi cael y cyfle ac os bydda i'n llithro eto mi fydd hi ar ben arna i.

Y rhyfeddod ydi fy mod i'n dal yn fyw. Yn eironig, ar ôl i mi orffen fel gohebydd seneddol efo'r BBC yn Llundain, mi ddois i'n ôl i weithio ym Mangor fel gohebydd gwleidyddol ar faterion y Gogledd, ac o fewn tri mis mi ges i strôc. Roedd bywyd yn llawer arafach yma yn y Gogledd, wrth gwrs, ar ôl prysurdeb San Steffan. Ond am ba reswm bynnag, wn i ddim, mi ges i strôc fechan. Mi ddois i drosti, ac mi ges i archwiliad meddygol llawn, a'r casgliad oedd fod fy nghorff cystal ag y gallai fod o ystyried fy oed – ac mae hynny'n cynnwys yr iau a'r ffaith fy mod i'n smocio fel stemar.

Mi achubais i ar y cyfle ddaeth i'm rhan i godi'n ôl ar fy nhraed, ac mi helpodd nifer o bobol fi ar hyd y ffordd. Os bydd yr alcoholiaeth yn gafael eto, yna cha i mo'r cyfle yna eilwaith. Mae 'na drafodaeth wedi bod ers degawdau ynglŷn ag alcoholiaeth: ydi o'n gyflwr meddygol, yn gyflwr cemegol, neu'n gyflwr seicolegol? Yn bersonol dydi o'n poeni dim arna i; yr unig beth dwi'n ei wybod ydi nad ydi o'n beth doeth i mi fod mewn cysylltiad ag alcohol o gwbl – yn wahanol iawn i'r dyddiau pan oeddwn i'n cadw potel jin yn y drôr yn y swyddfa ac yn fy mriffces bob amser. Mi aeth gwerth cyfranddaliadau cwmnïau fel Gilbey's a Gordon's i lawr yn sylweddol pan rois i'r gorau i yfed eu cynnyrch, coeliwch chi fi.

Beth aeth o'i le, meddech chi. Sut wnes i suddo mor ddwfn?

Wel, yn y coleg y profais i alcohol am y tro cyntaf. Doeddwn i erioed wedi bod mewn tŷ potas tan hynny. Roedd Dad yn mynd am beint bob hyn a hyn, er ei fod o'n ddiacon capel. Ond doedd o ddim yn yfwr trwm o bell ffordd, ac roedd 'na botel o wisgi yng nghefn y cwpwrdd, at bwrpas meddygol yn unig. A dyna ni. Ond dwi'n rhyw amau fod gan Taid – tad fy nhad – dipyn o broblem. Brith gof sydd gen i ohono, ond dwi'n cofio bod efo fy nhad mewn garej ryw dro, ac roedd gan y dyn oedd yn gwerthu petrol i ni ryw farc od ar ei dalcen. Dyma fi'n gofyn i Dad: 'Pam mae gan y dyn yna farc gwirion ar ei wyneb?' 'Taw, a dos i'r car,' medda fo, ac erbyn deall roedd fy nhaid a'r dyn 'ma wedi cael ffrae ryw dro, ac roedd fy nhaid – yn ei ddiod mae'n debyg – wedi gafael mewn morthwyl ac wedi taro'r boi ar ei dalcen. Diolch byth mai morthwyl rwber oedd o. Tasa fo wedi codi morthwyl dur, mae'n beryg y basa fo wedi'i ladd o. Dwi'n grediniol felly, o edrych yn ôl, fod gan dad fy nhad broblem alcohol. Does gen i ddim amheuaeth am hynny. Ydi o'n rhywbeth genynnol? Wn i ddim. Fel y dywedais i, dwi wedi rhoi'r gorau i ddwysfyfyrio ynglŷn â pham dwi'n alcoholig.

Pan oeddwn i yn y chweched dosbarth yn Ysgol David Hughes, mi ges i gynnig ysgoloriaeth i fynd i Goleg Regent's Park yn Rhydychen. Ond gwrthod wnes i. Roeddwn i wedi mapio fy ngyrfa yn barod, a doedd Rhydychen ddim ar y map hwnnw. Roedd gen i bethau eraill mewn golwg. Roedd rhai o bobol y Blaid Lafur ym Môn yn fy ngweld fel olynydd i Cledwyn Hughes, ac yn amlwg, roedd fy mhen i mor llawn o'r syniad hwnnw fel nad oeddwn i'n medru meddwl yn glir, neu faswn i byth wedi gwrthod y cyfle i fynd i Rydychen! Roedd Sir Fôn yn sedd hollol saff i Lafur ar y pryd, ac wedi bod ers 1951, a phe bawn yn cael fy newis yn ddarpar ymgeisydd mi fyddwn yn cerdded i mewn i swydd am oes, fwy neu lai. Felly yr oeddwn i'n ei gweld hi, beth bynnag.

Coleg Bedyddwyr oedd Regent's Park, ond roedd o'n rhan o Brifysgol Rhydychen, a wnes i ddim llawn sylweddoli beth yn union yr oeddwn i'n ei wrthod – statws gradd Rhydychen a'r holl gysylltiadau faswn i wedi eu gwneud. Wnes i ddim ystyried pethau felly ar y pryd. Taswn i ond wedi sylweddoli fod gradd Rhydychen yn mynd i gyfri llawer mwy na gradd Bangor, o ran cael fy enwebu yn ddarpar ymgeisydd seneddol, er enghraifft . . . Ond ar y pryd, ro'n i'n meddwl fy mod i'n gwybod beth roeddwn i'n ei wneud. Dwi'n difaru'r penderfyniad hyd heddiw.

Roedd crefydd yn ffactor eithriadol o bwysig yn fy mywyd cynnar i. Roedd o'n llawer pwysicach ym mywydau pawb bryd hynny nag ydi o rŵan, ac erbyn y chweched dosbarth roedd fy mryd ar fynd i'r weinidogaeth, ac i goleg diwinyddol. Er bod fy nhad wedi cael ei ethol yn ddiacon yng Nghapel Jerusalem, Llangoed, roedd o'n gwrthod mynd i'r sêt fawr, a fi oedd yn cael y job o wahodd pregethwyr yno. Roeddwn i wrth fy modd. Mae fy nyled i'n fawr i aelodau'r capel. Roedd llawer ohonyn nhw mewn dipyn o oed ac wedi profi Diwygiad 1904 neu'r cyfnod ar ôl hynny. Crefydd syml a sicr oedd eu crefydd nhw, a doedd hi ddim yn grefydd soffistigedig iawn – roeddan nhw'n gwybod beth roeddan nhw'n credu ynddo, ac roedd y sicrwydd hwnnw'n apelio. Ro'n i'n gwneud Ysgrythur fel pwnc Lefel-A, ac fel y mae pobol ifanc yn gallu bod yn yr oed yna, ro'n i'n meddwl fy mod i'n gwybod y cwbl. Dwi'n cofio'r dadleuon tanbaid yr oeddan ni'n eu cael ynglŷn â phethau fel Arch Noa, er enghraifft: 'Sut ydach chi'n medru credu fod Arch Noa wedi cael ei greu yn y lle cyntaf, ac wedi cyrraedd pen mynydd Ararat? Dydi'r peth ddim yn bosib,' meddwn i. A'r ateb fel arfer oedd: 'Wel mae o yn y Beibl, felly *mae* o'n bosib.' Dyna oedd eu hateb nhw i unrhyw gwestiwn nad oedd modd ei ddatrys mewn ffordd resymegol.

Yr ail, a'r prif gymhelliad dros fynd i Fangor yn hytrach na Rhydychen oedd fy niddordeb cynyddol mewn gwleidyddiaeth a materion y dydd. Roeddwn i wedi bod yn canfasio efo'r Blaid Lafur, a Cledwyn Hughes, ac roeddwn i wedi bod yn rhan o sefydlu'r gymdeithas ddadlau yn Ysgol David Hughes. Ro'n i'n tyfu i fyny yng nghyfnod Rhyfel Fietnam, er enghraifft. Dyna oedd yn arwain y newyddion bob nos ar y teledu adref. Roedd fy nhad wedi cymryd wythnos o wyliau o'i waith i ddilyn achos llys Watergate ar y teledu, ac mi ges innau sbario mynd i'r ysgol i'w ddilyn o hefyd. Felly roedd ein byd yn troi o amgylch gwleidyddiaeth a materion cyfoes. Roedd Rhydychen yn teimlo'n rhy bell yn y dyddiau hynny hefyd, ac roedd dewis Bangor yn benderfyniad hollol fwriadol, er mwyn bod yn agos at Fôn, er mwyn dilyn Cledwyn. Y nod oedd cael swydd barchus – mynd i'r weinidogaeth – ac yna symud ymlaen i faes gwleidyddiaeth.

Dwi'n meddwl fy mod i'n un sy'n hoffi dipyn o ddrama mewn bywyd – dwi'n siŵr eich bod yn dechrau casglu hynny bellach beth bynnag – a dyna oedd apêl y weinidogaeth, a gwleidyddiaeth tasa hi'n dod i hynny. Felly, i Goleg y Bedyddwyr ym Mangor yr es i, ac nid i Goleg Regent's Park, Rhydychen. Ymhlith fy nghyd-fyfyrwyr ym Mangor yr oedd pobol fel Tecwyn Ifan, y canwr a'r gweinidog poblogaidd; Denzil John, gweinidog Capel y Tabernacl, Caerdydd; yr Athro Densil Morgan, pennaeth yr Adran Ddiwinyddol ym Mhrifysgol Cymru, y Drindod Dewi Sant bellach, ac Olaf Davies, gweinidog Capel Penuel ym Mangor. Er bod eu daliadau gwleidyddol yn hollol wahanol i fy rhai i, dwi'n cyfri'r pedwar yn ffrindiau da, ac mae gen i feddwl mawr ohonyn nhw.

Tua thair wythnos neu fis ar ôl dechrau yn y coleg mi ddaeth criw o hogiau heibio i fy stafell yn Neuadd Reichel, a dweud eu bod nhw'n mynd am beint i'r Glob. 'Iawn,' medda fi, 'mwynhewch eich hunain. Wela i chi wedyn.' Roedd gen i gyhoeddiad pregethu yn rhywle y bore wedyn p'run bynnag, ac ro'n i isio gweithio ar fy mhregeth. Ond roedd yr hogiau'n mynnu fy mod i'n dod efo nhw, a doedd 'na ddim dadlau i fod. Ar ôl tri hanner o seidar roedd fy mywyd i wedi newid am byth. Nid fy mod i'n gaeth i'r alcohol yn syth – wrth gwrs nad oeddwn i – ond mi oedd o wedi dechrau cydio ynof mewn rhyw ffordd gyfrin, gyfrwys, o'r noson honno. Dwi'n siŵr o hynny. Roedd hi fel pe bai'r awydd i yfed wedi bod yno erioed, am wn i, ond nad oeddwn i'n gwybod hynny tan y blas cyntaf hwnnw.

Aeth fy ngyrfa fel gweinidog yr efengyl i lawr allt ffwl sbid o'r diwrnod hwnnw ymlaen, ac ar ôl un digwyddiad anffodus dros ben mi ges i *free transfer* o'r Coleg Gwyn gan neb llai na'r Dr R. Tudur Jones ei hun, i ddilyn cwrs gradd mewn Hanes yng Ngholeg Prifysgol Cymru, Bangor. Alcohol oedd wrth wraidd y cyfan – syrpréis, syrpréis!

Roedd o fel rhagwelediad o'r hyn oedd i ddod yn fy mywyd i.

Ro'n i wedi cael sesh un nos Sadwrn, er bod gen i gyhoeddiad pregethu y bore wedyn yn rhywle yn Nyffryn Nantlle os dwi'n cofio'n iawn. Dyna lle'r oeddwn i yn y capel, yn teimlo'n symol iawn – pen mawr, a stumog wan. Fedrwn i ddim wynebu dim byd i'w fwyta, dim ond ffags a choffi. Ond gwneud pethau'n waeth wnaeth y rheiny, ac erbyn i mi gamu i'r pulpud roeddwn i'n chwys oer drostaf. Dwi ddim yn cofio testun y bregeth, ond prin yr oeddwn i wedi yngan gair pan wnes i sylweddoli nad oedd gobaith i mi fynd ymlaen. Ond cyn i mi fedru ymddiheuro a'i gwadnu hi am y tŷ bach neu'r drws ffrynt, mi chwydais fy mherfedd yno yn y pulpud, o flaen yr hoelion wyth a'r ffyddloniaid, a oedd yn syllu'n gegrwth arna i erbyn hyn. Mi wnes i ymddiheuro, wrth gwrs, ond dwi ddim yn cofio llawer mwy am y digwyddiad a dweud y gwir, dim ond fy mod wedi cael fy ngalw i swyddfa Dr Tudur ar y bore Llun i egluro fy hun. Penderfynwyd yn y fan a'r lle na fyddai John Stevenson yn tywyllu'r un pulpud byth wedyn, fel gweinidog o leiaf. Mi ddaliais ati i fynd allan i bregethu yn achlysurol serch hynny, tra bûm yn y coleg ac am sbel wedyn hefyd. Gyda llaw, Eirwyn Morgan oedd prifathro'r Coleg Gwyn, ond roedd Dr Tudur yn tra-arglwyddiaethu dros y lle am ei fod yn rhan o gyfadran ddiwinyddol y Brifysgol.

Dilyn cwrs Hanes wnes i wedyn, ac roedd hynny'n bendant at fy nant. Fel y soniais eisoes, roeddwn i wedi etifeddu'r diddordeb hwnnw gan fy nhad, a oedd yn ddarllenwr brwd. Fel unig blentyn roedd 'na bwyslais ar i mi wneud yn dda yn yr ysgol. Roedd fy nhad wedi cael ysgoloriaeth i fynd i Ysgol Ramadeg Biwmares, ond oherwydd amgylchiadau adref – fel sawl plentyn o'i genhedlaeth o – bu'n rhaid iddo adael yr ysgol i fynd i weithio. Mi fuodd o'n gwneud pob math o bethau – gwas fferm, chwarelwr yn chwarel Penmon, gwerthwr bwydydd anifeiliaid, a gyrrwr craen yng ngwaith Aliwminiwm Môn. Ond mi oedd o'n cymryd diddordeb mawr mewn materion cyfoes erioed, ac mewn hanes, ac roedd yn ddarllenwr brwd ar y *Guardian*. Roedd o'n mynd i ddosbarthiadau nos ar hanes lleol, ac roedd o'n dipyn o arbenigwr ar y Tuduriaid. Un o'r atgofion cyntaf sydd gen i o fy nhad ydi mynd efo fo i ymuno â'r llyfrgell ym Miwmares. Llyfrau oedd ei bethau fo. O ran Mam, roedd hi'n gweithio yn ysbyty'r C&A ym Mangor, ac roedd hi'n hynod falch ohona i. Mi ges i bob cefnogaeth gan y ddau ohonyn nhw i wneud yn dda.

Yn ogystal â nyrsio, roedd Mam hefyd yn gweithio'n rhan-amser yn un o dai mawr ardal Llangoed. Roedd y teulu oedd yn byw yno – y Simpsons – wedi ymddeol i'r ardal ar ôl gwneud eu ffortiwn yn y Belgian Congo fel yr oedd o bryd hynny, felly na, doeddan nhw ddim byd tebyg i Simpsons y cartŵn. Roedd Mr Simpson wedi bod yn rheolwr efo cwmni Union Minière – y cwmni mwyngloddio copr mwyaf yn Affrica. Meddyg oedd Mrs Simpson, felly roeddan nhw'n bobol gefnog dros ben. Mi fyddwn yn mynd i'w tŷ nhw efo Mam, neu Dad, achos roedd o'n gwneud ambell i beth iddyn nhw hefyd. Un peth dwi'n ei gofio ydi fod ganddyn nhw gasgliad anferth o ôl-rifynnau o'r *National Geographic*, ac roeddwn i wrth fy modd yn pori drwy'r rheiny – nid pob hogyn tŷ cyngor oedd yn cael gweld pethau felly. Mrs Simpson wnaeth fy nysgu pa gyllell a fforc i'w defnyddio pan oedd gynnoch chi fwy nag un o bob un ar y bwrdd o'ch blaen. Roedd 'na greiriau ymhobman i'w hatgoffa o'u cyfnod yn Affrica – crwyn llewod ar y llawr, tarianau a gwaywffyn ar y waliau, delwau cyntefig a cherfiadau ac yn y blaen.

O edrych yn ôl, roeddwn i'n byw rhwng dau fyd – byd mwy neu lai uniaith Gymraeg y capel a'r ysgol yn Llangoed, a'r byd arall estron yma, na fuasai llawer iawn o blant wedi cael y cyfle i'w brofi ar y pryd. Fel y soniais eisoes, mi ges i sioc fawr yn ddiweddar pan welais i adroddiad Estyn, y corff arolygu ysgolion, ar Ysgol Llangoed. Roedd o'n dweud mai ail iaith oedd y Gymraeg i 83% o blant yr ysgol. Dyna arwydd o'r newid sydd wedi bod mewn hanner canrif, ac mae hwnna'n ffigwr i sobri unrhyw un, yn enwedig y rhai sydd ddim yn coelio bod yr iaith Gymraeg yn marw.

Pan oeddwn i'n blentyn roedd hi'n stori wahanol iawn yn yr ysgol a'r pentref. Mae gen i atgofion melys iawn o Langoed, ac mae fy nyled i'r pentref ac i'r bobol yn aruthrol. I genhedlaeth hŷn y pentref nid John Stevenson y BBC ydw i, ond John hogyn Ronnie neu John hogyn Norma. Ond roedd dod i gysylltiad â'r Simpsons yn rhoi blas i mi o fywyd tu hwnt i ffiniau'r pentref bach. Yn ogystal â thrin yr ardd mi fuodd Dad yn gweithio fel rhyw fath o *chauffeur* i'r Simpsons am sbel, pan gollodd Mr Simpson ei drwydded ar ôl cael ei ddal yn yfed a gyrru.

Fel y gallech ddisgwyl, o bosib, doeddan ni ddim yn rhannu'r un daliadau gwleidyddol â nhw. Roeddan nhw'n weithgar iawn efo'r Ceidwadwyr, yn enwedig Mrs Simpson, a oedd ar bwyllgor rheoli canolog y blaid trwy Gymru. Yn rhinwedd hynny roedd hi'n gorfod mynd yn aml i lefydd fel

Llandrindod ar gyfer cynadleddau neu gyfarfodydd mawr pwysig, ac am mai Dad oedd y *chauffeur*, ac am 'mod innau'n mynd yn ei sgil o, ces fy nghyflwyno i fyd arall, hollol ddieithr i'r rhan fwyaf o'm cyd-Gymry yn Llangoed ar y pryd. Dwi'n cofio, er enghraifft, pan o'n i tua 14 oed, cael sgwrs efo perchennog cwmni GKN, a oedd yn berchen ar Waith Dur Shotton. Tybed beth oedd barn y dyn hwnnw, a oedd o ddosbarth cymdeithasol llawer uwch na mi, am yr hogyn siaradus o'r tŷ cyngor?

Gweithio, priodi, planta, ysgaru . . . O, ac yfed

Roedd chwe mis olaf 1973 yn gyfnod hapus a phrysur tu hwnt i mi. Cyn diwedd y flwyddyn honno byddwn wedi graddio (o drwch aden gwybedyn), wedi cael fy swydd go iawn gyntaf, ac wedi priodi.

Toc cyn fy arholiadau gradd mi biciais draw i dafarn y Belle Vue ym Mangor Uchaf i nôl ffags. Roeddwn i'n gwisgo fy slipars, ac yn gweld dim o'i le yn hynny am mai tafarn stiwdants oedd – ac ydi – y Belle Vue, i raddau helaeth. Ond mi aeth y slipars yn destun hwyl efo criw o nyrsys oedd yn sefyllian o gwmpas y bar, yn enwedig un ohonyn nhw, merch o'r enw Linda oedd yn dod o Birmingham. Mi aeth hi'n ffrae rhwng pawb wedyn am Owain Glyndŵr am ryw reswm – doeddwn i ddim yn dallt pam ar y pryd, a dwi'n dal ddim yn dallt heddiw. Ond wedi hynny, mi wnaeth Linda – neu Lin fel yr oeddwn i'n ei galw hi – a minnau ddechrau canlyn. Roedd gan ei rhieni garafán yn Rhosneigr, ac roedd hi wedi dod i fyny i Fangor o

Birmingham i weithio yn ysbyty'r C&A er mwyn medru mynd i nofio a mynydda, achos mai dyna'i phrif ddiddordebau ar y pryd. Ond roedd ganddi hithau ddiddordeb mewn gwleidyddiaeth, felly roedd gynnon ni dipyn yn gyffredin, ac roeddan ni'n sgwrsio a dadlau am wahanol bethau yn reit aml.

Bythefnos ar ôl graddio mi es i draw i Rio Tinto (Aliwminiwm Môn) yng Nghaergybi i chwilio am swydd. Roedd Dad yn gweithio yno erbyn hyn fel gyrrwr craen, ac roeddwn innau wedi bod yn gweithio fel labrwr yno yn ystod gwyliau'r haf. Mynd yno'n gobeithio cael yr un math o waith wnes i, ac yn ffodus iawn mi ges i gynnig lle yno. Ond erbyn i mi gyrraedd adref roedd rhywun o'r cwmni wedi ffonio adref isio i mi fynd yn ôl yno. Dyma fi'n ôl y bore wedyn a chael cyfweliad gan Lyn Ebsworth, pennaeth yr adran bersonél, ac er mawr syndod mi ges i gynnig swydd fel swyddog dan hyfforddiant yn ei adran o. Roedd hyn yn gwbl annisgwyl – a doedd o ddim yn syniad da iawn o'u rhan nhw chwaith o gofio mai gwaith personél ydi gwarchod buddiannau'r cwmni, ac oherwydd fy nghefndir Llafurol, roedd gen i fwy o gydymdeimlad efo'r undebau. Ond ta waeth am hynny, roedd o'n gynnig da, ac am fy mod wedi cefnu ar y syniad o fynd i'r weinidogaeth erbyn hyn mi dderbyniais o'n ddiolchgar. Roedd fy nhad yn hapus iawn hefyd achos roedd o'n gweld fod ei fab wedi llwyddo er gwaetha'r radd trydydd dosbarth!

Mi oedd 'na giang dda o bobol yn Rio Tinto bryd hynny – Lyn Ebsworth ei hun, er enghraifft, cawr o ddyn o ran personoliaeth ac o ran corffolaeth. O dde Cymru yr oedd o'n dod yn wreiddiol, ond mi wnaeth gyfraniad clodwiw yn y gwaith yng Nghaergybi, a does gen i ddim amheuaeth o gwbl, pe bai o wedi mynd i mewn i wleidyddiaeth, y basa fo wedi cyrraedd y Cabinet. Roedd o'n ddyn arbennig iawn.

Un arall y mae gen i barch mawr ato, ac a oedd yn rheolwr ar ochr brosesu'r aliwminiwm bryd hynny, ydi John Elfed Jones – cymeriad a hanner, fel y mae ei hunangofiant, *Dyfroedd Dyfnion*, yn ei ddarlunio. Americanwyr oedd yn rhedeg y safle, ond roedd John Elfed – neu JE – yn gwarchod Cymreictod yno. Roedd o a Lyn Ebsworth yn sylweddoli ei bod hi'n bwysig fod cwmni Aliwminiwm Môn yn gweithredu fel rhan o'r gymuned ac nad oedd o'n cael ei weld fel rhyw dŵr ifori estron. Mi aeth JE o Rio Tinto i fod yn brif ymgynghorydd economaidd y Swyddfa Gymreig, wedyn yn gadeirydd Dŵr Cymru, cadeirydd Bwrdd yr Iaith, trysorydd yr Urdd ac yn y blaen – ond dydi o erioed wedi cael ei gydnabod yn briodol. Mi faswn i'n disgwyl iddo fo fod wedi cael ei urddo'n farchog, neu ei ddyrchafu i Dŷ'r Arglwyddi erbyn hyn. Mae wedi derbyn y CBE, ac os oes rhywun yn haeddu'r gyd-nabyddiaeth yna, wel, John Elfed Jones ydi hwnnw.

Flynyddoedd yn ddiweddarach, pan o'n i'n gweithio i'r BBC, mi gawson ni orchymyn un diwrnod i edrych yn brysur (nid bod angen gorchymyn o'r fath) am fod aelodau'r Cyngor Darlledu yn dod o gwmpas. Dyna lle'r oeddwn i'n teipio ffwl sbid, pan glywais lais y tu ôl i mi'n holi: 'Sut wyt ti, John?' JE oedd yno, ac mi wnaeth o holi sut oedd fy nhad. Roedd o'n cofio, fel yr oedd Cledwyn Hughes yn cofio, pwy a lle! Dim ond pwt bach i ddechrau sgwrs, ond roedd hynny'n mynd yn bell. Cymeriad hynaws a dyn arbennig iawn.

Doeddwn i ddim yn aros yn fy unfan yn ystod y cyfnod yma, mae'n amlwg, achos gwta fis ar ôl dechrau gweithio yn Tinto, mi benderfynodd Lin a fi briodi. Mewn capel Bedyddwyr yn Birmingham y cynhaliwyd y seremoni am fod ei thaid hi'n weinidog efo'r enwad – dyn cadarn iawn ei ddaliadau, a dyn oedd wedi bod drwy'r ddrycin ei hun; bu ganddo yntau broblem alcohol pan oedd o'n iau. Doedd gan Linda ddim syniad fy mod i'n hoyw. Doedd gan neb. Ro'n i'n fy nhwyllo fi fy hun ac ro'n i'n twyllo pawb arall, ac roedd yr alcohol yn lleddfu'r gwewyr meddwl a'r gwewyr enaid yma oedd yn cyniwair y tu mewn i mi oherwydd fy rhywioldeb.

Mewn fflat ar Ffordd Caernarfon, Bangor y bu Lin a finnau'n byw ar y dechrau, yn ôl yn 1973, ac un o'r pethau cyntaf wnaethon ni ar ôl symud i fyw yno oedd dechrau ymhél â gwleidyddiaeth y ddinas. Yn 1975 mi gafodd y ddau ohonom ein hethol yn gynghorwyr dinas Bangor, fi mewn etholiad yn Ward y Gogledd, sef ward y myfyrwyr ym Mangor Uchaf, a hithau mewn isetholiad yn ddiweddarach yn Ward y Gorllewin, sef ardal Hirael.

Roedd 'na lawer o rwysg a rheolau yn perthyn i'r cyngor, am fod Bangor yn ddinas a'r cyngor yn gyngor dinesig. Ond ro'n i'n ei weld o fel sefydliad styffi ar y naw. Er enghraifft, roedd Clerc y Cyngor yn gwisgo wig, fel un bargyfreithiwr, ac roedd pob aelod yn gorfod gwisgo gŵn a het dri chornel fel criw o Long John Silvers. Roedd o fel mynd yn ôl i'r ddeunawfed ganrif, bron. Boi syml ydw i yn y bôn, ac roedd hyn yn ormod o sioe yn fy marn i, ac mi godais i'r peth mewn un cyfarfod.

'Oes raid i ni ddod i'r cyfarfodydd yn y wisg ffansi yma?' holais.

'W, oes,' meddai'r hen stejars, 'mae'n bwysig cadw'r traddodiad i fynd.'

Mi wnes i holi ymhellach i weld a oedd rheolau sefydlog y cyngor yn mynnu bod *rhaid* eu gwisgo nhw. Ac oedd, roedd o'n dweud yn blaen yn fan'no bod y gynau yn wisg hanfodol ym mhob cyfarfod. Ond doedd o ddim yn sôn am wisgo dim byd arall, felly fel protest mi wnes i benderfynu mynd i'r cyfarfod nesaf yn gwisgo'r gŵn . . . ond hefyd yn gwisgo gwisg nofio, pâr o welintons, a *sou'wester*. Mi aeth Mrs Jean Christie, a oedd yn Dori rhonc, yn hollol benwan. Bron na fu'n rhaid inni alw am ei gŵr – Dr David Christie, meddyg y Brifysgol – i'w dadebru hi achos ro'n i'n meddwl ei bod hi'n mynd i lewygu unrhyw funud. Dydyn nhw ddim yn gwisgo'r hetiau tri chornel mwyach yng nghyfarfodydd y cyngor, ond maen nhw'n dal i wisgo'r gynau, ac mae'r Clerc yn dal i wisgo'i wig.

Ar ôl byw ym Mangor mi gawson ni dŷ yn Rhiwlas, ond doedd byw hanner ffordd i fyny mynydd ddim yn syniad cystal â hynny. A dweud y gwir, roedd o'n dipyn o straen achos ro'n i'n gweithio yng Nghaergybi a doeddwn i ddim yn gyrru ar y pryd. Cawn lifft i'r gwaith gan Vernon Jones o Bontnewydd, dyn athrylithgar iawn, ac un o'r criw mawr o Gymry Cymraeg a weithiai yn Tinto. Dwi'n cofio pobol fel Owen Jones hefyd, rheolwr y storfeydd, boi o Ddeiniolen a dyn Llafur arall. Roedd 'na sgyrsiau difyr, deallus i'w cael yno. Gwleidyddiaeth oedd y prif destun, ond roeddan ni'n trafod pethau diwylliannol hefyd. Roedd gan Lyn Ebsworth ddiddordeb mawr mewn diwylliant Cymraeg, er enghraifft, a JE wrth gwrs – roedd o mewn dosbarth ar ei ben ei hun! Cymeriad arall oedd Huw Owen, siop stiward Undeb y Trydanwyr ar y safle. Un o Fangor oedd Huw ac, yn ôl y sôn, roedd o'n Gomiwnydd rhonc. Fo ddaru danio'r diddordeb sydd gen i yn Rwmania, fel y cewch chi glywed yn nes ymlaen. Mi ddois i'n ffrindiau efo Ken Williams hefyd, y cyn-blisman oedd yn rheoli gwarchodfa natur Penrhos ger y gweithfeydd.

Ro'n i'n un o dri darpar reolwr dan hyfforddiant a benodwyd gan Rio Tinto drwy Brydain ar y pryd, ac mi fues i'n cael hyfforddiant yng Nghaergybi ac ar gyrsiau yn Llundain. Taswn i wedi parhau, mae'n debyg y baswn i wedi cael cyfle i fynd i weithio ac ennill profiad yn un o ffatrïoedd tramor y cwmni. Ond doeddwn i ddim am fynd dramor oherwydd fy uchelgais wleidyddol, ac felly ar ôl tair blynedd mi benderfynais adael.

Yn dilyn ad-drefnu llywodraeth leol yng Nghymru yn 1974 sefydlwyd dwy haen o gynghorau, cynghorau dosbarth a chynghorau sir, ac yn sgil hynny mi oedd 'na lawer iawn o swyddi newydd yn cael eu creu. Yn 1976 mi welais hysbyseb am swydd swyddog personél i fod yn gyfrifol am y gwasanaeth personél efo Cyngor Arfon. Roedd hi'n talu llawer llai na Rio Tinto, ond mi oedd statws y swydd a'r ffaith ei bod yn swydd sefydlog yn apelio mwy, ac mi ges i hi. Taswn i wedi aros yn Tinto, Duw a ŵyr lle faswn i wedi diweddu achos mi oedd 'na sôn am fy ngyrru i Papua Gini Newydd, lle'r oedd gan y cwmni gloddfa gopr anferth a gweithfeydd. Felly dyna oedd y cymhelliad i adael, gyda fy ngolygon yn dal ar yrfa wleidyddol, wrth gwrs. Unwaith eto, dwi ddim yn siŵr ai fi oedd y person mwyaf addas i fod yn swyddog personél, o gofio am fy nghydymdeimlad efo'r undebau llafur.

Hyd yma, doedd alcohol ddim wedi chwarae rhan amlwg iawn yn fy mywyd i. Roeddwn i'n yfed yn achlysurol, a chael ambell i sesh weithiau hyd yn oed, ond ddim yn rheolaidd. Ond mi ddechreuodd hynny newid a mynd allan o reolaeth pan ddechreuais i weithio i Gyngor Arfon. Nid y ffaith 'mod i wedi methu gwireddu fy mreuddwyd wleidyddol hyd hynny a 'ngyrrodd i at y botel; doeddwn i ddim wedi rhoi'r gorau i'r freuddwyd bryd hynny p'run bynnag – nid o bell ffordd. Na, yn y bôn fy rhywioldeb oedd y brif ffactor, ynghyd â'r ffaith fy mod yn gorfod twyllo cymaint o bobol er mwyn byw y celwydd hwnnw.

Beth sy'n bwysig i'w gofio am wleidyddiaeth ar y pryd, ac roedd hyn yn wir am yr holl bleidiau, oedd bod 'na bron elfen o'r *closed shop* ynglŷn â'r broses o ddewis darpar ymgeiswyr. Roedd o'n gylch cyfrin i raddau, yn hollol wahanol i sut mae hi heddiw (i fod), lle mae hi'n fwy 'breichiau agored, croeso aton ni', fel petai. Roedd 'na ganghennau ym Môn, ac roeddan nhw'n cyfarfod bob hyn a hyn, ond fel y rhan fwyaf o'r pleidiau bryd hynny, doedd y Blaid Lafur ddim ond yn dod i fodolaeth go iawn adeg etholiad. Rhwng etholiadau doedd y nesaf peth i ddim yn digwydd o ran gweithgarwch, ond mi oeddwn i'n weithgar yn yr ystyr o ddod i gael fy adnabod o fewn y blaid yn lleol, oblegid mai'r cysylltiadau hynny oedd yn bwysig. Rhai o hoelion wyth y Blaid Lafur yn lleol yr oeddwn i'n gwneud llawer efo nhw ar y pryd oedd pobol fel Dafydd Manley Williams o Gaergybi, cynghorydd ar Gyngor Môn a gyrrwr trên; Glyn Thomas, asiant Cledwyn Hughes, hefyd o

Gaergybi, oedd yn weithgar efo undeb y TSSA (Transport Salaried Staffs' Association), sef gweithwyr swyddfeydd y rheilffyrdd; Jimmy O'Toole, un arall oedd ar Gyngor Môn a Chyngor Tref Caergybi, undebwr llafur rhonc, ac un yr oedd gen i feddwl mawr ohono – Gwyddel a Phabydd, a'r math o ddyn fasa'n tynnu blewyn o drwyn hyd yn oed pan nad oedd blewyn yno i'w dynnu. Mi fasa Jimmy'n siŵr o ddod o hyd i un – deryn drycin go iawn, ond un hollol strêt a hollol ddiflewyn-ar-dafod.

Roeddwn i'n aelod o ryw fân bwyllgorau gwahanol hefyd – y Bangor and Beaumaris Trades Council, er enghraifft. Siop siarad oedd o fwy neu lai, ond roeddwn i wedi cael fy newis i fynd ar hwnnw pan oeddwn i'n ysgrifennydd Undeb y Myfyrwyr ym Mangor. Eto, y syniad o gael eich gweld a'ch adnabod o fewn rhengoedd y blaid oedd yn bwysig. Roeddwn i'n cael fy adnabod fel John, hogyn Ronnie Stevenson, a chan fod fy nhad wedi bod yn gyrru lorri galch o'r chwarel am flynyddoedd, ac wedyn wedi gwerthu hadau a bwydydd anifeiliaid, roedd o'n gyfarwydd i lawer ar draws Sir Fôn. Roedd y rhain yn gysylltiadau o werth gwleidyddol mawr i mi.

Ar wahân i'r boen achosais i i fy nheulu, dwi'n edrych yn ôl ar y cyfnod yng Nghyngor Arfon a meddwl: dwi'n siŵr bod y bòs, y prif weithredwr, David Lloyd Jones, neu DL fel yr oedd pawb yn ei adnabod, hefyd wedi cael hunllefau o'm hachos i. Er ei fod o'n amlwg yn gwybod fod gen i broblem o ryw fath, doedd o ddim yn gallu rhoi ei fys ar beth yn union oedd yn bod, ond eto, roedd o'n gorfod byw efo canlyniadau'r broblem hefyd. Roedd o'n gyn-glerc i Gyngor Gwyrfai, a dyn oedd wedi gweithio yn swyddfa'r Archwiliwr

Cenedlaethol, dyn profiadol iawn mewn llywodraeth leol. Roedd o'n ddyn cadarn iawn, ac yn was cyhoeddus o'r hen deip a wyddai ystyr gwasanaeth cyhoeddus. Roedd o'n berffaith sicr beth oedd swyddogaeth ei swyddogion a beth oedd swyddogaeth cynghorwyr. Bron iawn nad oedd 'na linell yn y tywod, ac roedd swyddogion yn medru mynd hyd at y llinell ar un ochr a chynghorwyr yr un modd ar yr ochr arall, ond gwae i swyddog neu gynghorydd groesi'r lein a busnesu yn rhywbeth nad oedd yn rhan o'i swyddogaeth o. Yr hyn oedd yn drawiadol am DL oedd fod ei wallt o'n hollol wyn, er ei fod yn ddyn cymharol ifanc. Dwi wedi bod yn tynnu'i goes o wedyn, ar ôl i fy nghyfnod tywyll ddod i ben, mai fi oedd yn gyfrifol am y rhan fwyaf o'i wallt gwyn.

Doeddwn i ddim yn gwneud fy ngwaith yn iawn. Roeddwn i'n cyrraedd yn hwyr yn y boreau, roeddwn i'n anghofio am gyfarfodydd pwysig – hyd yn oed cyfarfodydd y Cyngor – ac roeddwn i wedi dechrau dod i'r gwaith neu i 'nghyfarfodydd yn feddw. Felly, mi gafodd DL a'r Cynghorydd Pat Larsen, Cadeirydd y Pwyllgor Personél, brofiadau reit annymunol ar fy nghownt i. Ro'n i'n cael ffrae gan Mrs Larsen yn aml, pan oeddwn i wedi trethu ei hamynedd hi i'r eithaf, ond roedd hi'n garedig a hynaws iawn, iawn y rhan fwyaf o'r amser, a chwarae teg iddi, mi arhosodd yn driw i mi.

Yn rhyfedd ddigon, flynyddoedd wedyn pan es i weithio i Lundain, mi es i mewn i Gapel Bedyddwyr Castle Street, capel Cymraeg, a chael croeso tywysogaidd gan ddyn o'r enw John Jones, ysgrifennydd y capel. Yn fuan wedi hynny mi ges i lythyr gan D. L. Jones, yn dweud ymysg pethau eraill ei fod wedi clywed fy hanes i'n mynd i'r capel. Mi fues i'n pendroni sut ddiawl yr oedd o'n gwybod hynny! Ond erbyn dallt, roedd John Jones, ysgrifennydd y capel, yn frawd iddo fo. Un o Benmaenmawr ydi DL yn wreiddiol, ond mae'n byw ym Mhorthaethwy rŵan ac mi fyddwn ni'n cael sgwrs pan welwn ni'n gilydd.

Roedd y botel jin yn gydymaith parhaol i mi bellach. Roedd gen i un yn fy mriffces neu yn fy nesg fel arfer. Mi oedd 'na siop ar stryd fawr Bangor oedd yn agored wrth i mi fynd i 'ngwaith yn y bore, ac mi fyddwn i'n picio i mewn i fan'no i brynu potel. Picio allan amser cinio i'w llenwi, neu gadw'r lefel yn uchel, ac yn amlach na pheidio, erbyn amser mynd adref, roeddwn i'n chwil ac yn chwilio am esgus i ddal ati i yfed. Ffonio Linda i ddweud bod gen i gyfarfod neu 'mod i isio cyfweld â rhywun fyddwn i fel arfer, ond mi wnes i gysgu yn y swyddfa fwy nag unwaith hefyd, yn lle mynd adref at fy ngwraig. Roeddan ni wedi cael dau o blant erbyn hyn, Emma yn 1975 a Mark ddwy flynedd wedyn. Mi gafodd Emma ei geni efo pedwar twll yn ei chalon, ac oherwydd fy stad feddyliol, mi fwydodd hynny'r syniad yn fy mhen nad oeddwn i hyd yn oed yn gallu gwneud job iawn o genhedlu plentyn iach. Wrth gwrs, roedd o'n gyfnod uffernol o boenus i ni fel rhieni, ond doeddwn i ddim yno i Lin ac Emma fel y dylswn i fod. Roedd fy meddwl yn rhywle arall gan amlaf.

Wnes i ddim newid fy ffordd, hyd yn oed ar ôl genedigaeth Mark. Roedd fy nhad yn meddwl y byd o Lin, ac roedd o'n ymfalchïo ei fod yn daid, ond doeddwn i ddim yn dad da o gwbl. Doeddwn i byth adref i ddechrau, a phan oeddwn i adref mi oeddwn i un ai'n feddw neu'n dioddef efo pen mawr. Dwi'n edrych yn ôl ar y cyfnod yn llawn cywilydd. Doeddwn i ddim yn ffit i fod yn ŵr yn y lle cyntaf a doeddwn i ddim yn dad go iawn pan gafodd y plant eu geni.

Roeddwn i'n byw a bod yn nhafarn y Glan ym Mangor, neu'r Cave fel roeddan ni'n ei galw hi. Ro'n i'n rhan o griw o gyd-weithwyr, ac roedd cael fy nerbyn yn rhan o'r criw yn deimlad braf. Credwn nad oedd neb yn sylweddoli fy mod i'n hoyw, er bod gan gwpwl ohonyn nhw eu hamheuon yn ôl yr hyn dwi'n ei ddeall erbyn hyn. Roedd y ddibyniaeth ar alcohol yn mynd yn gynyddol waeth, a'r peth cyntaf yr oeddwn i'n ei wneud ar ôl cyrraedd y gwaith bob bore oedd estyn am y botel. Ro'n i'n gwybod bod y gwaith yn dioddef, ond doedd dim ots gen i am hynny, oherwydd diffyg gallu rhesymegol yr alcoholig. Os oes 'na gar yn dod ar y pafin amdanoch chi, mae rhesymeg yn dweud y dylech chi symud o'r ffordd neu mi ydach chi'n mynd i gael eich taro. Ond fel alcoholig doeddwn i ddim yn gwneud hynny, am fod y gallu rhesymegol wedi cael ei dwyllo gan yr alcohol. Ro'n i'n gwybod bod 'na broblem, wrth gwrs, ond roeddwn i'n hollol ddiymadferth i wneud unrhyw beth ynglŷn â hi – a'r rheswm syml am hynny oedd nad oeddwn i *isio* gwneud dim ynglŷn â hi. Ro'n i'n hapus i fyw fel alcoholig am fod hynny'n cuddio'r boen y basa'n rhaid i mi ei hwynebu pe bawn i'n sobor.

Yn anochel, roedd fy mherthynas efo Linda yn dirywio'n raddol. Y gwewyr iddi hi oedd gweld fod gen i ddibyniaeth heb wybod beth oedd y rheswm. Roedd hi'n gwybod yn iawn bod gen i broblem yfed, ond doedd ganddi ddim syniad *pam* fy mod i'n yfed. O edrych yn ôl, mae gen i gywilydd mawr fy mod i wedi mynd drwy'r *charade* o briodi. Mae o'n loes calon i mi, achos roedd gen i feddwl mawr o Lin, ac mae gen i o hyd. Roeddwn i'n gwybod fy mod i'n hoyw pan briodon ni, ond ro'n i'n meddwl y baswn i'n medru cuddio hynny neu fyw efo'r ffaith tra o'n i'n byw bywyd priodasol. Mae o fel llinyn arian trwy fy mywyd i: sef fy mod i wedi brifo cymaint o bobol, a bod fy mywyd yn llawn o *casualties* – pobol yr oeddwn i wedi'u brifo oherwydd y twyll yr oeddwn i'n ei fyw. Roedd fy rhywioldeb fel cwmwl du uwch fy mhen, oni bai fy mod i'n cadw 'mhen i lawr. Roedd priodi'n rhan o'r twyll neu'r guddwisg. Doedd fiw i mi 'ddod allan', oherwydd fy uchelgais wleidyddol. Priodi, cael tŷ a swydd barchus, broffesiynol, ac ymhen amser bod yn dad – dyna oedd y nod.

Mae'n hawdd meddwl nad oedd angen y twyll yma, ac mae rhai wedi dweud hynny wrtha i. Ond ar y pryd mi *oedd* ei angen o, oherwydd fod cymdeithas mor anoddefgar. Doedd bod yn hoyw ddim yn drosedd erbyn hyn – mi ddaeth hynny i ben pan newidiwyd y ddeddf yn 1967 – ond gwta chwe blynedd wedi hynny, pan briodais i, doedd agweddau ddim wedi newid rhyw lawer. Doeddan nhw ddim wedi *dechrau* newid a dweud y gwir, ac os oedd rhywun yn mynd i lwyddo mewn bywyd cyhoeddus, yna roedd rhaid cadw pethau felly'n dawel.

Doedd 1979 ddim yn flwyddyn hapus i mi o gwbl. Mi ddaeth fy ysgariad yn un peth, mi gollwyd y refferendwm ar ddatganoli, ac roedd 'na etholiad cyffredinol a roddodd ddiwedd, fwy neu lai, ar fy mreuddwyd wleidyddol innau, neu o leiaf mi roddodd dolc go hegar ynddi. Roedd Elystan Morgan wedi colli ei sedd fel Aelod Seneddol Ceredigion i'r Rhyddfrydwr Geraint Howells yn 1974. Yn naturiol, roedd y Prif Weinidog Jim Callaghan isio rhywun o galibr Elystan yn ôl yn San Steffan ac yn ei Gabinet, felly pan roddodd Cledwyn Hughes y gorau iddi ym Môn, Elystan gafodd ei ddewis yn ymgeisydd Llafur yr ynys, ac mi gefais innau'r benelin. Ond dwi'n deall yn iawn y rhesymeg tu ôl i'r penderfyniad, a does gen i ddim cwyn am y peth o gwbl. Mae gen i barch anferthol at Elystan Morgan, mae'n ddyn sydd wedi gwneud gwaith arbennig iawn, iawn. A dwi ddim yn amau, pe bai Elystan heb golli ei sedd yng Ngheredigion ac wedi dod yn Ysgrifennydd Gwladol yr adeg honno, yna mi fyddai datganoli wedi digwydd yn llawer iawn cynt nag y gwnaeth o. Ond, a bod yn blwyfol am funud, nid y fo oedd y dyn i Sir Fôn. Doedd o ddim yn siarad yr un iaith, yn yr ystyr fod ei acen o'n wahanol, ac mewn llefydd fel Llangoed mae pobol Llanddona neu Fiwmares yn bobol ddiarth, felly doedd gan rywun o Geredigion ddim gobaith. Wedi dweud hynny, boi o Brighton o'r enw Keith Lander Best wnaeth gipio'r sedd, a doedd o yn sicr ddim yn siarad yr un iaith â'r trigolion (er iddo ddysgu'r Gymraeg yn ddiweddarach, chwarae teg). Ond mae hynny'n tanlinellu rhywbeth sydd wedi bod yn wir yng ngwleidyddiaeth Môn ers degawdau, sef y bleidlais bersonol. Mae pobol Môn yn driw iawn i'r sawl sy'n dal y sedd, ac mi all Aelod Seneddol neu Aelod Cynulliad warantu bron y bydd yno am flynyddoedd. Oni bai am ei fistimanars efo cyfranddaliadau BT, mi fasa Keith Best wedi bod yno yn llawer hwy na'r wyth mlynedd y bu'n Aelod Seneddol Môn. Ieuan Wyn Jones gipiodd y sedd yn 1987, a bu yntau'n Aelod Seneddol tan iddo ildio'r sedd honno er mwyn mynd i'r Cynulliad yn 1999. Mae'r Aelod Seneddol presennol, Albert Owen – y Llafurwr cyntaf ers i Cledwyn ddal y sedd – wedi bod yn aelod gweithgar ar yr ynys byth ers hynny, gan ddilyn yr un drefn eto.

Yn achos Cledwyn roedd y bobol yn cael dau Aelod Seneddol, ac mae'r un peth yn wir am Goronwy Roberts yng Nghaernarfon. Hynny ydi, roedd Cledwyn yn aelod o'r Cabinet, yn weinidog, ac yn edrych ar y darlun mawr, efo cyfrifoldebau eang iawn. Dwi'n ei gofio fo'n dweud ei hun mai fo oedd yn gyfrifol am roi cyngor i Harold Wilson ar Ryfel Fietnam yn y chwedegau. Ac ar y llaw arall, Jean, ei wraig, oedd yn gyfrifol am 'y pethau bach', medda fo a'i dafod yn ei foch, fel dewis y carped neu'r cyrtens newydd ac yn y blaen. Y pwynt yr oedd o'n ei wneud oedd fod gwraig Aelod Seneddol yn eithriadol o bwysig. Yn yr un ffordd roedd Marian, gwraig Goronwy Roberts, fel ail Aelod Seneddol yn Sir Gaernarfon – Goronwy'n edrych ar ôl pethau yn Llundain a Marian yn gwarchod ei gefn o yn yr etholaeth ac yn adnabyddus iawn. O Aberdâr y daw Marian yn wreiddiol, sy'n gyd-ddigwyddiad yn fy achos i, am i mi weithio i Ann Clwyd, aelod Cwm Cynon, lawer iawn o flynyddoedd wedyn.

Rhywbeth arall oedd yn bwysig o ran cael fy adnabod – nid yn gymaint o fewn y Blaid Lafur, ond i 'ngwneud fy hun yn fwy adnabyddus i bobol yr ynys – oedd fy mod i'n dal i bregethu ar y Sul, er fy mod i wedi rhoi'r gorau i'r syniad o fynd i'r weinidogaeth. Ond – ac mae gen i gywilydd cyfaddef hyn – roedd hi'n ffordd o gael eich gweld ac o wneud cysylltiad efo pobol mewn gwahanol gymunedau. Mae'n debyg bod hynny'n un o'r rhesymau pam roedd Cledwyn yn dal i bregethu.

Mi ges i ambell i ffrae efo sawl blaenor a diacon am fy

mod i'n pregethu'r hyn oedd yn cael ei alw'n 'Efengyl Gymdeithasol', lle'r oedd y pwyslais ar oblygiadau'r byd yma, yn hytrach na'r un nesaf. Roedd J. M. Lewis, Treorci, gweinidog adnabyddus yn ei gyfnod, yn lladmerydd i'r math yma o efengylu, a'i lein fawr o oedd: 'Nid digon i ni Dduw a'i ben yn y cymylau heb ei fod o hefyd a'i draed yn y mwd.' Roedd Tom Nefyn a rhai fel y Dr R. J. Campbell yn Lloegr yn rhan o'r un traddodiad. Roedd llawer yn ei galw hi'n 'Efengyl Newydd', ac mi ddaru greu dadleuon mawr o fewn y gwahanol enwadau yng Nghymru ac yn Lloegr. Mae'n swnio erbyn hyn fel rhywbeth oedd yn sylfaenol i Gristnogaeth, ond roedd Anghydffurfiaeth Gymreig yn ei gweld ei hun yn perthyn i'r traddodiad radicalaidd Cymreig, y traddodiad Rhyddfrydol, ceidwadol efo 'c' fach. Roedd ei diwinyddiaeth yn eitha syml – ddim yn gul – ond efo'r Gyffes Ffydd a phethau felly roedd y Credo wedi'i osod allan, efo'r pwyslais ar yr arallfydol a'r byd nesaf, yr Atgyfodiad ac yn y blaen. Ond yr hyn a bwysleisid gan yr Efengyl Gymdeithasol oedd cyfrifoldeb Cristnogaeth fel ffydd, nid i Gristnogion fel unigolion, ond i'r gymdeithas ehangach. Y rheswm y tynnodd Tom Nefyn bobol i'w ben yn y Tymbl 'slawer dydd oedd am ei fod yn beirniadu'r cyngor lleol oherwydd diffygion y system garthffosiaeth, am eu bod yn arwain at afiechyd. Pregethu oblygiadau Cristnogaeth i'r byd yma yr oeddwn innau, ac roedd o'n cael ei weld fel propaganda'r Blaid Lafur. Do, mi ges i ambell i ddadl ynglŷn â fo, ond mi ges i lawer iawn o hynawsedd hefyd, chwarae teg.

Mi fues i'n pregethu yn rhai o gapeli mawr gogledd Cymru yn fy nhro. Capel Twr Gwyn ym Mangor Uchaf oedd y mwyaf. Wna i byth anghofio bod yn stafell y blaenoriaid yn clywed seiniau'r organ, ac yna cerdded drwy'r drws i'r sêt fawr, ac i fyny i'r pulpud cyn edrych i fyny. Bu bron i mi gael hartan. Roedd y lle'n orlawn, ac nid dim ond cynulleidfa, ond ansawdd y gynulleidfa! Dwi'n cofio pobol fel Alwyn Roberts, Dirprwy Ganghellor y Brifysgol, a llawer o Athrawon prifysgol a darlithwyr. Sioc arall oedd pregethu yng Nghapel Jerusalem, Bethesda – capel hyfryd iawn, a chapel anferthol arall, a hwnnw dan ei sang, nid y llawr yn unig ond y galerïau hefyd. Dwi'n sôn am ddechrau i ganol y saithdegau, pan oedd pobol yn dal i fynd yn eu cannoedd i'r capeli. Felly, mi ges i 'gìgs' reit sylweddol yn fy amser! Mae'n gywilydd gen i gyfaddef hyn hefyd, ond roedd y pres yn handi iawn! Roedd gìg dda, fel Twr Gwyn, yn talu £10, a rhai llai yn talu £5, ac roedd hynny'n dipyn o bres yr adeg honno. Felly roedd 'na elfennau materol, os ga i ei roi o felly. Doedd o ddim yn gynllun bwriadol gen i, doeddwn i ddim yn derbyn cyhoeddiad am fy mod i'n gwybod y byddai 'na lawer o bobol yn y gynulleidfa – doeddwn i ddim mor sinigaidd â hynny – ond mi oedd o'n ffactor, am wn i, ac mi ddaliais i bregethu tan ddiwedd y saithdegau, ar ôl i mi adael y brifysgol.

Tra oeddwn i'n gweithio i Gyngor Arfon mi ddechreuais i wneud ambell stori neu eitem bach i'r BBC. Dwi'n cofio'r cyfweliad cyntaf wnes i erioed, efo'r Dr Eirwen Gwynn, gwraig Harri Gwynn, am y profiad o fod yn lasfyfyriwr Cymraeg yn y brifysgol. Ac mi ges gyfle i wneud ambell stori gyffredinol i *Helo Bobol* wedyn. Fel mae'n digwydd, roedd o'n syniad reit dda fy mod i wedi dechrau ehangu fy ngorwelion o ran gwaith, achos un noson feddw mi ddaeth fy ngyrfa fel swyddog personél i ben yn sydyn iawn.

Mi oeddwn i wedi bod yn tancio yn y Glan yn ôl fy arfer, ac roedd hi'n hwyr y nos erbyn hyn, a doedd gen i ddim awydd mynd adref. Ro'n i'n rhy feddw p'run bynnag. Ond mi benderfynais fy mod i isio mwy o alcohol, ac mi gofiais am y botel jin yn fy nesg yn y swyddfa. Mi faswn i wedi medru defnyddio fy ngoriad i gael mynediad, ond roedd fy ngallu rhesymegol wedi dweud nos dawch ers meitin, ac yn lle hynny beth wnes i ond torri i mewn. I fy swyddfa fy hun! Mi dorrais ffenest, ac fel ro'n i'n trio dringo i mewn mi ges i fy nhynnu'n ôl gan blisman. Arestiodd fi yn y fan a'r lle, a 'nghadw i yn y gell dros nos. Doedd gen i ddim dewis wedyn ond ymddiswyddo, achos dydi swyddogion personél cynghorau dosbarth ddim yn torri i mewn i'w swyddfeydd nhw'u hunain yn oriau mân y bore i gael gafael ar boteli jin o'u desg.

Doedd 'na ddim cyhuddiadau troseddol, diolch i'r drefn. Ond mi ges i fy nghicio allan o'r tŷ gan Lin, ac roedd hynny'n waeth rywsut, er ei fod yn codi baich oddi ar fy ngwar mewn un ystyr. Mi ddigwyddodd yr ysgariad yn sydyn iawn ar ôl hynny. Roedd Emma'n bump a Mark yn dair oed ar y pryd. Dwi'n dal i deimlo cywilydd am y ffaith nad oeddwn i'n dad da i'r plant. Fedra i ddim newid hynny, ond pan oedd Emma'n disgwyl ei phlentyn cyntaf mi ddywedais wrthi, 'Yli, dwi'n gwybod nad oeddwn i ddim ffit fel tad i ti, felly dwi am wneud yn siŵr fy mod i'n daid gwell!'

Ar ôl cael fy hel o'r tŷ gan Lin, yr unig le y medrwn i fynd oedd adref at fy nhad; roedd fy rhieni wedi ysgaru erbyn hynny hefyd. Mi sylweddolodd fy nhad fod gen i broblem, ac mi benderfynodd fod angen gweithredu. Mi gysylltodd efo'r seiciatrydd adnabyddus, Dr Dafydd Alun Jones, ac mi ges i fynd i'w weld o yn ei gartref yn Nhalwrn. Mi drefnodd o fy mod yn cael fy nerbyn i Ysbyty Gogledd Cymru, Dinbych, ac yno y bûm i am rai misoedd a dweud y gwir. Mi wnaeth les i mi, ac mi lwyddais i roi'r gorau i yfed. Yn anffodus – diolch i bennod dywyll iawn arall yn fy mywyd – wnaeth hynny ddim para'n hir.

Dechrau newydd, bwlio, colli swydd a phartner newydd

Roedd pethau'n bur dywyll wedi i mi ysgaru a cholli fy swydd, ond mi ddaeth llygedyn o oleuni o rywle. Yn dilyn yr ychydig eitemau yr oeddwn i wedi'u gwneud i'r BBC hyd yma, mi ges i siawns i weithio fel gohebydd llawrydd ym Mangor. Roedd cyfle euraid ac annisgwyl arall yn ei gyflwyno'i hun i mi, ac mi fachais arno'n eiddgar, a diolchgar hefyd.

Roeddwn i fel taswn i wedi ailddarganfod fy llwybr unwaith eto, ac ar ôl ychydig fisoedd agorodd drws arall o fy mlaen – a chyfle gwell fyth – pan ges i gynnig swydd efo'r BBC yng Nghaerdydd. Ro'n i wrth fy modd, wrth gwrs; roedd o'n gyfle anhygoel, ac roeddwn i'n ffodus dros ben. Allan o ludw fy ngyrfa fel swyddog personél, ro'n i wedi llwyddo rywsut i greu gyrfa ddigon twt i mi fy hun efo'r BBC. Roedd gen i feddwl mawr o Linda, ac nid ei bai hi oedd dim o'r hyn a ddigwyddodd, na'r ffaith fy mod i'n hoyw. Ond roeddwn i bellach yn rhydd i fyw fy mywyd yn onest. Bendith arall ddaeth allan o hyn oll oedd fy mod, yn dilyn fy nghyfnod yn Ysbyty Dinbych, wedi llwyddo i roi'r gorau i yfed. Roedd pwysau'r celwydd wedi codi oddi ar f'ysgwyddau ac felly doedd dim angen yr alcohol arna i.

Mi deithiais i lawr i Gaerdydd ar y Traws Cambria i ddechrau ar fy swydd newydd, a wna i byth anghofio camu oddi ar y bws yng nghanol y ddinas a meddwl: 'Dyma fi, dwi mewn dinas newydd . . . dwi wedi ysgaru . . . ga i ddechrau byw fy mywyd yn onest rŵan fel fi fy hun.' Ac mi wnes i fwynhau'r cyfnod cynnar hwnnw yn y BBC yn fawr iawn. Ro'n i'n gweithio ar raglen *Heddiw* ac mi ges i gyfle ardderchog i ddysgu'r grefft trwy weithio efo mawrion y byd darlledu Cymraeg, fel Gwyn Llewelyn a Beti George. Roeddwn i'n medru cydnabod pwy oeddwn i o'r diwedd, ac mi oedd hynny'n rhyddhad mawr. Ond yn ddiarwybod i mi ar y pryd, roedd y cymylau duon yn dechrau crynhoi yn y pellter.

Ychydig ar ôl i mi gyrraedd Caerdydd a dechrau byw'n agored fel dyn hoyw, mi wnes i gyfarfod rhywun arall. Cyfrifydd oedd o, a chyfarfod trwy ffrindiau wnaethon ni. Roedd ei briodas o'n chwalu ar y pryd, ac ar ôl i'r ysgariad fynd drwodd mi ddechreuon ni gael perthynas, ac o dipyn i beth mi ddechreuon ni fyw efo'n gilydd. Roedd Mam a Dad wedi ysgaru erbyn hyn, ond roeddan nhw'n derbyn y sefyllfa. Y rhyddhad mwyaf i Dad oedd fy mod i'n byw bywyd parchus heb fod yn niwsans i neb arall. Roedd gen innau dawelwch mewnol; ro'n i'n byw fy mywyd yn hollol onest o'r diwedd. Roedd fy nghyd-weithwyr newydd yn y

BBC yn fy nerbyn i hefyd. Fe ddaeth Vaughan Roderick a minnau yn ffrindiau agos. Dyna i chi un sydd wedi gwneud cyfraniad arbennig i'n dealltwriaeth ni o wleidyddiaeth. Doeddech chi ddim yn cael eich barnu yn fan'no. Dwi wedi bod yn ddyn pobol erioed, ac ro'n i'n gwneud yn iawn efo pawb, nes i rywbeth fynd o'i le.

Mi oedd diwylliant y BBC yn bur wahanol bryd hynny i'r hyn ydi o heddiw. Dwi ddim yn siarad ar fy nghyfer yn hyn o beth achos mae 'na adroddiadau mewnol wedi cadarnhau bod 'na ddiwylliant yfed mewn stafelloedd newyddion a bod 'na ddiwylliant o fwlio mewn stafelloedd newyddion. Ac mi ges i flas o'r bwlio hwnnw, oherwydd fy rhywioldeb. Un person oedd yn gyfrifol amdano, ac mi aeth pethau cynddrwg nes fy mod i'n casáu mynd i mewn i 'ngwaith bob dydd. Roeddwn i'n dod adref gyda'r nos yn llyfu fy mriwiau meddyliol oherwydd y bwlio oedd wedi digwydd yn ystod y dydd, a buan iawn y trodd sefyllfa hapus yn hunllef.

Dwi isio enwi'r bwli, ond dwi ddim am wneud. Dwi ddim yn credu fod 'na bwynt codi hen grachen bellach. Dydi o ddim yn mynd i newid dim. Ond os ydi o'n darllen y llyfr yma mi fydd o'n gwybod pwy ydi o, a dwi'n gobeithio – o ddarllen yr hyn dwi wedi'i ddweud – y bydd hynny yn procio rhywfaint ar ei gydwybod o, achos dwi'n credu fod gan bob un ohonon ni – hyd yn oed y fo – gydwybod yn rhywle.

Dwi ddim yn siŵr a oedd y ddau beth yn gysylltiedig, ond roedd fy mherthynas efo fy nghymar bellach yn dadfeilio hefyd. Roeddan ni wedi bod yn byw efo'n gilydd am yn agos i bum mlynedd, ac i liniaru'r boen – ac oherwydd effaith y bwlio – mi es i'n ôl at yr hen gyfaill ffyddlon a thriw, sef y botel jin. Ac yn raddol bach o hynny ymlaen mi gyrhaeddais isafbwynt: colli fy swydd . . . eto, a cholli fy mhartner . . . eto. Roedd o'n isafbwynt ar y pryd – ond taswn i ond yn gwybod, roedd gwaeth i ddod. Llawer iawn gwaeth.

Yr un pryd ag yr oedd y bwlio, a'r dirywiad yn fy mherthynas, yn digwydd, mi lwyddais rywsut i wneud sefyllfa a oedd eisoes yn dywyll yn ddu fel y fagddu. Os ydach chi mewn twll, y cyngor arferol ydi stopio palu. Ond beth wnes i? Mynd allan a llogi JCB a gwneud y twll yn bydew go iawn, dyna beth. Do, rywsut neu'i gilydd, mi drodd y cyfle euraid oedd gen i efo'r BBC yn lwmpyn o rywbeth brown aflednais yn fy nwylo. Mi gefais i fy nghyhuddo o gamddefnyddio adnoddau'r BBC – camddefnyddio taleb neu *voucher* tacsi a bod yn fanwl gywir – ac o gamddefnyddio ffonau trwy ffonio adre'n rhy aml, medden nhw.

Ro'n i'n gweithio ar stori, ac ro'n i wedi trefnu i ddod i mewn i'r stiwdios yn Llandaf ar fore dydd Sadwrn i wneud cyfweliad efo rhywun yn y stiwdio ym Mangor. Ro'n i wedi cymryd taleb tacsi i dalu am y daith o fy nghartref yn Riverside i Ganolfan y BBC. Ond y bore hwnnw roeddwn i'n digwydd bod yn Llandaf yn barod ar berwyl arall, ac felly mi gerddais i'r stiwdios. Roedd y daleb heb ei defnyddio, ond yn lle cael un arall allan i dalu am y daith adref, beth wnes i ond newid yr un wreiddiol i ddangos taith o'r BBC am adref. Ac mi ges i fy nghyhuddo o *misappropriation of funds*. Ond dwi'n amau mai esgus cyfleus i gael gwared arna i oedd o yn y bôn. Roeddwn i

105

wedi bod yn mynd i'r gwaith dan ddylanwad alcohol, dyna oedd y gwir reswm. Wel, hynny a digwyddiad anffodus iawn arall hefyd. Dwi'n amau mai hwnnw ddaeth â'r cyfan i ben yn y diwedd.

Roedd Indira Gandhi – Prif Weinidog yr India – wedi marw, ac mi wnaethon ni eitem hir ar y stori yn y rhaglen. Fi sgwennodd y rhan fwyaf ohono, a'r *pay-off* oedd, a dwi'n cofio'r geiriau'n iawn: 'Mae'r dyfalu eisoes wedi dechrau ynglŷn â phwy fydd olynydd Mrs Gandhi, a'r tebygrwydd yw mai ei merch, Rajiv, fydd yn cymryd drosodd . . .'

O diar . . . Nid ei merch oedd Rajiv, siŵr iawn, ond ei mab hi!

Mae 'na broses o wirio sgript cyn iddi gael ei darlledu, ond rywsut neu'i gilydd roedd y camgymeriad yma wedi llithro drwodd, ac mi sylweddolodd y cyflwynydd, Gwyn Llewelyn, fwy neu lai yn syth ar ôl ynganu'r gair 'merch' bod 'na gamgymeriad erchyll wedi digwydd. A dyna dorri cefn y ceffyl. Roedd y camgymeriad wedi tanseilio hygrededd Gwyn, ac mi ges i'r fwled. Dwi'n meddwl fy mod i'n un o'r bobol brin hynny sydd wedi cael eu hebrwng o adeilad y BBC gan ddau ddyn mawr o seciwriti bob ochr i mi, efo llythyr yn fy mhoced yn dweud: 'Weithi di byth i'r BBC eto a chei di ddim mynediad i unrhyw adeilad o eiddo'r BBC.' Dydi'r dywediad 'gadael dan gwmwl' ddim yn dod yn agos at ddisgrifio'r sefyllfa. Ro'n i'n gadael yng nghanol storm drofannol anferthol – *typhoon* fan leiaf. Ro'n i wedi colli fy ngwaith ac ro'n i ar fin colli fy nghymar hefyd.

Un diwrnod – yn gwbl ddisymwth – mi benderfynodd fy mhartner ei fod o isio mynd i'r coleg. Doedd hynny ddim yn fy mhoeni, ond doeddwn i ddim yn sylweddoli ar y pryd nad i Goleg Prifysgol Caerdydd yr oedd o am fynd ond i Wrecsam. O edrych yn ôl, roedd o'n mynd bron mor bell oddi wrtha i ag yr oedd posib mynd, yng Nghymru o leiaf. Roedd o'n dod yn ôl i Gaerdydd ar benwythnosau fel arfer, ond doedd pethau ddim yn mynd yn dda iawn rhyngddom ni, ac wrth reswm doedd y ffaith 'mod i'n yfed yn drwm o ddim help o gwbl. Mi ddaeth pethau i ben un prynhawn dydd Sadwrn. Ro'n i eisoes yn feddw gaib, a dwi ddim yn cofio'r rheswm tu ôl i'r ffrae, dim ond ei bod hi'n un fawr. Yr unig beth dwi yn ei gofio'n glir hyd heddiw ydi'r belten gefais i ar draws fy wyneb, a'r geiriau 'And I never want to see you again!'

Felly, efo'r frawddeg honno'n atseinio yn fy mhen, cerddais allan o'r fflat a throi fy nghefn ar realiti a chyfrifoldeb am flynyddoedd i ddod.

Cyrraedd y gwaelod
a chodi yn fy ôl

Y noson honno mi gysgais i yng ngorsaf Caerdydd, am ei bod hi'n agos at ein fflat yn fwy na dim – yn sicr nid oherwydd fy mod yn meddwl bod 'na unrhyw ffordd yn ôl o ran y berthynas. Roedd gen i bres yn y banc, ac roeddwn i wedi cael siec gan y BBC ar ôl gadael, ond roeddwn mewn gwewyr meddwl dychrynllyd, yn byw mewn byd swreal bron. Doeddwn i ddim yn meddwl yn glir, ac roeddwn i'n croesi'r ffin rhwng realiti a ffantasi drwy'r amser. Roeddwn i hyd yn oed wedi perswadio fy hun mai rhan o waith ymchwil ar gyfer rhyw raglen deledu am y digartref oedd y cyfan; dyna pam na wnes i ddim mynd i aros mewn gwesty!

Gorsaf drenau Caerdydd oedd fy nghartref am y pythefnos nesaf, ac mi ges i sawl gorchymyn gan y staff i hel fy mhac. Mi wnaethon nhw fygwth galw'r heddlu yn y diwedd, ond yn y stad feddyliol yr oeddwn i ynddi doedd gen i unlle i droi, a beth wnes i oedd neidio ar y trên cyntaf ddaeth heibio. I Fryste'r oedd hwnnw'n mynd fel mae'n digwydd. A dyna ddechrau fy helyntion yn byw ar y stryd. Roedd hi'n 1985 erbyn hyn, a'r stryd fyddai fy nghartref – fwy neu lai – am yr wyth mlynedd nesaf, a'i chymeriadau lliwgar fyddai'r unig gymdogion ar y daith i ddisberod.

Yn y dyddiau hynny, roedd hi'n llawer iawn haws cael mynediad i orsaf drenau. Doedd y camau diogelwch welwch chi heddiw ddim yn bodoli bryd hynny. Mi gysgais i yng ngorsaf Bryste sawl gwaith wedyn, gan anwesu'r botel jin bob nos. Roedd hynny wedi dod yn arfer erbyn hyn – estyn am yr hen ffrind oedd y ffordd allan o unrhyw greisis. Ond mae alcohol yn gyffur creulon a dauwynebog; mae'n gallu gwneud i chi deimlo'n reit dda am dipyn, ond yna mae'n newid ei gôt ac yn gwneud i chi deimlo'n isel a digalon. A phan gyrhaeddwch chi'r pwynt hwnnw, mae'r teimladau da yn brin ar y diawl, waeth faint yfwch chi. Yn fy achos i mi aeth pethau i'r fath bwll disberod nes i mi brynu dwy botel o dabledi lladd poen, Panadol, gyda'r bwriad o ladd fy mhoen am byth. Mi es i ben draw'r platfform yng ngorsaf Temple Meads, Bryste efo'r bwriad o ladd fy hun, ac oni bai bod 'na aelod o staff yr orsaf wedi digwydd mynd heibio pan wnaeth o, y tebygrwydd yw y baswn i wedi llwyddo.

Mi ges i fy nanfon i'r ysbyty, ac un o'r sgileffeithiau rhyfedd o gymryd y gorddos oedd colli fy nghlyw am ryw reswm. Roeddwn i fwy neu lai yn hollol fyddar am tua deng niwrnod. Mi fasa 'Nhad ac eraill yn mynnu nad oedd hynny'n gwneud fawr o wahaniaeth am nad oeddwn i'n gwrando hanner yr amser p'run bynnag. Mi ges i fy nghadw yn yr ysbyty, ac mi lwyddon nhw i ddarganfod pwy oeddwn i. Roeddwn i wedi dweud celwydd ynglŷn â hynny achos do'n i ddim isio i neb wybod lle'r oeddwn i, na gwybod fy mod yn y ffasiwn stad. Cywilydd oedd o a dim byd arall – fy magwraeth yn y capel yn amlygu ei hun, am wn i. Wnaethon nhw ddim pwmpio fy stumog allan yn yr ysbyty, diolch i'r drefn. Rhyw fath o jeli gefais i – ipecac – rhyw stwff oedd yn gwneud i chi chwydu. Roedd o'n cael yr un effaith â'r pwmp, ond roedd o'n llawer iawn mwy tyner na hwnnw yn ôl pob sôn.

Mae 'na rai yn cymryd gorddos fel cri am gymorth, a dwi'n credu mai dyna oedd o yn fy achos innau. Dwi ddim yn credu fy mod i'n bwriadu lladd fy hun go iawn. Pe bawn i o ddifri am ddod â'r cyfan i ben, mi faswn i wedi dod o hyd i guddfan well er mwyn cyflawni'r weithred heb i neb arall ymyrryd. Cri am gymorth oedd hi yn y bôn. Mae gen i dipyn o feddwl ohona i fy hun, ac roedd gen i dipyn o feddwl o'r cyfraniad yr oedd posib i mi ei wneud. Roedd arna i gywilydd fy mod i wedi colli'r cyfle i wneud y cyfraniad hwnnw. Ond dwi'n meddwl bod gen i ormod o feddwl ohona i fy hun i ladd fy hun go iawn, hyd yn oed yn y stad yr oeddwn i ynddi – yn fy 'ngharchar tywyll du'.

Un peth dwi'n ei gydnabod amdanaf fi fy hun ydi'r anian obsesiynol 'ma sy'n rhan ohona i. Pan oeddwn i ar staff y BBC, os oeddwn i'n cael fy nannedd i stori roeddwn i fel ci ac asgwrn ganddo i gael at y gwir – yn enwedig os oedd a wnelo hi unrhyw beth â Chyngor Môn ar y pryd! Yr obsesiwn diweddaraf ydi Rwmania, ac ymhlith pethau eraill dwi yng nghanol trafod sefydlu canolfan ymchwil rhwng Prifysgol Bangor a Phrifysgol Iaşi. Ydw, mi *ydw* i'n berson obsesiynol, a dwi'n credu fod hynny'n elfen gyffredin ym mhersonoliaeth pob alcoholig.

Mae 'na lawer o ddrama yn fy mywyd i hefyd. O edrych yn ôl, roedd hynny'n un o'r rhesymau pam yr oeddwn i mor awyddus i fynd i'r weinidogaeth. Dwi'n meddwl mai'r cymhelliad oedd 'mod i'n mwynhau llwyfan ac yn mwynhau'r sylw. Ac os oedd hynny'n golygu dipyn o ddrama bob hyn a hyn i ychwanegu mymryn o sbeis at bethau, wel iawn, dyna fo. Mae mwynhau'r ddrama a'r sylw yn rhan o'r bersonoliaeth obsesiynol yma. Dwi ddim yn gwneud hynny'n fwriadol. Dwi ddim yn ymwybodol fod hynny'n gymhelliad ynof fi, ond mae o'n bownd o fod yno yn rhywle yn y cefndir. A dwi'n mawr obeithio nad ydw i bellach yn stereoteip o ddyn hoyw, nac o alcoholig chwaith.

Cyn i mi fynd fymryn pellach dwi am rannu rhywbeth ddywedodd Siôn Tecwyn, un o ohebwyr y BBC yn y Gogledd efo fi, pan glywodd fy mod yn sgwennu hunangofiant: 'Be 'di'r pwynt? Fyddi di ddim yn cofio'r darnau gorau, mi roeddat ti'n feddw!' Tynnu coes oedd o ond, mae o'n berffaith wir i ryw raddau, efo ambell i beth. Mae llawer iawn o'r cyfnod yn niwlog iawn, ond dyna ydi 'natur y bwystfil', a wnaeth o ddim stopio Keith Richards, naddo? Rhowch o fel hyn: dwi'n cofio'r prif ddigwyddiadau'n reit dda; y manylion bach sy'n brin weithiau! Roedd yr ymgais i ladd fy hun yn garreg filltir mewn ffordd, ac yn gyfle i ddechrau eto a chael trefn ar fy mywyd.

Tra oeddwn i yn yr ysbyty mi ges i fy 'herwgipio', fel dwi'n galw'r peth rŵan. Roedd awdurdodau'r ysbyty wedi cysylltu efo 'Nhad, ac roedd yntau wedi cysylltu efo fy hen ffrind coleg o Fanceinion, Rachel Pollard. Mi ddaeth hi i lawr i Fryste a fy hebrwng yn ôl efo hi i'w chartref. Roedd fy nhad wedi trio'i orau efo fi, a dwi'n meddwl mai newid tacteg oedd y bwriad y tro hwn – cael rhywun nad oedd ddim mor agos ataf i geisio fy mherswadio i weld sens. Mi fues i'n aros efo Rachel am gwpwl o fisoedd, ond y cwbl wnes i oedd mynd yn fwy ac yn fwy o niwsans iddi hi bob dydd. Roeddwn i wedi ailgydio yn y botel, wrth gwrs, gydag arddeliad. Mi gafodd hi lond bol arna i yn y diwedd a fy hel i o 'na. Ond heb yn wybod iddi hi, mi fues i'n cysgu yn ei garej am rai wythnosau wedyn!

Mi o'n i'n un da am ddiflannu bryd hynny – diflannu i osgoi cyfrifoldeb neu i osgoi canlyniadau rhywbeth gwirion yr oeddwn wedi'i wneud. Roeddwn i fel rhyw Houdini cymdeithasol. A dyna wnes i ym Manceinion yn y diwedd. Diflannu. Roeddwn i fel rhyw hobo yn crwydro o le i le ar y rheilffyrdd – heb dalu wrth gwrs. Tric arall oedd aros mewn llefydd gwely a brecwast a'i bachu hi o 'na heb dalu'r bil. Yn anuniongyrchol mi chwaraeodd hynny ran yn fy achubiaeth yn y pen draw, ond mi gewch chi'r hanes hwnnw yn nes ymlaen.

Mi fu bron i fy nheithio ddod i ben yn ddisymwth iawn yn Leeds un tro. Chwilio am le diddos i gysgu yr oeddwn i, achos roedd hi'n ganol gaeaf ac roedd 'na drwch o eira ar lawr. Fel arfer, yr orsaf drenau oedd yn cynnig y siawns orau, ac yn fan'no y rhois fy mhen i lawr y noson honno. Ond doedd o ddim mor ddiddos ag y baswn i wedi'i ddymuno, ac yn ystod y nos mi wnaeth hi ufflon o storm o eira, nes fferru fy nghoesau. Ro'n i'n ofni fy mod wedi cael ewinrhew achos fedrwn i ddim symud fy nghoesau am amser hir. Ond mi ddois ataf fy hun yn y diwedd, er iddi gymryd rhai oriau. Profiad annifyr, a phoenus, dros ben.

Yn y cyfnod pan o'n i'n byw ar y stryd roeddwn i'n gallu

mynd i'r swyddfa nawdd cymdeithasol, torri fy enw ar ffurflen, a mynd yn ôl ymhen ychydig oriau a chael siec am £7 – 'By Personal Issue' oedd y term arni. Doedd o ddim yn ffortiwn, ond roedd o'n ddigon i brynu'r hyn yr oeddwn ei angen am y diwrnod. Wrth gwrs, roedd alcohol yn fy system drwy'r adeg, ac felly mater o gadw'r lefel yn gyson bob dydd oedd hi – fel rhoi olew mewn injan car. Os oedd y lefel yn mynd yn is, roedd yr ysbryd yn mynd yn is. Ac yn ogystal ag iselder, roedd 'na effaith ar y corff hefyd: cryndod, gweld drychiolaethau ac yn y blaen – y DTs, sef sgileffeithiau rhoi'r gorau i alcohol neu gyffuriau. Wrth lwc, wnes i ddim profi llawer o'r rheiny erioed. Ond mi ddysgais un tric ffiaidd iawn gan alcis eraill i gynnal lefel yr alcohol. Ro'n i'n dod o hyd i rywle i gysgu, mewn drws siop neu ble bynnag, ac mi fyddwn yn morol fod gen i botel wag efo fi bob nos – potel lefrith blastig efo'r gwddw wedi'i dorri i ffwrdd oedd hi fel rheol. Roedd rhaid cael hon wrth law, achos ryw ben bob nos mi faswn i un ai'n pi-pi neu'n chwydu i mewn i'r botel, a'r peth cyntaf fyddwn i'n ei wneud y bore wedyn oedd yfed y cynnwys. Doeddwn i'n bwyta fawr ddim, ac felly roedd llawer iawn o'r gwastraff oedd yn y botel yn alcohol. Ffordd o godi lefel yr oel yn yr injan yn y bore oedd o, cyn mynd ati i gael y stwff go iawn i mewn i 'nghorff i. Dwi ddim yn ymffrostio trwy gyfadde'r pethau yma – fy mod i'n piso yn fy nillad, yn yfed fy chwd fy hun, yn yfed fy mhi-pi fy hun. Dim ond nodi'r ffaith fel rhywbeth a ddigwyddodd.

Y berthynas efo'r botel oedd y berthynas fawr yn fy mywyd i. Mi oedd byw efo canlyniadau'r ddibyniaeth yma yn rhywbeth naturiol, bron, i mi. Doeddwn i ddim yn rhesymoli'r ffaith fod byw fel alcoholig rhonc yn golygu eich bod chi'n pi-pi yn eich dillad. Doeddwn i ddim yn rhesymoli'r ffaith fy mod i'n yfed fy chwd fy hun. Canlyniadau bod yn alcoholig oeddan nhw, ac ro'n i'n fodlon derbyn hynny. Dyna pa mor isel yr oeddwn i wedi mynd. Mi fues i yn yr ysbyty yn Ninbych dair gwaith i gyd, ac mi sgwennais nifer o erthyglau i'r *Faner* ar y pryd yn sôn am y profiad. Felly pan oedd yr ymennydd yn clirio, a'r alcohol ddim yn fy nghaethiwo, roedd y meddwl yn gweithio'n iawn. Doeddwn i ddim yn ddyn sâl yn yr ystyr seiciatryddol – doedd 'na ddim salwch meddwl arna i. Roedd 'na salwch neu wendid seicolegol, oedd, ond roedd yr ymennydd yn gweithio'n iawn.

Yn un o'r erthyglau hynny mi soniais am ferch oedd yn sgrechian yn yr oriau mân, a'r bobol oedd yn clywed lleisiau yn eu meddwl a oedd yn eu cymell i wneud y pethau mwyaf gwaradwyddus. Ond roedd 'na elfen ysgafnach hefyd. Roedd 'na ddau gymeriad ar y ward lle'r oeddwn i. Meurig oedd enw un, ac roedd o'n eistedd yn ei gadair drwy'r dydd ac yn siglo'n ôl ac ymlaen gan ddweud, 'Dwi'n marw, dwi'n marw . . .' drwy'r dydd, bob dydd. Ym mhen arall y stafell roedd 'na fwrdd biliards, ac yno roedd Wil, ei fêt o. Am dri o'r gloch y pnawn mi fyddai'r troli te yn dod rownd a'r nyrs yn gofyn i bawb, 'Gym'rwch chi banad?' Pawb ond Meurig yn cymryd ei banad – roedd o'n dal i fynnu ei fod o'n marw. Mi fyddai Wil wedyn yn dod o ben pella'r stafell at Meurig – ac roedd hon yn rwtîn ddyddiol ganddyn nhw – ac yn dweud, 'Ty'd 'laen, Meurig, wir, cym banad, wnei di!' 'Na, fedra i ddim, dwi'n marw,' oedd yr ateb bo tro. Ac mi fyddai Wil yn cloi efo'r lein: 'Dan ni'n gwbod dy fod ti'n marw, siŵr, ond cym banad cyn i ti fynd!' Yn yr erthyglau ro'n i'n gweld eironi fy sefyllfa, sef fod rhywun o fy nghefndir a fy mreintiau i wedi'i gael ei hun i'r fath stad.

Mi driodd Dr Dafydd Alun Jones a Nyrs Olwen (merch Gwilym R. Jones a oedd yn gweithio yno) eu gorau glas i 'nghael i i gallio, ond doedd dim yn tycio. Yn y cyfnodau hynny, pan oeddwn i ar ward Gwydir (oedd, mi oedd y Gwydir hwnnw'n llawn fel rheol), roedd 'na reol gadarn: dim alcohol. Os oeddan nhw'n clywed oglau alcohol arnoch chi, neu'n gweld eich bod dan ddylanwad, roeddech chi allan yn syth. Roedd hyn yn wahanol iawn i'r polisi mewn unedau tebyg mewn llefydd eraill. Roedd ganddyn nhw *breathalyser* yno hyd yn oed, ac roedd hi'n uned lwyddiannus. Ond wnaethon nhw ddim llwyddo efo fi, yn y tymor byr o leiaf.

Mae'n syndod beth mae'r siopau mawr yn ei daflu o ran bwydydd, ac mae 'na flas rhyfeddol ar *doner kebab* wedi cael ei daflu i'r gwter, er gwaetha'r ffaith eich bod yn gorfod poeri'r graean a'r baw wrth ei bwyta. Mi oeddwn i mor ddibynnol ar ffags yn y dyddiau hynny ag yr ydw i rŵan. Hel stympiau yr oedd pobol wedi'u taflu yr oeddwn i, a'r lle gorau am y rheiny – y *crème de la crème* i'r casglwr stympiau – oedd siop Selfridges ar Oxford Street, prif stryd siopa Llundain. Yn fan'no roedd 'na ganopi dros y lôn, ac felly os oedd hi'n bwrw glaw roedd hwnnw'n gwarchod y stympiau rhag gwlychu. Mi fyddwn i'n hel llond dwrn, a'u cadw nhw mewn tun, ac wedyn yn eu datgymalu a rowlio'r baco i wneud fy sigaréts fy hun. Ond Duw a'ch gwaredo os oedd hi'n bwrw glaw go iawn, achos does 'na ddim byd gwaeth na bod isio sigarét a'r holl stympiau, hyd yn oed y tu allan i Selfridges, yn slwj gwlyb. Ar ddiwrnodau felly roedd rhaid i mi dderbyn y sefyllfa a byw heb smôc, neu brynu baco.

Bocs carbord oedd fy nghartref am flynyddoedd, er nad yr un bocs wrth reswm. Roedd gan y bocs ei fanteision, ond y prif rai oedd nad oedd angen talu rhent na morgais arno. Roeddwn i hefyd yn hoff o wneud nyth i mi fy hun efo bagiau sbwriel, fel y clywsoch yn y bennod gyntaf. Roedd o'n ffordd dda o gadw'r gwynt allan, ac mi ddysgais i lawer o 'sgiliau' neu driciau eraill wrth fod yn ddigartref hefyd. Mi fasa Ray Mears yn falch iawn ohona i!

Mi ddaeth un o'r triciau'n arbennig o ddefnyddiol pan es i'n ohebydd seneddol. Gannoedd o weithiau dwi wedi sefyll ar College Green efo'r Senedd tu cefn i mi yn gohebu – gwneud darnau byw, neu ddarnau i gamera. Mae o'n lle agored iawn, ac yn aml mae'r gwynt yn chwipio'n oer oddi ar afon Tafwys gerllaw. Ar adegau felly roeddwn i'n lapio'n gynnes, ond mae'r oerni'n dod i fyny o'r tir neu'r concrit o dan eich traed. Roeddwn i wedi dysgu hyn pan oeddwn i'n ddigartref. Un peth oedd dod o hyd i le sych i gysgu, ac allan o'r gwynt, ond y gyfrinach i gadw'n gynnes oedd cael bocs neu focsys carbord i'w rhoi oddi tanoch chi. Ac mi ddefnyddiais yr un tric droeon pan oeddwn i'n gohebu, sef gofalu fod gen i ddarn o garbord i sefyll arno, achos roeddech chi'n gallu bod yn yr un lle am sbelan go hir weithiau.

Maen nhw'n dweud mai'r awr dywyllaf ydi honno cyn y wawr, ac roedd hynny'n wir – yn ffigurol – yn fy achos i. Ond yn llythrennol, honno ydi'r awr oeraf hefyd, yn y gaeaf o leiaf. Tua phump o'r gloch y bore yr oedd yr awr oeraf, ond yn yr haf roedd hi'n gwawrio tua'r adeg honno, ac

116

felly'n dechrau cynhesu. Ond fel arfer, roeddwn i mor feddw fel nad oeddwn i'n sylweddoli pa ddiwrnod oedd hi heb sôn am faint o'r gloch oedd hi.

Ar y cyfan roedd staff y gorsafoedd rheilffordd yn ddigon goddefgar i adael i chi gysgu yno, cyn belled nad oeddech chi'n gwneud niwsans ohonoch chi'ch hun a'ch bod chi'n symud ymlaen erbyn tua phump o'r gloch y bore pan oedd yr orsaf yn agor am waith. Mae'n llawer iawn mwy anodd rŵan oherwydd y rheolau diogelwch. Fy mydysawd am gyfnod hir oedd cornel fach o orsaf Victoria – encil gysgodol a oedd yn gartref i mi. Roeddwn i'n tueddu i gadw i mi fy hun. Doeddwn i ddim yn rhan o griw o bobol ddigartref, ac roedd hynny'n benderfyniad bwriadol. Roedd o hefyd yn rhan o'r ffantasi yr oeddwn i'n byw ynddi, o bosib – y gwaith ymchwil ar gyfer y rhaglen deledu ddychmygol honno.

Doedd 'na ddim llawer o gysylltiad efo'r teulu yn ystod y blynyddoedd coll. Mi ddois i adref unwaith neu ddwy pan oedd pethau wedi mynd i'r pen, a'r amgylchiadau'n drech na mi, ond ar y cyfan roeddwn i'n cadw draw. Mi fu raid i mi ymddangos gerbron llys unwaith neu ddwy, a bryd hynny roeddwn i'n aros adref. Ond ar ôl blingo fy nhad druan am arian, roeddwn i'n diflannu eto.

Pan oeddwn i i fod gerbron llys – fel arfer am beidio talu bil gwesty – roedd yr heddlu'n galw yn nhŷ fy nhad. Doeddwn i ddim isio'i dynnu fo na fy nheulu i mewn i'r twll yr oeddwn i wedi 'nghael fy hun iddo, na chreu mwy o boen meddwl iddyn nhw. Ond doeddwn i ddim yn sylweddoli, trwy i mi geisio eu gwarchod, fod y gwewyr meddwl yn mynd yn waeth iddyn nhw. Doeddwn i ddim yn ymwybodol o hynny, ond hyd yn oed petaswn i'n ymwybodol, roedd yr alcohol wedi swcro'r fath hunanoldeb ynof fi fel mai'r unig berson yr oeddwn i'n poeni amdano yn yr ystyr yna oedd fi fy hun. Doeddwn i ddim yn ystyried fod 'na bobol yn meddwl ac yn malio amdana i, fel mab, fel tad ac fel ffrind. Doedd hynny ddim yn ystyriaeth achos mae alcoholiaeth un ai'n achosi'r ymdeimlad hunanol yma, neu mae'r hunanoldeb yn rhan o greu'r meddylfryd alcoholaidd. Dwi ddim yn siŵr pa un sy'n arwain at y llall, ond doedd dim ots am y difrod a'r boen yr oeddwn i'n eu hachosi i bobol eraill; dim ond fi fy hun oedd yn cyfri.

PENNOD 10

Achos llys a dechrau'r daith yn ôl i drefn

Mi fues i'n byw adref am gyfnod hwy yn 1988–89. Mi ddigwyddodd fy nhrydydd ymweliad ag Ysbyty Dinbych yn ystod y cyfnod yma, ond roedd 'na reswm arall. Profais yr hunllef o wynebu achos llys difrifol yn f'erbyn, a finnau'n gwybod fy mod i'n hollol ddieuog o unrhyw beth. Honnwyd fy mod yn un o nifer o ddynion fu'n cyfathrachu efo llanc ifanc pedair ar ddeg oed oedd yn puteinio'i hun am arian. Roedd un o'r achosion honedig wedi digwydd mewn toiledau yng Nghaernarfon, a'r ail mewn hen dwnnel rheilffordd o dan y dre. Roedd y peth yn anghredadwy i mi, ac yn hunllef go iawn, achos ei air o yn erbyn fy ngair i oedd o. Ond tan yr achos llys, doeddwn i erioed wedi gweld y bachgen 'ma yn fy mywyd o'r blaen.

Does gen i ddim syniad pam y byddai rhywun yn gwneud honiadau o'r fath amdanaf; wn i ddim beth oedd y cymhelliad, ond roedd y ffaith fy mod i'n hoyw yn wybodaeth hollol gyhoeddus erbyn y cyfnod yma. Felly mae'n amlwg i mi fod rhywun wedi sicrhau fy mod i'n cael fy nghyhuddo ar gam am ryw reswm. Does gen i ddim syniad pam y basa unrhyw un yn gwneud y fath beth. Sbeit efallai? Dyna oedd fy amddiffyniad yn erbyn y cyhudd-iadau celwyddog yma, a'u bod wedi cael eu dwyn yn fy erbyn o ran sbeit a dialedd a dim byd arall.

Mae 'na ddwy ffordd o fynd ag achos i Lys y Goron: trwy gyflwyno'r gwaith papur gerbron barnwr heb i'r diffynnydd fod yn bresennol, neu trwy lys ynadon, efo'r diffynnydd yn bresennol i ateb cwestiynau. A dwi'n cofio'n glir y Barnwr Robin David yn gofyn i'r erlyniad pam roeddan nhw'n mynnu bwrw 'mlaen â'r achos, oherwydd doedd ganddyn nhw ddim tystiolaeth o fath yn y byd. Ond mi fynnodd yr erlyniad fod yr achos yn mynd yn ei flaen yn Llys y Goron, a dyna fu.

Diolch i'r drefn, mi wnaeth y rheithgor dderbyn fy amddiffyniad, a'r ffaith nad oedd unrhyw dystiolaeth yn fy erbyn. Mi aethon nhw allan i ystyried yr achos, ac roeddan nhw'n ôl yn y llys ar ôl cwta ddeng munud, efo'r ddedfryd unfrydol – hollol ddieuog. Torri i lawr i grio'n ddireolaeth wnes i pan glywais y geiriau hynny. Yn naturiol roedd hi'n rhyddhad mawr iawn, achos roedd y peth wedi bod yn hongian uwch fy mhen i fel cleddyf Damocles am flwyddyn cyn cyrraedd y llys. Gwybod fy mod i'n hollol ddieuog oedd y peth gwaethaf. Ond er cymaint y rhyddhad, ar y pryd roedd o'n hunllef i mi, i fy nhad, ac i bawb oedd yn fy adnabod i. A'r unig gysur oedd gen i drwy'r cwbl oedd bod y rhai oedd yn fy adnabod i'n gwybod yn iawn nad oedd unrhyw wirionedd yn y peth p'run bynnag.

120

Roedd y stori wedi bod ar y teledu, ar y radio ac yn y *Daily Post*, ac roedd y cywilydd mor ddiawledig fel na wnes i ddim gadael y tŷ am dri mis. Ond un diwrnod mi fynnodd fy nhad fy mod i'n mynd efo fo i Fiwmares. Wnes i ddim gadael y car, dim ond eistedd yn fan'no efo fy mhen i lawr yn gobeithio na welai neb mohona i. Ond mwyaf sydyn, dyma 'na gnoc ar y ffenest.

'O Dduw,' medda fi wrthyf fy hun, 'be wna i rŵan?' Ond pwy oedd yno ond y ddynes oedd yn arfer byw drws nesaf i ni, Mrs Hilary Williams.

'Tyrd allan,' medda hi, a dyma hi'n fy nghofleidio fi, ar y stryd fawr yn fan'no, yng nghanol Biwmares. Roedd hi fel tasa hi'n gyrru neges allan yn dweud: 'Yli, beth bynnag wyt ti, beth bynnag sydd wedi digwydd i ti, rydan ni'n dy dderbyn di ac rydan ni'n dy garu di.' Ac roedd y weithred honno yn gysur mawr ac yn golygu llawer iawn, iawn i mi. Mi bues i'n sych dros y cyfnod hwnnw, ond unwaith yr oedd yr achos drosodd mi es i'n ôl at fy ffyrdd afradlon unwaith eto. Ond, diolch i achos llys arall a chyfarfyddiad tyngedfennol, doedd fy achubiaeth ddim ymhell.

Yn Watford yr oeddwn i erbyn hyn, ac mi ges i fy arestio yno am fod yn feddw. Mi dreuliais i bedair noson yn y celloedd, sy'n swnio'n hir am drosedd mor fychan. Ond erbyn deall, roedd 'na warant allan i fy arestio p'run bynnag, achos fy mod wedi aros noson mewn gwesty yn Llandudno rai blynyddoedd ynghynt ac wedi gadael heb dalu. Roedd y pedwar diwrnod hwnnw fel rhyw fath o driniaeth *cold turkey*, ac mi ddechreuodd fy meddwl glirio wrth i'r alcohol fynd o'r corff. Wnes i ddim dweud, 'Dyma ni, dwi wedi cyrraedd mor isel ag y medra i fynd, rŵan dwi am adfer fy mywyd.' Wnaeth o ddim digwydd fel'na. Roedd hi'n broses yn hytrach na digwyddiad, os ca i ddefnyddio ymadrodd benthyg Ron Davies am ddatganoli! Roedd yr oel yn yr injan yn mynd i lawr ac i lawr, ac ro'n i'n sylwi bod yr injan yn rhedeg yn llawer iawn gwell. Mi ges i gyfnodau o chwysu a chryndod, ond wrth lwc wnes i ddim dioddef o'r DTs. Mi fues i'n siarad yn hir efo'r plisman oedd yn edrych ar ôl y celloedd yn Watford – Sarjant Bob Seecombes – ac roedd o yn gwbl allweddol yn yr holl beth.

Mi ges i fy anfon i Lys y Goron Caernarfon, am mai yn Llandudno yr oedd y drosedd wreiddiol wedi digwydd, ac mi ges i fy nghadw yn y celloedd yn fan'no am noson cyn cael fy ngalw i'r llys ar bnawn Gwener. Roeddwn i'n disgwyl cael fy rhyddhau ar fechnïaeth a fy ngyrru'n ôl i Watford, ond beth wnaeth y barnwr ond penderfynu fy nghadw i mewn dros y penwythnos, ac felly mi ges i fy anfon i garchar Walton yn Lerpwl tan fore Llun. Mi oedd mynd ar y bws o Gaernarfon i Lerpwl yn brofiad ynddo'i hun, ond mi oedd mynd i'r dderbynfa yn y carchar, a chael fy nghloi mewn cell – nid cell mewn gorsaf heddlu y tro hwn, ond cell mewn carchar – yn fater arall. Pan es i'n ôl i Gaernarfon fore Llun mi ddywedodd y barnwr mai'r rheswm yr oedd o wedi fy anfon i Walton oedd i roi blas i mi o'r hyn fyddai'n digwydd oni bai fy mod i'n cael trefn arnaf fi fy hun.

Mi ges i fy nedfrydu i naw mis ar brawf, dan yr amod ganolog fy mod i'n byw mewn hostel i'r digartref yn Watford. Sarjant Seecombes oedd wedi awgrymu hynny wrth fy nhwrnai, ac fe'i cynigiwyd i'r llys a'i dderbyn. Cefais brofiad reit ryfedd wrth adael y llys y diwrnod hwnnw.

Clywais y llais eglur yma'n dweud wrtha i: 'Dyna chdi, 'ngwas i, mae o drosodd rŵan, mi elli di ddechrau byw eto.' Unwaith eto, dwi ddim yn sôn am brofiad Saul ar y ffordd i Ddamascus; nid rhyw fath o dröedigaeth oedd o. Ond roedd y llais yma, a'r neges, yn eglur iawn, a dwi'n falch iawn o'r cyfle dwi wedi'i gael i ddechrau byw eto.

Pan ges i fy arestio yn Watford, doeddwn i ddim wedi newid fy nillad am flynyddoedd lawer. Doeddwn i ddim wedi molchi'n iawn am tua'r un cyfnod, na glanhau fy nannedd na dim byd felly. Un o'r pethau cyntaf yr oedd rhaid eu gwneud ar ôl symud i'r hostel oedd cael gwared â'r chwain. Yr ail beth oedd cael bàth, a dwi'n cofio'r warden yn rhoi cerydd i mi am nad oeddwn i wedi tynnu fy sanau. Ond mi oeddwn i wedi eu tynnu nhw, hynny o sanau oedd ar ôl, achos roeddan nhw wedi pydru ar fy nhraed i ac wedi cymysgu efo'r baw. Mi gymerodd oes i sgwrio'r budreddi oddi ar fy nhraed. Mi ydach chi'n colli pob sgrap o hunan-barch sydd ynddoch chi mewn amgylchiadau felly. Ond dwi ddim yn beio'r amgylchiadau. Dwi ddim yn defnyddio'r gair 'beio'. Dwi'n defnyddio'r gair 'cyfrifoldeb'. Ddaru neb fy ngorfodi fi i yfed, ddaru neb ei dywallt o i lawr fy nghorn gwddw, ddaru neb greu'r amgylchiadau yna ar fy nghyfer i – fi wnaeth hynny ar ben fy hun bach. Dwi ddim yn fy *meio* fy hun, ond dwi'n cymryd cyfrifoldeb llwyr am yr hyn a ddigwyddodd.

Mae hi'n rhy syml dweud fod un bennod wedi cau a phennod arall wedi agor pan stopiais i yfed. Yr un person ydw i rŵan ag oeddwn i yng nghanol y budreddi y bues i'n byw ynddo. Mae bywyd wedi symud ymlaen, dwi wedi dod yn ôl at fy nghoed, diolch i'r drefn, ond yr un person ydw i rŵan ag oeddwn i yn 1985. Dwi mor obsesiynol ag y bues i erioed ond mae'r obsesiwn wedi newid bellach. Cadw diafol y botel dan reolaeth ydi o rŵan.

Yn 2013 mi recordiodd BBC Cymru raglen ddogfen amdanaf. *Gadael y Gwter* oedd ei theitl, ac yn ystod y ffilmio mi ges gyfle i gyfarfod Sarjant Seecombes eto, am y tro cyntaf ers ugain mlynedd, a dweud diolch wrtho. Roedd hwnnw'n brofiad reit emosiynol i mi. Iddo fo, doeddwn i'n neb ond un o'r cannoedd neu filoedd o bobol yr oedd o wedi eu rhoi dan glo yn ystod ei yrfa. Ond roedd fy nyled i iddo fo'n anferthol. Ro'n i'n teimlo hynny ar y pryd hefyd, i'r graddau fy mod wedi gwneud pwynt o gael gwybod pwy oedd o, ac wedi anfon cerdyn Nadolig ato bob blwyddyn ers hynny. Mi ddaeth 'na lwmp i fy ngwddw i pan wnaethon ni gyfarfod eto, yn enwedig pan ddeallais ei fod wedi cadw pob un o'r cardiau Nadolig, a'i fod o yn fy nghofio fi. Wrth i mi ddiolch iddo mi ddywedodd nad oedd wedi gwneud dim byd arbennig efo fi, dim ond yr un peth ag yr oedd o wedi'i wneud efo cannoedd o rai tebyg i mi. Os oedd ganddo fo amser mi oedd o'n cael sgwrs efo nhw, ac yn rhoi dipyn o gyngor iddyn nhw. Naw gwaith allan o ddeg fasan nhw ddim yn gwrando ar ei gyngor o, medda fo, ond roedd o'n falch iawn fy mod i'n un o'r eithriadau. Doeddwn i ddim yn sylweddoli ar y pryd fod ei ferch wedi priodi bachgen o Gaergybi, sy'n tanlinellu pa mor fychan ydi'r byd 'ma.

Tra oeddwn i'n byw yn yr hostel mi ddechreuais gynnig am swyddi, ond roedd y llythyrau cais bron iawn fel pe bawn i'n sgwennu cyffes i egluro'r *career break*, y blynyddoedd coll yn fy ngyrfa ac yn fy mywyd. Roedd un cais tua ugain tudalen o hyd! Roedd o'n rhan o'r catharsis am wn i – disgyn ar fy meiau, derbyn fy ngwendidau a chydnabod beth oedd wedi mynd o'i le. Mae alcoholiaeth yn salwch. Mae alcohol i bobol o anian arbennig yn wenwyn, a dyna un rheswm y cytunais i wneud y rhaglen *Gadael y Gwter*. Dwi ddim ar unrhyw genhadaeth i ddweud wrth bobol am roi'r gorau i yfed. Does gen i ddim diddordeb yn hynny. Fel arfer mae'r Pêr Ganiedydd, William Williams, Pantycelyn wedi crynhoi'r peth yn well na neb, mewn cyd-destun gwahanol wrth gwrs:

> Yr hyn i un sydd wenwyn, a lleiddiad byr di-ball,
> Sydd feddyginiaeth ryfedd ac ymborth iach i'r llall;
> Yr hyn sydd yn amheuthun a melys iawn ei flas,
> I'r llall sydd frwnt a drewllyd, a ffiaidd iawn a chas.

Un diwrnod mi welais yn y papur newydd fod Ann Clwyd wedi cael y sac gan Tony Blair o Gabinet yr Wrthblaid. Fel y prif ladmerydd dros hawliau'r Cwrdiaid, roedd hi wedi mynd ar ymweliad â Chwrdistan heb ganiatâd y blaid. Ond ro'n i'n teimlo bod hyn braidd yn annheg ac mi sgwennais lythyr cefnogol ati, yn ei siarsio hi i ddal ati. Ydi, dwi'n gwybod ei bod hi'n eironig ar y diawl fy mod i o bawb yn awgrymu'r ffasiwn beth wrth rywun fel hi, ond dyna fo. I ni yng Nghymru Aelod Seneddol Cwm Cynon ydi Ann Clwyd, ond yng nghyswllt y Blaid Lafur mae hi'n ffigwr sylweddol, ac wedi bod ers blynyddoedd. Mi safodd am ddirprwy arweinyddiaeth y blaid ar un adeg, er enghraifft, felly dydan ni ddim yn sôn am gynghorydd plwy dwy-a-dimai yn fan hyn – pob parch i gynghorwyr plwy, dwy-a-dimai neu beidio.

Mae'n debyg fod fy llythyr wedi creu argraff arni, achos mi wnaeth hi ymholiadau pellach. Mi ges i alwad ffôn i'r hostel yn fy ngwahodd i fynd i Dŷ'r Cyffredin am sgwrs a phanad. Ond mi drodd y cyfarfod yn gyfweliad, ac o ganlyniad mi ges i gynnig swydd ganddi, i ddechrau ar y dydd Llun canlynol. Fedrwn i ddim credu'r peth. Mi fydda i'n lecio cyfeirio at y blynyddoedd coll hynny fel *career break*, ond efo *career break* mae rhywun yn disgwyl mynd yn ôl i'w waith ar ôl hyn a hyn. Doeddwn i ddim yn disgwyl hynny, felly roeddwn i ar ben fy nigon. Roedd 'na un amod: pe byddai unrhyw arogl alcohol arnaf, mi faswn i allan drwy'r drws yn syth.

Unwaith y mae dyn yn colli'i enw da, mae hi'n gythraul o job ei adennill, ac roeddwn i wedi colli popeth, gan gynnwys fy enw da. I gael fy nghymryd o ddifri eto, roedd rhaid ailadeiladu ac adfer hwnnw, ac i Ann Clwyd y mae'r diolch am osod y sylfaen i mi fedru gwneud hynny. Mi gefais help amhrisiadwy gan Sarjant Seecombes, mi gefais gyfle amhrisiadwy gan Ann Clwyd, ac mi fachais i ar y ddau a'u defnyddio nhw. Am wn i, roeddwn i wedi cyrraedd pen fy nhennyn ac roeddwn i'n gwybod o bosib mai hwn fyddai'r cyfle olaf y byddwn i'n ei gael. Diolch i Ragluniaeth fod pethau wedi digwydd fel y gwnaethon nhw.

Roedd cerdded i mewn i Dŷ'r Cyffredin i ddechrau gweithio i Ann yn brofiad rhyfedd ofnadwy, achos roeddwn i wedi cerdded heibio San Steffan sawl gwaith, yn enwedig ar nos Sul pan oedd hi'n dawel, ar y ffordd i orsaf Victoria i gysgu'r nos. Wrth gerdded heibio'r lle, byddwn yn aml yn f'atgoffa fy hun mai fy uchelgais fawr unwaith oedd dod i'r lle yma fel Aelod Seneddol, heb sylweddoli y byddwn i'n gweithio yno ymhen rhai blynyddoedd i un o Aelodau Seneddol mwyaf ymroddedig Cymru os nad Tŷ'r Cyffredin.

Dwi'n cofio'r bore cyntaf yn iawn, a finnau'n eistedd yn y Central Lobby, Piccadilly Circus y Senedd. Ar y nenfwd yn fan'no mae 'na lun o seintiau Prydeinig: Andrew, Patrick, George a Dewi, a dwi'n cofio'n iawn syllu ar y llun, a myfyrio ar y ffaith 'mod i wedi cyrraedd lle'r oeddwn i isio'i gyrraedd, ond mewn amgylchiadau tra gwahanol.

Gan fod ystod diddordebau swyddfa Ann Clwyd mor eang, roedd o'n lle difyr iawn i weithio, ac mi fwynheais y cyfnod yn arw. Gwirfoddoli yn y swyddfa'r oeddwn i ar y dechrau, gwneud te, ateb y ffôn, rhoi min ar bensal, y math yna o beth. Ond yn weddol sydyn mi ddechreuais gael mwy a mwy o gyfrifoldeb, ac ymhen dim roeddwn i'n drafftio cwestiynau seneddol, gwneud gwaith ymchwil a delio efo'r wasg. Mewn newyddiaduraeth mae cefndir Ann – hi oedd gohebydd Cymru i'r *Guardian* – a phan ddechreuais i yn ei swyddfa hi roeddan nhw'n gyrru tua saith neu wyth o ddatganiadau i'r wasg allan bob dydd. Ond doedd o ddim yn gweithio, felly mi benderfynais i mai'r ffordd orau oedd dewis un stori dda, gwneud y gwaith ymchwil, sgwennu'r stori, a finnau wedyn yn mynd draw i Oriel y Wasg lle mae'r cynrychiolwyr seneddol yn hel er mwyn ei 'gwerthu' i'r gohebwyr. Roeddwn i wedi gwneud y gwaith drostyn nhw. Roeddan ni'n cael un stori fawr i bapurau fel y *Guardian* a'r *Telegraph*, rhywbeth arall i'r papurau trymion ar y penwythnosau, rhywbeth i'r *Western Mail* unwaith yr wythnos, a rhywbeth i'r papur lleol yn etholaeth Ann, ac mi oedd hynny'n gweithio'n iawn.

Mae drafftio cwestiwn seneddol yn grefft, achos mae

angen i bob gair fod wedi'i ddewis yn ofalus, neu mae'r gweinidogion neu'r gweision sifil yn mynd i roi ateb arwynebol neu lythrennol. Mae'n rhaid i'r cwestiwn gael ei eirio yn y fath ffordd fel nad oes modd i'r ateb fod yn amwys a niwlog, neu'n gynnil efo'r gwirionedd. Mi o'n i'n drafftio dwsinau o gwestiynau bob dydd. Roedd iawndal i'r glowyr yn bwnc pwysig, ac mi wnes i lawer o waith ymchwil a chysylltu efo'r wasg ynglŷn ag o. Roedd yr hen waith Phurnacite yn Aberdâr yn bwnc dadleuol, ac mae'n rhywbeth sydd heb ei ddatrys yn llwyr o hyd. Mae'r anghydfod yn ymwneud ag amodau iechyd a diogelwch yn y gweithle, lle'r oeddan nhw'n gwneud tanwydd di-fwg. Enillodd rhai o'r gweithwyr iawndal mewn achos yn yr Uchel Lys yn 2012 ar y sail nad oedd cwmni British Coal wedi eu diogelu'n ddigonol rhag niwed i'w hiechyd. Wedyn roedd Ann yn arbenigo mewn nifer o bynciau rhyngwladol, megis problemau hawliau dynol a gwerthu arfau, er enghraifft y fasnach arfau rhwng cwmnïau Prydeinig a llywodraeth unbeniaethol Indonesia. Ac roedd ganddi ddiddordeb mawr yn achos y Cwrdiaid yn Irac.

Pan ddechreuais i weithio iddi roedd ganddi un swyddfa yn Llundain ac un yn yr etholaeth. Doedd yr un yn Llundain ddim mwy na thwll dan grisiau, ond roedd 'na dri ohonon ni'n gweithio yno. Roedd rhai Aelodau Seneddol mor hunanbwysig fel bod rhaid iddyn nhw gael swyddfeydd mawr crand, ond does 'na ddim mawredd yn perthyn i Ann o gwbl; roedd hi wedi arfer gweithio mewn stafell newyddion, neno'r tad. Gyferbyn â San Steffan mae 'na adeilad newydd sbon ond mi wrthododd hi gael swyddfa yn fan'no am ei fod yn rhy bell oddi wrth bob dim arall, er mai

Hen lun o bentref Llangoed ar Ynys Môn

Ydi o am wenu ar gyfer y camera?
Y John ifanc

John a'i gath

John yn wyth oed

John a'i fam, Norma

*John a'i gyd-ddisgyblion yn Ysgol Gynradd Llangoed gyda'u hathrawes, Miss Prydderch.
Mae John yn eistedd yn y rhes flaen, y trydydd o'r chwith*

Yn ddiwyd wrth ei waith yn Ysgol Gyfun David Hughes, Porthaethwy

Cymdeithas Ddadlau Ysgol David Hughes gyda gwestai arbennig, Dr R. Tudur Jones, yn eistedd wrth ymyl y Prifathro, W. Sidney Evans, yng nghanol y llun. John sy'n eistedd ar y chwith i'r Prifathro

John wrth ei waith yn ei swyddfa yn San Steffan
tra roedd o'n gweithio i Ann Clwyd

Tad John, Ronnie

Yn gweithio'n brysur yn ei fflat yn Llundain

John yn cyfweld Ann Clwyd

John yng nghanolfan y BBC ym Mryn Meirion, Bangor

Anti Ruth, a fu'n sgwrsio am Hedd Wyn gyda John

Llun: Keith O'Brien

Aduniad Cymdeithas Ddadlau Ysgol David Hughes.
Mae John yn sefyll y tu ôl i sylfaenydd y Gymdeithas, Mr R. Arwel Jones

Cael hwyl ar faes yr Eisteddfod yng nghwmni'r Parchedigion John Pinion Jones a Harri Owain Jones

John a Sulwyn ar faes yr Eisteddfod gyda Ann Stewart (chwith) a Sarah Gibson

John a Bethan Rhys Roberts yn ystod ffilmio'r rhaglen Gadael y Gwter

dim ond canllath oddi wrth y prif adeilad oedd o. Roedd hi isio bod yn ei chanol hi er mwyn cadw golwg ar bopeth oedd yn digwydd yng nghalon y lle. Yn y caffis a'r tafarnau o gwmpas San Steffan mae 'na gloch i alw Aelodau Seneddol i bleidleisio, ac mae gynnon nhw wyth munud i gyrraedd cyn i'r drysau gau, felly roedd hynny'n rheswm hefyd. Mi gafodd hi swyddfa yn edrych allan dros y teras, fawr mwy na'r swyddfa oedd ganddi'n barod. Roedd dau o'r staff yn fan'no, ac mi gefais innau ddesg yn yr hyn oedd yn cael ei alw'n 'Lower Ground Floor', sef y selar mewn geiriau eraill. Yn fan'no mi oedd 'na groestoriad o bobol oedd yn gweithio i wahanol Aelodau Seneddol o bob plaid. Mi wnes i lawer o ffrindiau trawsbleidiol yno. Roedd fy nesg i, er enghraifft, gyferbyn â desg y ddynes oedd yn gweithio i'r annwyl Dennis Skinner.

Mi ddaeth Ann i lawr un diwrnod a dweud wrtha i fod ganddi gyfarfod efo'r Prif Weinidog am ddau o'r gloch, a'i bod hi am i mi drefnu fod llythyr pwysig yn cael ei brintio. Doedd 'na ddim llawer o amser i'w sbario, felly mi es â fo i gael ei deipio'n syth, a dychwelyd i'w nôl o ychydig wedyn cyn mynd ar ras i'r Members' Entrance efo'r llythyr, ac i mewn i dacsi efo Ann i fynd i Downing Street. O fewn tua phum llath dyma hi'n gweiddi: 'Stop the car!'

'Be sy?' medda fi'n ddiniwed i gyd.

'Alla i ddim mynd â hwn i'r Prif Weinidog!'

'O? Pam?'

'Sbïwch arno fo . . .'

Dwi ddim yn deall fawr ddim am gyfrifiaduron, ond roeddwn i'n deall llawer iawn llai bryd hynny. Mae 'na fersiwn Americanaidd o'r meddalwedd gwirio sillafu sy'n wahanol i'r fersiwn Prydeinig, a'r un Americanaidd oedd ar ein cyfrifiaduron ni yn y swyddfa. Roedd y llythyr yn tynnu sylw at broblemau'r Cwrdiaid yn Irac, ac roedd o'n cynnwys 37 o gyfeiriadau at y Cwrdiaid. Ond yn anffodus, roedd y gwiriwr sillafu wedi newid pob 'Kurd' yn 'Turd' . . . efo 'T' fawr a phob 'Kurds' yn 'Turds'! Roedd o hefyd wedi newid pob cyfeiriad at Saddam Hussein yn 'Soddom Hussein'. Felly, mi es i'n ôl i'r swyddfa efo fy nghynffon rhwng fy nghoesau, ac roedd rhaid i mi gerdded i lawr i Downing Street efo llythyr newydd. Mae tua ugain mlynedd ers hynny, ac mae Ann, a Jean Fitzgerald sy'n gweithio yn ei swyddfa hi, yn dal i dynnu fy nghoes i am y peth hyd heddiw. Ond mae fy niolch i'r ddwy yn anferthol am fy nghael i'n ôl i drefn. Pan ydach chi wedi byw'r math o fywyd anystywallt yr oeddwn i wedi'i fyw, tydi'r syniad o strwythur ddim yn bod. Cyrraedd y gwaith am naw o'r gloch, wedi molchi ac yn gwisgo crys glân, ac wedyn aros yno tan amser mynd adref – wel, doedd y math yna o beth ddim yn rhan o fy mywyd i. Ond os ydach chi'n gweithio mewn lle fel y Senedd, mae'n rhaid i chi gael trefn, a Jean ddaru wneud yn siŵr fod gen i strwythur i fy mywyd. Dwi ddim yn ddyn disgybledig hyd yn oed rŵan, ond Jean sy'n gyfrifol am swcro hynny o hunanddisgyblaeth sydd gen i.

Y drefn ddyddiol oedd fod Ann yn dod i mewn bob bore am wyth, roedd hi'n cael ei brecwast ac ro'n i'n cyrraedd yno erbyn tua 9.30. Roeddan ni'n cael cyfarfod, lle'r oeddwn i'n gorfod paratoi rhestr o bethau i'w gwneud. Wedyn ro'n i'n mynd i fy swyddfa, neu ble bynnag, i afael ynddi efo'r rhestr. Roeddan ni'n cael cyfarfod arall cyn cinio i adrodd lle'r oeddwn i wedi cyrraedd efo'r rhestr, ac roedd 'na gyfarfod terfynol tua 4.30 i 5.00 y pnawn, lle'r oeddan ni'n mynd drwy'r rhestr eto gan dicio popeth oedd wedi ei wneud. Roeddwn i'n gorfod rhoi eglurhad am y pethau nad oeddwn i wedi'u gwneud, ac roedd y rheiny'n cael eu trosglwyddo i restr y bore wedyn. Ac fel dwi'n dweud, drwy hynny mi wnes i ddysgu hynny o hunanddisgyblaeth sydd gen i.

Dwi'n cofio cael rhybudd un diwrnod i fod yn y swyddfa erbyn 11.00 y bore i gyfarfod Llysgennad America, a'i osgordd ddiogelwch. Ond doeddwn i ddim wedi gwisgo'n addas, achos wyddwn i ddim beth oedd yn digwydd tan ei bod hi'n rhy hwyr. Roedd hi'n wyliau haf ar y Senedd, ac roeddwn i wedi gwisgo fel taswn i'n mynd i ben yr Wyddfa neu i lan y môr. Hefyd, roeddwn i wedi bod allan am smôc sydyn, ac wedi diffodd y sigarét ar ei hanner a rhoi'r stwmp tu ôl i fy nghlust, fel yr oedd Taid yn arfer ei wneud. Mi ges i gerydd y diawl gan Ann am hynny – ymddangos o flaen gwestai pwysig wedi gwisgo'n flêr ac i goroni'r cyfan efo stwmp sigarét tu ôl i fy nghlust fel rhyw drempyn!

PENNOD 11

Ar Stondin y dyn ei hun ac yn ôl ar strydoedd Llundain

O ran gyrfa, yr eironi mawr pan ddechreuais i weithio fel gohebydd seneddol i'r BBC yn San Steffan yn 1999 oedd mai mynd i'r Senedd oedd fy uchelgais i erioed – ond fel Aelod Seneddol. A'r eironi arall oedd, fel y soniais eisoes, bob nos Sul pan oeddwn i'n ddigartref, roeddwn i'n arfer cysgu yng ngorsaf drenau Victoria, sydd gerllaw'r Senedd. Y rheswm am hynny oedd ei bod hi'n dawel yno ar nos Sul. Mi oedd trefniadau diogelwch mewn gorsafoedd yr adeg honno, yn llawer iawn mwy llac nag ydyn nhw heddiw. Roedd mynd i orsaf drenau yn beth eitha rhwydd bryd hynny. Cyn belled â bod rhywun yn cadw'i hun iddo fo'i hun a ddim yn cambihafio, roedd o'n cael llonydd y rhan fwyaf o'r amser. Y drefn fel arfer i mi oedd cerdded o ganol y ddinas i lawr Whitehall, heibio Downing Street, a heibio'r Senedd ar y llaw chwith, gan feddwl sawl tro: 'Fan'na

132

oeddwn i isio mynd ar un adeg . . .', heb wybod ar y pryd y buasai'r cyfle yn codi, er y byddai'n wahanol i fy mreuddwyd wreiddiol.

Ar ôl cyfnod difyr yn gweithio i Ann Clwyd, dychwelyd i Gymru wnes i. Mi o'n i wedi bod yn gweithio yn ôl efo'r BBC yng Nghaerdydd ers mis Tachwedd 1997 ac mi gymerodd Aled Eirug, Pennaeth Newyddion BBC Cymru, gythraul o risg yn fy nghymryd i'n ôl efo fy record i. Dwi'n gwybod fod Aled – a Garffild Lloyd Lewis a oedd yn Bennaeth Newyddion Radio Cymru yr adeg honno – wedi cael eu beirniadu'n hallt gan nifer o bobol yn y Bîb ar y pryd, felly mae fy nyled i'n fawr iddyn nhw.

Mi oeddwn i dan yr argraff fy mod i ar ryw fath o flaclist gan y BBC yn dilyn yr hyn ddigwyddodd flynyddoedd ynghynt, ac felly fy nheimlad i oedd nad oedd pwrpas i mi gynnig am swyddi efo nhw eto. Ond roeddwn i'n dyheu am fynd yn ôl i fyd newyddiadura a darlledu, felly mi sgwennais at Aled Eirug yn gofyn iddo fo gadarnhau fy mod i ar y blaclist, ac nad oedd unrhyw bwynt i mi gynnig am swyddi. Roeddwn i isio cau pen y mwdwl . . . isio gorffen y bennod a symud ymlaen. Ond tan fy mod i'n gwybod i sicrwydd, roedd y peth yn dal i gnoi yn fy meddwl i. Mi ges i lythyr yn ôl gyda throad y post gan Aled yn dweud nad oedd ffasiwn beth â blaclist gan y BBC, a bod croeso i mi gynnig am unrhyw swydd, unrhyw bryd. Roedd hyn yn newyddion ffantastig i mi, wrth gwrs. Ond y ffordd y gwnes i ddadansoddi'r peth ar y pryd oedd fy mod i'n gweithio i Ann Clwyd, roedd y BBC yn gwybod fy mod i'n gweithio i Ann Clwyd, a tasan nhw'n cadarnhau bod 'na flaclist, yna mi fasa hi'n cydio yn hynny a chodi twrw am y peth. Ella fy mod i'n anghywir, ond dyna aeth drwy fy meddwl i ar y pryd.

Ta waeth am hynny, y peth pwysig oedd fod hyn yn rhoi gobaith i mi, ac mi gynigiais am swydd yn syth. Mi oedd hi'n wyliau haf ar y Senedd ar y pryd, ac felly wnes i ddim sôn wrth Ann o gwbl – yn rhannol am nad oeddwn isio defnyddio'i henw hi rhag i rywun gael cyfle i edliw'r peth. Ond ches i mo'r swydd p'run bynnag. Mi gynigiais am ddwy neu dair o rai eraill wedyn, ac un diwrnod mi ges i alwad ffôn gan Garffild yn dweud ei fod o isio i mi ddod yn ôl, ond mai'r unig beth oedd ar gael ar y pryd oedd swydd 'BA' – 'Broadcast Assistant' – reit yng ngwaelod y domen.

'Efo dy brofiad di,' meddai, 'dwi ddim yn meddwl y basa gen ti ddiddordeb yn hynny, ond os wyt ti isio amser i feddwl am y peth . . .'

'Dal dy ddŵr,' medda fi, gan gyfri yn fy mhen . . . un, dau, tri, pedwar, pump . . . 'Iawn. Dwi wedi meddwl am y peth. Pryd ga i ddechrau?'

Mi enillodd Llafur fuddugoliaeth hanesyddol, ysgubol yn etholiad cyffredinol mis Mai 1997, a'r cytundeb oedd fy mod i'n aros efo Ann i helpu efo'r refferendwm datganoli a oedd i ddigwydd ym mis Medi, ac mi fues i lawr yng Nghwm Cynon yn gweithio fel rhan o'r ymgyrch 'Ie'. Mae 'na un stori ddoniol o'r cyfnod hwnnw. Mae Cwm Cynon yn dal yn gwm digon Cymreigaidd, ac roeddan ni'n cael ymateb da wrth ganfasio yno. Ond un diwrnod mi gawson ni alwad ffôn gan y Blaid Lafur yn Llundain yn dweud eu bod yn gyrru dau lond bws o wirfoddolwyr i lawr i roi help llaw i ddosbarthu taflenni. Roeddan ninnau i fod i'w cyfarfod nhw yng nghanol Aberdâr ar amser penodedig.

Ond pan gyrhaeddon nhw dyma tua hanner cant o bobol o dras India'r Gorllewin yn dod oddi ar un o'r bysus. Roeddan nhw'n aelodau o ryw gôr efengylaidd – o Lambeth dwi'n meddwl – ac mi ddechreuon nhw ganu yn y fan a'r lle yn y maes parcio. A dyma Jean Fitzgerald, sy'n gweithio i Ann, yn dechrau rowlio chwerthin.

'What the hell's wrong with you?' medda fi.

'The last time I saw so many black faces here in the Cynon Valley they were coming up from the pit for God's sake!' meddai.

Dyma roi'r taflenni iddyn nhw a threfnu i'w cyfarfod yn ôl yn y maes parcio am bedwar o'r gloch. Ond erbyn pedwar o'r gloch doedd 'na ddim golwg ohonyn nhw yn unman. Erbyn pump o'r gloch, a dim golwg o'r côr o hyd, roedd hi'n bryd mynd allan i chwilio amdanyn nhw rhag ofn eu bod nhw ar goll neu rywbeth. Dilyn ein clustiau wnaethon ni yn y diwedd, achos roedd y côr yn cadw cyngerdd byrfyfyr ar ben stryd yng nghanol Aberdâr, a'r lle'n orlawn yn gwrando arnyn nhw. Mi roddon nhw hwb mawr i ni, a dwi'n meddwl mai dyna pam yr oedd y bleidlais 'Ie' mor iach yng Nghwm Cynon.

Ar ôl y fuddugoliaeth yn y refferendwm ar 18 Medi 1997, mi ddathlais i yn fy ffordd fy hun, heb alcohol wrth gwrs, ond roedd Ann a finnau i fod i ddychwelyd i Lundain fore trannoeth, felly roeddan ni'n gorfod cadw golwg ar y cloc. Ond mi aeth hi'n noson hwyr iawn wrth reswm, ac o ganlyniad roeddan ni'n hwyr yn codi, ac yn ffodus i ni, mi gollon ni'r trên. Dwi'n dweud 'yn ffodus i ni' . . . doedd eraill ddim mor ffodus, achos fel yr oedd y trên hwnnw'n nesáu at ddiwedd ei daith mi fuodd mewn gwrthdrawiad â thrên arall ger gorsaf Southall. Bu farw chwech o bobol a chafodd dros 150 eu hanafu. Mae'n debyg fod y gyrrwr wedi methu dau signal coch, o bosib am ei fod wedi pendwmpian. Hyd yn oed wedyn, roedd systemau diogelwch i fod i rwystro damwain ond roedd un wedi'i diffodd ar y pryd, a'r ail wedi torri. Oedd, roedd ffawd yn gwenu arnon ni'r diwrnod hwnnw. Ond mi greodd y newyddion banics llwyr i'r bobol oedd yn agos atom gan nad oedd amheuaeth gan Jean Fitzgerald a fy mhartner Mark ein bod ni ar y trên. Mi gysyllton ni efo nhw cyn gynted ag y clywson ni beth oedd wedi digwydd. Roedd Ann a finnau'n dal yng ngorsaf Caerdydd yn disgwyl y trên nesaf, ac wrth gwrs, doedd y trenau ddim yn mynd i le yn y byd oherwydd y ddamwain.

Felly, ym mis Tachwedd y flwyddyn honno y dechreuais i'n ôl efo'r BBC. Ro'n i wedi cael degawd ar gyfeiliorn, ac ro'n i'n credu fod fy nghyfle wedi mynd am byth. Ond mae'n rhaid bod rhywun yn rhywle yn edrych ar fy ôl i. Mi ges i wahoddiad i ymuno efo tîm *Stondin Sulwyn* ac mi oedd Ann wedi gwirioni efo hynny, achos roedd ei gŵr hi, y diweddar Owen Roberts, yn arfer bod yn Bennaeth Newyddion TWW ar un adeg a fo roddodd ei swydd gyntaf i Sulwyn ym myd darlledu. Cyn hynny roedd Sulwyn wedi bod yn newyddiadurwr ar bapurau newydd llwyddiannus y *Carmarthen Journal* a'r *Llanelli Star*.

Swydd fel ymchwilydd ges i ar ôl ailymuno. Hon oedd y swydd y soniodd Garffild amdani, ond ar ôl tua thri mis ces wahoddiad i gynhyrchu'r rhaglen. Mi oeddwn i wedi bod allan o Gymru am gyfnod reit hir, a doeddwn i ddim wir yn gwybod beth oedd y pynciau a'r achosion oedd yn corddi pobol, a phwy erbyn hyn oedd y bobol o ddiddordeb yng

Nghymru. Ond mi oedd gweithio ar y *Stondin* yn gyfle anhygoel i ddysgu'r pethau yma ac i ddod i adnabod pobol. Mi oedd yr amrywiaeth o straeon yr oeddan ni'n delio â nhw mor eang nes fod rhywun yn dod i adnabod pobol ym mhob maes y medrwch chi feddwl amdano, bron iawn.

Roedd gynnon ni raglen awr o hyd i'w llenwi bob dydd, a doeddwn i byth yn mynd i mewn yn y bore gan wybod fod y rhaglen wedi'i llenwi. Ro'n i'n mynd i mewn fwy neu lai efo dalen lân o bapur, felly mi oedd hi'n dipyn o her. Mi oeddwn i'n cael sgwrs efo Sulwyn am naw o'r gloch bob bore, penderfynu pa straeon yr oeddan ni am eu gwneud ac wedyn sgwrs arall am un ar ddeg i weld lle'r oeddan ni. Roedd angen tri phwnc a phedwar neu bump o siaradwyr ar bob un – tua phymtheg o siaradwyr bob dydd, felly mi oedd hi'n dasg enfawr. Ond ro'n i'n lwcus iawn yn y criw oedd yn gweithio efo fi. Mi oedd llawer ohonyn nhw'n dod i mewn ar brofiad gwaith, ac mae nifer ohonyn nhw wedi gwneud yn dda iawn drostyn nhw'u hunain – Hywel Griffiths, er enghraifft, gohebydd rhwydwaith y BBC yng Nghymru, ac Illtud ab Alwyn, un o newyddiadurwyr ymchwiliadol gorau'r BBC bellach. Yr ysgrifenyddion wedyn, Ann Stewart a Wendy Price. Mi fues i'n gweithio efo Ann yn fy nyddiau efo *Newyddion 7*, ac roedd gen i feddwl y byd ohoni. Roedd Wendy'n wych ac yn gaffaeliad mawr mewn unrhyw argyfwng.

Doeddwn i ddim yn hoffi rhaglenni oedd wedi eu recordio yn y stiwdio. Rhaglen pobol oedd *Stondin Sulwyn*, a doedd 'na ddim byd gwell na mynd â'r rhaglen allan ar y lôn – yr Eisteddfod Genedlaethol, Sioe Llanelwedd, a theithiau arbennig y rhaglen yn cenhadu o gwmpas y wlad.

Roedd gen i le i ddiolch i Wendy un flwyddyn yn y Sioe, pan oeddan ni'n brin o siaradwyr. Roedd 'na ddigon o bynciau, ond dim siaradwyr. Bob amser cinio yn y Sioe mae 'na wahanol dderbyniadau a chiniawau a ballu, ac wrth gwrs mae'r *movers and shakers* i gyd yn mynd iddyn nhw, ac felly doedd neb ar gael. Roedd hi'n banics braidd arnon ni, a dyma Wendy'n dweud: 'Yli, gad o i mi', ac allan â hi. Ymhen rhyw ugain munud mi ddaeth yn ôl yn union fel mam hwyaden efo'i chywion – Wendy yn y tu blaen a thua dwsin o ffarmwrs yn ei dilyn hi, pob un yn awyddus i gymryd rhan, ac mi gawson ni raglen werth chweil.

Roedd hi'n goblyn o raglen hwyliog i weithio arni. Roedd 'na berthynas dda rhwng pawb, ac er ei bod hi'n gallu bod yn anodd ar brydiau, roedd hi'n hwyl y rhan fwyaf o'r amser. Mae pobol yn cyfeirio ati fel 'Y Stondin', ond i mi 'Stondin Sulwyn' oedd hi. Natur a phersonoliaeth Sulwyn oedd yn gwneud y rhaglen, ac i mi mae Sulwyn yn un o brif ddarlledwyr y Gymru Gymraeg. Roedd ganddo ddawn brin efo pobol. Doedd o ddim yn waldio, doedd ganddo fo ddim pastwn, ond roedd o'n gynnil ac yn gyfrwys. Roedd o'n f'atgoffa o rywun yn dal pysgodyn mewn afon heb ddefnyddio gwialen: dim ond rhoi ei law yn y dŵr, cosi bol y 'sgodyn yn araf bach, ac yna pan oedd o'n dechrau ymlacio – BANG! Roedd Sulwyn wedi'i gael o. Ac mi oedd ei weld o wrth ei waith fel gwylio dosbarth meistr. Mae fy nyled iddo fo yn aruthrol.

Ond unwaith yr oedd o wedi dechrau chwerthin, neu giglo, doedd 'na ddim stop arno fo, ac mae un esiampl yn sefyll allan ben a 'sgwyddau uwchben unrhyw un arall. Roedd hi'n fore distaw am straeon, dim byd o gwbl yn digwydd. Yr unig beth addawol oedd trafodaeth yn y Senedd ynglŷn ag oed cydsynio i ddynion hoyw. Ond fel blaenor efo'r Annibynwyr, doedd Sulwyn ddim yn rhy awyddus i fynd ar ôl y stori, a dwi'n deall hynny'n iawn o ran ei genhedlaeth ac ati.

'Yli,' medda fi, 'ffeindia di bwnc neu stori arall cyn un ar ddeg o'r gloch, ac mi wnawn ni hwnnw.'

Iawn, a dyna fu. Ond mi ddaeth un ar ddeg ac mi aeth un ar ddeg, ond ddaeth 'na ddim stori arall i'r fei. Beth wnaethon ni oedd cael Bethan Rhys Roberts, a oedd yn ohebydd seneddol ar y pryd, i wneud *scene-setter,* sef gosod y cefndir ynglŷn â'r hyn oedd yn digwydd y diwrnod hwnnw yn y Senedd, ac wedyn roeddan ni'n gobeithio y byddai llwythi o bobol yn ffonio i mewn, ac yn gweddïo hefyd y basa pethau'n poethi. Mi ddechreuodd y rhaglen, mi gawson ni'r *scene-setter*, ond doedd neb yn ffonio, felly roedd y *scene-setter* yn mynd ymlaen, ac ymlaen, ac ymlaen. Dwi'n siŵr ei fod o wedi para tua ugain munud, neu roedd hi'n teimlo felly ar y pryd. Mi fasa Sulwyn wedi gwneud gwerthwr ceir ffantastig, achos roedd o'n medru gwerthu stori, ac yn medru bachu diddordeb, ond doedd neb yn bachu efo hon am ryw reswm. Yn y diwedd dyma'r ffôn yn canu, a finnau'n ateb, a'r llais 'ma'n dweud: 'Dwi'n methu dallt pam dach chi'n rhoi sylw i'r pwnc yma, wir.' Wnes i ddim dweud, 'Am ein bod ni'n desbret, siŵr iawn!', dim ond dweud fod y pwnc yn cael sylw yn y Senedd ac mai dyna pam yr oeddan ni'n ei drafod o, am ei fod felly o ddiddordeb i wrandawyr *Stondin Sulwyn*. Wrth lwc, roedd y gŵr bonheddig yn fodlon mynd ar y rhaglen i leisio'i farn, chwarae teg iddo fo. Mi ailadroddodd yr un gŵyn wrth

Sulwyn, ac mi eglurodd Sulwyn ein rhesymeg, yn union fel y gwnes i.

'Ia, dwi'n dallt eu bod nhw'n ei drafod o yn y Senedd,' meddai'r dyn, 'ond methu dallt ydw i pam eich bod chi'n rhoi sylw i'r pwnc 'ma yng nghyd-destun dynion, ond dydach chi byth yn trafod y peth yng nghyd-destun merched . . .'

Roeddwn i'n dechrau poeni i ble'r oedd y sgwrs 'ma'n mynd rŵan.

'Dydach chi ond yn sôn am wrywgydwyr,' meddai'r dyn.

'Wel,' meddai Sulwyn, 'hyd y gwn i does dim gair Cymraeg am *lesbians*.'

'Wel oes, siŵr iawn,' meddai'r dyn mewn fflach.

'Beth yw e 'de?' meddai Sulwyn.

'Gwrywgydwyr ydi'r dynion, a *girlie*-gydwyr ydi'r merched . . .'

Wel, mi ddechreuodd Sulwyn giglo'n afreolus, ac mae o'n giglwr heb ei ail unwaith mae o'n dechrau. Mi ddaliodd i giglo'n ysbeidiol fwy neu lai drwy'r rhaglen.

Mae'r *Stondin* – neu *Taro'r Post* fel ag ydi hi heddiw – yn trafod amrywiaeth anhygoel o straeon. Ond weithiau, yn hollol annisgwyl, mae'r pethau lleiaf yn gallu corddi'r dyfroedd, pethau sy'n ymddangos yn weddol ddiniwed ar yr wyneb. Mi aeth hi'n ffrae un tro, a barodd am tua wythnos, a'r cyfan ynglŷn â blocyn o bren! Mi ffoniodd rhywun ni ar fore Llun yn dilyn eisteddfod neu Rali Genedlaethol y Ffermwyr Ifanc yn Llanelwedd. Un o'r cystadlaethau oedd naddu blocyn o bren. Ac ar y funud olaf, yn ôl y boi ar y ffôn, roedd y beirniad wedi newid y rheolau, nes bod holl waith paratoi y cystadleuwyr wedi mynd yn ofer. Mi aeth y ffrae ymlaen am wythnos gyfan, a thanio o'r newydd ar y bore Llun canlynol, nes bod rhaid inni roi stop arni yn y diwedd rhag i bobol eraill ddiflasu. Ia, rhaglen pobol oedd hi. Roedd 'na gymeriadau'n ffonio'n rheolaidd ac roedd 'na groeso mawr iddyn nhw, wrth gwrs. Mi oedd 'na ychydig eiliadau cyn i'r hyn oedd yn cael ei ddweud ar y ffôn fynd allan ar yr awyr, ac felly roedd 'na gyfle i dynnu'r plwg, fel petai, pe bai rhywun yn dweud rhywbeth enllibus neu beth bynnag. Trwy lwc ddaru o erioed ddigwydd i mi.

PENNOD 12

Digwyddiad hanesyddol a phellgyrhaeddol

Enillwyd y refferendwm ar ddatganoli yn 1997 o drwch blewyn, ac un peth sy'n aros yn y cof i nifer o bobol am y noson fythgofiadwy honno yw perfformiad y gohebydd John Meredith. Mae hwnnw wedi ei anfarwoli bellach yn y llyfrau hanes. Os nad oeddech chi'n rhan o'r cyffro ar y noson am ba reswm bynnag, mi wna i'ch atgoffa o'r digwyddiadau anhygoel. Mae'n stori sy'n werth ei hailadrodd drosodd a throsodd p'run bynnag. Wrth i'r cyfrif ddirwyn i ben roedd hi'n edrych yn debygol iawn mai boddi yn ymyl y lan fyddai gobeithion datganoli Cymru. Ar ôl canlyniad Gwynedd roedd y garfan 'Ie' 16,000 ar ei hôl hi, a dim ond un canlyniad oedd i ddod – Caerfyrddin. Ond er bod gan y sir honno record o ddarparu tensiwn etholiadol heb ei ail (chwi gofiwch frwydrau agos Gwynoro a Gwynfor yn y saithdegau), doedd neb yn disgwyl i Sir Gâr sicrhau buddugoliaeth y noson honno. Ond roedd John Meredith yn y fan a'r lle, ac roedd o wedi cael achlust fod hanes ar fin cael ei greu, ac er na fedrai gyhoeddi hynny wrth y genedl am nad oedd y canlyniad yn swyddogol eto, roedd o wedi clywed digon i fedru awgrymu'n gryf – yn fyw ar yr awyr ychydig cyn 4.45 y bore – mai Ron Davies a'r garfan 'Ie' fyddai'n dathlu y noson honno. Roedd cyn-ohebydd y BBC, y diweddar Hefin Edwards, yn gweithio fel swyddog y wasg i Gyngor Sir Caerfyrddin ar y pryd, a fo sibrydodd yng nghlust John Meredith y gallai'r garfan 'Ie' brofi buddug-oliaeth. Fel unrhyw ohebydd gwerth ei halen roedd o ar dân isio cyhoeddi'r hyn yr oedd newydd ei glywed. Ond wrth gael ei holi gan Dewi Llwyd yn fyw ar yr awyr, yr unig beth fedrai o'i ddweud oedd fod y garfan 'Ie' yn edrych yn hapusach ar ôl clywed canlyniad Gwynedd. Ond pan aeth Dewi ymhellach, a holi a oedd John yn awgrymu fod canlyniad Caerfyrddin am fod yn ddigon i ennill y dydd i'r bleidlais 'Ie', ateb John oedd y byddai'n ateb y cwestiwn mewn un gair – 'Ydwyf!'

A dyna ddigwyddodd, wrth gwrs. Moment hanesyddol, a John Meredith gafodd sgŵp y ganrif yng nghyd-destun gwleidyddiaeth Cymru. Roedd John yn un o'r gohebwyr *patch* gorau y cefais i'r fraint o gydweithio â nhw. Gohebydd *patch* oedd o, ond wedi dweud hynny, y ffaith yw y bydd y byd yn cofio amdano ymhell wedi i mi a'm tebyg ddod i ben draw'n gyrfa a chyrraedd y fynwent oherwydd ei foment fawr ar noson y refferendwm.

Roedd gan y BBC uned wleidyddol cyn 1997, wrth gwrs. Roedd gynnoch chi bobol fel Vaughan Roderick, Glyn Mathias fel golygydd, a Karl Davies yn gynhyrchydd seneddol. Ond doedd 'na ddim presenoldeb gwleidyddol yng Nghaerdydd ar y pryd achos doedd dim angen un. Pan ddaeth y Cynulliad, roeddan ni ar drothwy cyfnod newydd cyffrous yn ein hanes, ac felly roedd rhaid i bethau newid, ac aethpwyd ati i sefydlu uned wleidyddol yng Nghymru gan greu tua phump ar hugain o swyddi. 'Cynhyrchydd Seneddol' dros dro oedd teitl fy swydd innau ar y pryd, ond trefnydd newyddion oeddwn i yn y bôn, a fi ydi'r trefnydd salaf dan haul. Dwi'n cael trafferth trefnu fy mywyd personol heb sôn am drefnu gwaith i neb arall. Ond yn fuan wedyn mi gafodd Bethan Rhys Roberts, y gohebydd seneddol yn San Steffan, swydd efo gwasanaeth rhyng-wladol y B.B.C., a dyna pryd y cefais innau'r gwahoddiad i fynd i Lundain i gymryd ei lle hi.

Roeddwn i wedi symud i Gaerdydd cyn i'r Cynulliad ddechrau ar ei waith – cyfnod cyffrous a charreg filltir fawr yn hanes Cymru. Roeddwn i wedi cymryd rhan yn yr ymgyrch 'Ie' a'i gwnaeth hi'n bosib datganoli grym o Lundain i Gaerdydd yn y lle cyntaf, ond doeddwn i ddim yn gweithio i'r BBC bryd hynny, felly roedd hi'n iawn i mi gymryd rhan. Oedd, roedd hi'n dynn yn y diwedd, ac roedd y mwyafrif yn fychan, ond mae unrhyw fwyafrif yn ddigon. Dyna ydi'r drefn mewn democratiaeth, a doedd dim pwrpas i neb gwyno am hynny wedyn, a cheisio hawlio nad oedd gan y garfan 'Ie' fandad digonol, fel y gwnaeth rhai o'r garfan 'Na'. Mi gymerais ran yn yr ymgyrch aflwyddiannus – a chwerw, ysywaeth – yn 1979 hefyd. Elystan Morgan oedd arweinydd yr ymgyrch honno, ac roedd rhai fel Emlyn Sherrington, y soniais amdano o'r blaen, yn flaenllaw iawn hefyd. Ond roedd y canlyniad bryd hynny'n siomedig iawn i nifer ohonom, felly roeddwn i'n falch iawn o lwyddiant 1997.

Ro'n i i fod i gychwyn yn Llundain ar ddechrau'r tymor cynadledda, ond ym mis Hydref 2000 bu farw Donald Dewar, Prif Weinidog cynta'r Alban, gwta flwyddyn ar ôl dechrau yn y swydd, ac mi ges i fy anfon i Glasgow i ohebu ar y digwyddiadau. Mi arhosais yno am yr wythnos, a gohebu ar yr angladd, felly mi oedd o'n fedydd tân go iawn, ond yn brofiad anhygoel. Doeddwn i heb symud i fyw i Lundain eto, felly mi ddaliais i awyren o Gaerdydd i Gaeredin, a hwnnw oedd y tro cyntaf i mi hedfan erioed. Dwi'n cofio synnu ar y pryd pa mor bell o'r ddinas y mae Maes Awyr Caerdydd – dydi o ddim mo'r lle mwyaf hwylus, mae'n rhaid dweud. Bu raid i mi ohebu o Gaeredin ar y nos Sul ac wedyn symud i Glasgow i ohebu o fan'no ar yr angladd, y teyrngedau a'r galaru ac ati.

Pan ddaeth hi'n bryd i mi symud i Lundain i ddechrau ar y swydd newydd roeddwn i'n llawn cyffro, ond yn nerfus hefyd. Dychmygwch eich diwrnod cyntaf yn yr ysgol, a dyblwch y teimlad hwnnw! Felly'r oeddwn i'n teimlo. Ac ar ôl bod trwy'r felin yn emosiynol ac yn gorfforol, ac am fod pobol wedi ymddiried ynof i'r fath raddau, doedd hi'n fawr o syndod fy mod yn teimlo felly, nag oedd?

Roedd gen i dŷ yng Nghaerdydd o hyd, ond roedd y BBC yn talu am fflat i mi yn Llundain, ac yn hyn o beth roedd gen i gydymdeimlad efo rhai o'r Aelodau Seneddol ddaeth o dan y lach adeg y ffrae ynglŷn â threuliau. Roedd rhai ohonyn nhw'n cael eu beirniadu am fod ganddyn nhw fflat neu dŷ yn Llundain, yn ogystal â chartref yn eu hetholaeth. Ond os ydi rhywun yn gweithio yn Llundain, a'i gartref yn rhywle arall, mae rheswm yn dweud fod arno angen rhywle i fyw o fewn cyrraedd i'w waith. Iawn, dwi'n derbyn bod nifer o Aelodau Seneddol wedi bod yn farus – a dwl hefyd – ac wedi cymryd mantais o'r system drwy hawlio treuliau am bopeth dan haul pan nad oedd ganddyn nhw hawl i wneud hynny, ond roedd hi'n annheg eu beirniadu am gael to uwch eu pennau o fewn cyrraedd rhesymol i'w gweithle.

Yn Acton yr oedd y fflat, neu tasach chi isio bod yn posh am y peth, yn West Ealing, ond fues i 'rioed yn un felly. Roedd Acton yn hen ddigon da i mi. Mi oedd o'n fflat eithriadol o braf a chyffordus, chwarae teg, efo dwy stafell wely, stafell molchi, a chegin a lolfa efo'i gilydd. Roedd y BBC yn talu'r rhent i mi fyw yno drwy'r flwyddyn, er bod 'na gyfnodau pan oedd y Senedd wedi cau am wyliau. Ond y fantais o gael rhywun yn Llundain oedd eich bod ar gael pan fyddai 'na straeon gwleidyddol yn torri yn ystod y gwyliau hefyd. Un o'r straeon mwyaf yn hynny o beth oedd ymddiswyddiad Peter Mandelson dridiau cyn Nadolig 1998. Roedd o wedi cael benthyciad di-log gan yr Aelod Seneddol Llafur Geoffrey Robinson, a oedd yn destun ymchwiliad gan yr Adran Masnach a Diwydiant, sef yr adran yr oedd Peter Mandelson yn gyfrifol amdani. Roedd hynny'n amlwg yn achos o wrthdrawiad buddiannau, ond roedd Peter Mandelson heb ddatgan diddordeb, felly dewisodd ymddiswyddo. Mi oeddwn i'n dal yn y ddinas bryd hynny, ac felly'n medru dilyn y stori yn llygad y ffynnon.

A dwi'n cofio achlysur arall a ddigwyddodd un nos Sadwrn pan oeddwn i'n ymlacio ac yn hanner cysgu wrth wylio News 24, fel yr oedd o bryd hynny. Mi dorrodd newsflash ar draws y rhaglen efo'r newyddion fod y Fam Frenhines wedi marw. Dyma fi'n dechrau cyfri yn fy mhen:

un, dau, tri . . . a chyn i mi gyrraedd chwech, roedd y ffôn yn canu. Caerdydd yn dweud: 'Cymra dacsi, dos i Balas Buckingham, dos yno rŵan.' Ac i ffwrdd â fi ar ras i ymuno â'r dwsinau o ohebwyr eraill oedd eisoes wedi ymgynnull, a'r rhai oedd yn dal i gyrraedd. Roedd 'na fwletin estynedig o *Wales Today*, ac mi fues i yno drwy'r rhan fwyaf o'r gyda'r nos. Ond y rheswm yr oeddwn i'n medru gwneud hynny oedd am fy mod i'n byw yn Llundain, wrth gwrs. Ro'n i yno yn y fan a'r lle. Does ryfedd fy mod i'n gweld y swydd fel swydd gohebydd tramor, bron. Roedd gweithio yn Llundain yn brofiad ffantastig.

PENNOD 13

Straeon mawr a chymeriadau mwy

Fy uchelgais erioed oedd cerdded i mewn i Dŷ'r Cyffredin fel Aelod Seneddol Llafur Ynys Môn. Ddaru hynny ddim digwydd ond dwi'n ymfalchïo fy mod i wedi cael y cyfle i weithio yno. Rhwng gweithio i Ann Clwyd a fy mlynyddoedd fel gohebydd seneddol, mi weithiais yn San Steffan am ddegawd cyfan.

Dwi'n cofio'r bore cyntaf hwnnw fel gohebydd seneddol yn glir iawn. Roedd cerdded i mewn i'r adeilad hynafol, hanesyddol hwn, gan wybod mai dyna lle y byddwn i'n ennill fy mara menyn o hyn ymlaen, yn brofiad anhygoel. Rŵan, dwi ddim yn cwyno wrth ddweud hyn, ond mi oedd yr oriau'n anhygoel hefyd. Roeddwn i'n cyfrannu eitemau'n rheolaidd i'r *Post Cyntaf* a *Good Morning Wales* yn y bore, *Wales Today* amser cinio a'r bwletinau newyddion radio ganol dydd, *Post Prynhawn* a *Wales Today* gyda'r nos, a *Newyddion* a oedd yn cael ei ddarlledu am 7.30 yr hwyr yr adeg honno, ac mi fyddai 'na eitem neu gyfweliad byw bron iawn bob nos ar hwnnw. Wedyn mi fyddwn i'n mynd yn ôl at fy nesg i baratoi rhywbeth ar gyfer y bwletinau cynnar fore trannoeth. Ro'n i'n dechrau gweithio tua 6.30 bob bore a doeddwn i byth adref tan 9.30 neu 10.00 o'r gloch y nos. Mi oedd pobol yn dweud wrtha i, 'O, braf arnat ti, John Stevenson, yn byw yn Llundain, ac yn cael mynd i'r theatr ac i weld yr arddangosfeydd a'r sioeau a phopeth felly.' Ha! Y gwir amdani oedd mai'r unig theatr welais i tra bûm i yno oedd Siambr Tŷ'r Cyffredin, ac mi oedd mwy na digon o ddrama yn fan'no i mi a dweud y gwir.

O ran Senedd y Deyrnas Unedig, yr hyn mae pobol yn ei weld ydi'r gweithgareddau cyfarwydd yn y Siambr ei hun, digwyddiadau megis Cwestiynau'r Prif Weinidog a'r Gyllideb ac yn y blaen. Ond mae 'na gymaint o bethau eraill yn digwydd yno, o bwyllgorau dethol a phwyllgorau pwysig eraill i fân bwyllgorau o bob math, ac ymweliadau ac anerchiadau gan arweinyddion gwledydd eraill – pobol fel Nelson Mandela a Bill Clinton, er enghraifft. Oherwydd y gweithgarwch sy'n digwydd yno, oherwydd y ddrysfa o goridorau sy'n arwain i bob cyfeiriad, ac oherwydd y sŵn cefndirol sy'n mwmian yn barhaus, mae'r lle fel cwch gwenyn, yn llythrennol bron.

Roedd fy more arferol yno yn dechrau efo'r cyfarfodydd briffio i'r wasg yn Downing Street am 11.00 y bore (roedd 'na un arall yn y pnawn hefyd) i weld beth oedd rhaglen waith y llywodraeth am y diwrnod, a sut yr oeddan nhw'n ymateb i'r straeon oedd yn y papurau newydd y bore hwnnw. Roeddwn i'n gwneud pwynt o siarad efo pobol. Dydach chi ddim yn dod ar draws straeon wrth eistedd o flaen sgrin cyfrifiadur, ac mae hynny'n un peth dwi wedi ei gredu erioed. Mae'n bwysig ffonio pobol, ydi, ond y ffordd orau o gael stori ydi meithrin perthynas wyneb yn wyneb efo pobol, a siarad efo hwn, llall ac arall. Felly mae meithrin ymddiriedaeth, a dwi'n falch iawn, iawn o fy mherthynas efo gwleidyddion ar draws y pleidiau dros y blynyddoedd. Dwi wedi trio bod yn deg a chytbwys efo pob un, ac fel newyddiadurwr proffesiynol roedd rhaid i chi fod felly, neu roedd hi'n amen cyn dechrau achos fasa neb yn ymddiried ynddoch chi.

Dwi'n cofio cael galwad ffôn gan Rhian Medi, o swyddfa Plaid Cymru yn San Steffan, yn dweud fod Dafydd Wigley isio mynd â fi allan am ginio. Roedd hynny'n rhywbeth oedd yn digwydd efo pob plaid yn achlysurol, er mwyn meithrin perthynas efo'r wasg. Dyma ni'n trefnu lle'r oeddan ni am gyfarfod – nid lle crand o gwbl gyda llaw, rhyw le o'r enw Footsteps, hen eglwys gyferbyn â phencadlys y Torïaid yn Smith Square. Ac roeddwn i'n bryderus iawn, iawn ynglŷn â'r cinio yma, achos yn 1974 roeddwn i'n rhan o dîm ymgyrch seneddol Goronwy Roberts yn Sir Gaernarfon yn erbyn Dafydd Wigley. 'Mi fydd o wedi anghofio,' medda fi wrth drio sadio fy hun. Ond na! Roedd Dafydd yn cofio'n iawn, siŵr iawn, ac mi aeth hi'n dipyn o jôc rhyngddom ni. A thros y blynyddoedd, mi oedd fy mherthynas i efo Dafydd Wigley yn ardderchog. Pan gyhoeddwyd trydedd gyfrol ei hunangofiant mi ges i 'fensh' anrhydeddus iawn ganddo fo (tudalen 214), a dwi'n ddiolchgar am hynny. Roeddwn i'n ffrindiau mawr efo Elfyn Llwyd hefyd, ac roedd gynnon ni ddealltwriaeth dda efo'n gilydd. Gyda llaw, Rhian Medi ydi asgwrn cefn Plaid Cymru yn San Steffan. Hi sy'n gwneud y gwaith nad ydi'r cyhoedd yn ei weld, ac mae hi'n ferch weithgar ac annwyl iawn.

Efo unrhyw wleidydd, mae rhywun yn gorfod trio gweld tu ôl i'r wyneb cyhoeddus. Mae gynnoch chi'r gwleidydd, a'i wleidyddiaeth, ac mae gynnoch chi'r unigolyn. Mae o'n rhan o'r ddrama seneddol. Mae'r sgript wedi'i hysgrifennu ymlaen llaw, mae'r cwestiwn i'r Prif Weinidog yn para rhyw bymtheg i ugain eiliad, ond mi fydd yna ddiwrnod o waith wedi mynd i mewn i hwnnw. Am bob cwestiwn y mae Aelod Seneddol â'r hawl i'w ofyn i'r Prif Weinidog, mae 'na gwestiwn atodol, felly bob dydd mae 'na raglen waith seneddol – sef beth mae pob pwyllgor yn ei wneud, a'r hyn sydd tu ôl i'r cwestiynau sy'n cael eu gofyn i'r Gweinidog neu'r Prif Weinidog. At ei gilydd, mi wnân nhw drafod tua naw o gwestiynau mewn sesiwn. Felly, mae'r cwestiynau i'w gweld ar yr hyn maen nhw'n ei alw 'The Order Paper', sef rhaglen y dydd. Fel arfer, mi fyddwch chi'n gweld rhywbeth hollol annelwig megis: 'Will the Prime Minister list his engagements for today?' – rhyw bethau bach fel'na sy'n ymddangos yn hollol ddiniwed ar yr wyneb, ond sy'n cuddio rhywbeth arall wrth gwrs, ac mae unrhyw ohebydd gwerth ei halen yn ffonio swyddfa'r Aelod Seneddol dan sylw i holi mwy ynglŷn â chefndir y cwestiwn. Mewn ymateb i gwestiwn fel hwnna, beth gaech chi yn PMQs fyddai ateb cwbl strêt gan y Prif Weinidog: 'I attended to normal Government business in Downing Street this morning, I have receptions this afternoon and parliamentary business this evening', sy'n dweud dim byd wrth neb, wrth gwrs. Ond yna mi fyddai'r Aelod Seneddol yn cael cyfle i sefyll ar ei draed a gofyn cwestiwn arall, ac yn y cwestiwn atodol hwnnw y mae'r fwled fel arfer. Felly roedd hi'n bwysig magu'r berthynas honno efo Aelodau Seneddol a'u staff, er mwyn cael eu hymddiriedaeth nhw, ac i gael y stori.

Yn aml iawn, er gwybodaeth i ddechrau, mi gaech chi flas ar ryw stori oedd i ddod: 'Dwi ddim isio iti dorri'r stori rŵan, ond mi gei di hi pan ddaw'r amser . . .' – y math yna o beth. Roedd gan yr Aelod Seneddol ddigon o ymddiriedaeth ynof fi i wybod na faswn i'n torri'r embargo. Roedd 'na achlysuron lle byddai wedi bod yn hawdd iawn gwneud hynny, ond faswn i ddim wedi cael stori ganddo fo, neu hi, byth wedyn. Mae hi'n berthynas ddwy-ffordd, wrth gwrs. H. L. Mencken ddywedodd fod y berthynas rhwng gwleidydd a newyddiadurwr yn debyg iawn i honno rhwng ci a pholyn lamp. Ond mae 'na un cwestiwn sydd wedi 'nhiclo fi erioed: pwy sy'n piso am ben pwy? Pwy ydi'r ci a phwy ydi'r polyn? Dwi erioed wedi cael yr ateb i hwnna.

Roeddwn i'n gyrru ymlaen yn ardderchog efo'r gohebwyr eraill yn San Steffan. Mi oeddwn i ar ben fy hun ar un ystyr, oherwydd fod cymaint o'r stwff yr oeddwn i'n ei wneud trwy gyfrwng y Gymraeg. Roedd gen i berthynas dda iawn efo gohebwyr yr Alban, a gohebwyr RTE. Yn nhrefn wleidyddol y BBC mae gynnoch chi ohebwyr rhwydwaith (yr enwog Andrew Marr oedd y prif ohebydd pan oeddwn i yno), ac wedyn roedd gynnoch chi bobol fel John Pienaar, cawr o ddyn, a Guto Harri wrth gwrs. Ac ar ben fy rhestr i – Bethan Rhys Roberts! Yn fy nghyfnod i roedd 'na bedwar ar ddeg o ohebwyr rhwydwaith y BBC yno, yn gweithio rhwng BBC1 a Radio 4 ar y cyfan. Ar wahân i'r rheiny, roedd 'na ddegau o staff y gorfforaeth yn gweithio yno hefyd. Er enghraifft, roedd gynnoch chi olygydd gwleidyddol y Gogledd-orllewin, golygydd gwleidyddol Cymru, Dwyrain Canolbarth Lloegr, Gorllewin Canolbarth Lloegr, ac yn y blaen, heb sôn am y gohebwyr a'r ymchwilwyr i gyd. Roedd 'na fyddin ohonon ni, ac roeddan ni'n gweithio mewn anferth o adeilad tua hanner canllath o'r Senedd.

P'un a oeddech chi mewn rhyw dderbyniad pwysig neu'n sefyll yn y ciw yn Sainsbury's neu Tesco neu Asda (*other brands are available*), roeddech chi'n siŵr o daro sgwrs efo hwn a'r llall, ac mi fydden nhw'n holi beth roeddech chi'n ei wneud o ran gwaith ac ymhle roeddech chi'n gweithio. Ac roedd eu hymateb nhw wrth i mi esbonio fy mod yn newyddiadurwr yn gweithio yn Nhŷ'r Cyffredin yn werth ei weld. Châi rhywun ddim cyfeiriad mwy 'posh'! Ond swydd oedd hi, dim mwy, dim llai, ac roeddwn i'n ymfalchïo fy mod i'n gweithio yno ac yn gwneud y gwaith yr oeddwn i'n ei wneud.

Ro'n i'n mynd i Downing Street ddwy waith y dydd, ac yn medru cerdded i mewn i'r Senedd fel y mynnwn, fwy neu lai. Ro'n i'n un o griw dethol o tua chant o newydd-iadurwyr – newyddiadurwyr y Lobi – a dim ond y nhw sy'n cael mynd i gyfarfodydd briffio'r Prif Weinidog yn y boreau, er enghraifft. Ro'n i'n ei hystyried yn fraint fawr i fod yn eu plith. Mi oedd gan BBC Cymru ddau gerdyn Lobi. Ro'n i'n cael un, achos yn dechnegol, gan fod y rhaglen newyddion yn mynd allan ar S4C, mi oedd ganddyn nhw hawl i docyn Lobi hefyd. Gennyf fi yr oedd tocyn swyddogol S4C a gan David Cornock yr oedd un BBC Cymru. Mi oedd o bron fel bod yn aelod o'r Seiri Rhyddion am wn i (dwi ddim yn aelod).

Rhyfel Irac oedd y stori fwyaf y bûm i'n gweithio arni yn ystod fy nghyfnod yn Llundain. O ddigon hefyd. Dwi'n cofio diwrnod y bleidlais pan ddaru'r Senedd gefnogi'r penderfyniad i fynd i ryfel. Roedd y sibrydion yn dew drwy'r lle drwy'r dydd. Pe bai Tony Blair wedi colli'r bleidlais honno, mi fuasai wedi ymddiswyddo.

Swyddogaeth gohebydd gwleidyddol neu ohebydd seneddol ydi edrych ar unrhyw sefyllfa yn hollol wrthrychol. Llafur oedd fy nghefndir i, ond ro'n i'n ymwybodol iawn, iawn o'r angen i fod mor ddiduedd a gwrthrychol wrth ddadansoddi llywodraeth Lafur ag y byddai rhywun efo unrhyw un o'r pleidiau eraill. A dyna oedd yn braf pan wnes i adael y BBC – mi wnaethon nhw ffilm fach ar DVD i mi: yr uchafbwyntiau a'r blŵps yr oeddwn i wedi eu gwneud. Roedd pobol fel Guto Bebb, Ann Clwyd ac Elfyn Llwyd arni hi, croestoriad o bobol. A dyna'r oeddan nhw i gyd yn ei ddweud – fy mod i wedi llwyddo i fod yn ddiduedd ac yn wrthrychol bob amser, ac roedd hynny'n rhoi pleser mawr i mi.

Am wn i mai'r stori fwyaf dramatig oedd 9/11 – 11 Medi 2001 – a'r awyrennau'n taro tyrau Canolfan Fasnach y Byd yn Efrog Newydd. Doedd y Senedd ddim ar agor ar y pryd, ond roedd y gohebwyr i gyd i lawr yno am fod y Torïaid yn cyhoeddi pwy oedd wedi ennill y ras i olynu William Hague fel eu harweinydd. Roeddan ni i gyd yn Oriel y Wasg a'r setiau teledu ymlaen. Tua 1.50 y pnawn dyma rywun yn yngan rhegfeydd yn uchel, ac mi drodd pawb a gweld yr ail awyren yn taro. Ychydig funudau wedyn dyma Big Ben yn dechrau taro. Mae Big Ben yn symbol eiconaidd ar draws y byd, ac mi feddyliodd pawb yr un peth – oedd 'na awyren yn mynd i daro Big Ben, ychydig lathenni yn unig o le'r oeddan ni yn Oriel y Wasg? Roedd yr ofn a'r braw yn gafael.

Mi ges i ac eraill ein hebrwng mewn car BBC o ganolfan y Bîb yn Millbank i Broadcasting House, am fod cymaint o alw am dacsis a phawb isio gadael yn gynnar i wneud yn siŵr eu bod nhw'n saff. A'r noson honno roeddwn i'n darlledu o'r byncar o dan Broadcasting House. Dwi ddim yn gwybod beth ydi cefndir y byncar, ond dwi'n dyfalu mai adeg yr Ail Ryfel Byd y cafodd ei adeiladu. Mi oedd o'n hollol gyfrinachol. Wyddwn i ddim am fodolaeth y lle o'r blaen, ac mae o fel cwch gwenyn, efo blychau bach unigol, pob un yn stiwdio, pob un yn lle i ddarlledu ohono. Lle tywyll, clinigol ofnadwy – nid bod 'na gynhesrwydd mewn stiwdio deledu neu radio, cofiwch, ond roedd 'na rywbeth Orwelaidd yn y lle rywsut, rhyw fath o *1984*. Dim ond technegwyr oedd yno, ac roedd hynny'n dwysáu'r teimlad sbŵci oedd i'r lle. Roedd rhaglen *Newyddion* S4C yn mynd allan am 7.30 yr hwyr, sef rhwng rhaglenni newyddion 6 a newyddion 10 ar y rhwydwaith, felly doedd 'na fawr o neb arall yn y byncar ar y pryd, dim ond fi a chriw o dechnegwyr. Roedd 9/11 wedi creu'r fath sioc, a dwi'n cofio trafod hyn efo Rhun ap Iorwerth, achos roedd o draw ar ei wyliau yn Efrog Newydd pan ddigwyddodd yr ymosodiad, felly yn sicr roedd hi'n sioc iddo fo. Ond roedd hi'n sioc a deimlwyd ar draws y byd hefyd, ac i minnau yn Llundain.

Ym mis Hydref 2001 roeddwn i'n gohebu yng nghynhadledd y Ceidwadwyr yn y Winter Gardens yn Blackpool. Yn dilyn 9/11 roedd yr Unol Daleithiau wedi penderfynu eu bod am fomio Afghanistan am ei bod yn rhoi lloches i derfysgwyr, ac roedd Prydain yn cefnogi hynny.

Roedd 'na ddyfalu wedi bod ers diwrnodau ynglŷn â phryd y byddai'r bomio'n dechrau, ond erbyn tua naw y noson honno doedd 'na ddim byd wedi digwydd. Dyma ffonio'r stafell newyddion yng Nghaerdydd, ond doeddan nhw ddim wedi clywed dim mwy o sibrydion, felly dyma fi'n penderfynu mynd am dro ar hyd y prom. Ro'n i isio dipyn o awyr iach ar ôl bod ar y trên am bedair neu bum awr. Er ei bod hi'n stido bwrw glaw, mi gerddais i ben pella'r prom, ac ar ôl cyrraedd yno dyma'r ffôn poced yn canu. Caerdydd.

'Rydan ni isio chdi yn y Winter Gardens *ASAP*. Maen nhw wedi dechrau bomio a dan ni'n mynd yn fyw cyn gynted ag y medri di fod yno.'

Doedd 'na ddim tacsis, felly mi redais nerth fy nhraed i lawr y prom, cyrraedd y Winter Gardens yn wlyb diferol, ac allan o wynt yn llwyr, a chael fy ngosod yn syth o flaen camera. Y munud ddaru fy wyneb ymddangos ar y sgrin yn y galeri, beth glywais i yn fy nghlust oedd: 'Dan ni'n mynd yn syth rŵan i Blackpool i gael y diweddara gan ein gohebydd seneddol, John Stevenson . . .' Asiffeta! Doedd gen i ddim clem beth oedd wedi digwydd. Hynny'r oeddwn i'n ei wybod oedd bod yr Americanwyr wedi dechrau bomio, i ddial am yr hyn oedd wedi digwydd ar 9/11. Y cwbl y medra i ei ddweud wrthoch chi ydi fod fy adroddiad i'n un creadigol iawn, o ran lliw, achos doeddwn i ddim yn gwybod beth oedd yn digwydd yn iawn ar y pryd, dim ond bod y bomio wedi dechrau!

Ond ar gwestiwn Irac, dwi'n feirniadol o'r gwrthbleidiau am ddefnyddio'r peth fel pastwn i waldio Tony Blair ac i waldio'r llywodraeth Lafur. Mi wnaethpwyd hynny, nid er lles pobol Irac fel yr oedd y gwrthbleidiau'n ei honni'n gyhoeddus, ond am eu bod nhw'n gweld yn y polau piniwn bod 'na wrthwynebiad i'r rhyfel, ac felly roedd yn gyfle i ddefnyddio Irac yn wleidyddol er eu mantais nhw'u hunain. Ro'n i'n gweld y peth yn gwbl anfaddeuol. Dwi'n teimlo hynny'n arbennig yn achos y Democratiaid Rhyddfrydol. Mi wnaethon nhw odro Irac am bob diferyn o fantais wleidyddol yr oedd posib ei gael.

Roedd Ann wedi bod yn Irac sawl gwaith ac ro'n i wedi cyfarfod, yn y Senedd, â nifer o Iraciaid – pobol fel Jalal Talabani, a oedd hyd 2014 yn Arlywydd Irac, a Masoud Barzani, sy'n Arlywydd Cwrdistan Iracaidd. Roedd un yn arwain y PUK (Patriotic Union of Kurdistan) a'r llall yn arwain y KDP (Kurdistan Democratic Party), a'r ddau yn gefndryd. Roeddwn i'n ffrindiau efo boi o Irac o'r enw Erroll a oedd yn byw yn Acton, ac roedd ei dad yn gyfreithiwr ac yn faer y dref lle'r oedd ei deulu'n byw yn Irac. Mi ddywedodd Erroll wrtha i un tro fod yr heddlu cudd, y Mukhabarat, wedi mynd i'r tŷ un noson ac wedi arestio'i dad am ei fod o'n un o wrthwynebwyr Saddam Hussein. Chlywodd o ddim byd am ddiwrnodau, ac yna mi ddaeth ei dad yn ôl adref – mewn dwy sach. Mi oedd y rhan fwyaf o'i gorff o mewn un sach a'i ben o mewn sach arall.

Roedd Ann ei hun wedi gweld effaith yr ymosodiadau cemegol yn Halabja yn 1988 pan laddwyd miloedd o Gwrdiaid gan luoedd Saddam. Rŵan, mae nifer wedi honni bod Ann Clwyd yn daer dros fynd i ryfel, ond doedd hynny ddim yn wir. Roedd hi'n daer dros gael gwared ar Saddam Hussein trwy ddulliau cyfreithiol. Roedd Ann wedi cadeirio grŵp o'r enw Indict, oedd â'r bwriad o hel tystiolaeth er mwyn dwyn Saddam gerbron y Llys Rhyngwladol ar gyhuddiadau o droseddau yn erbyn dynoliaeth. Dyna yr oedd hi isio'i weld, a dyna y gweithiodd hi'n galed drosto yn ystod y blynyddoedd hynny. Roedd Ann wedi bod draw i Irac ddwsin neu fwy o weithiau ers i mi ei hadnabod hi, a dwi'n ei chofio hi'n dod yn ôl un tro ar ôl cyfarfod ag un o arweinwyr y Cwrdiaid, ac am y tro cyntaf erioed roeddan nhw wedi dweud wrthi mai'r unig ffordd o gael gwared ar Saddam oedd trwy fynd i ryfel i'w gicio fo allan. Nid dyna oedd y ffordd yr oedd Ann isio gweithredu, ond roedd hi'n derbyn bellach mai'r bobol oedd yn gwybod orau oedd y Cwrdiaid eu hunain.

Ar ddiwrnod y bleidlais roedd San Steffan yn llawn tensiwn oherwydd y sibrydion y byddai Blair yn ym-ddiswyddo pe bai'n colli, a fuasai ganddo ddim dewis ond gwneud hynny, wrth gwrs. Yn gefndir i hyn hefyd, roedd y ffaith fod gan George W. Bush asgwrn i'w grafu efo Irac ers Rhyfel y Gwlff yn 1991. Bryd hynny, yn hytrach na mynd yr holl ffordd i Baghdad a gwneud beth oedd angen ei wneud, sef cael gwared ar Saddam Hussein, mi dynnodd y Cynghreiriaid yn ôl. Rhoddodd hynny gyfle iddo fo glochdar ei fod wedi cael y llaw uchaf ar yr Americanwyr, ac ar dad George W. Bush, sef George Bush yr hynaf. Felly roedd yna elfen o dalu'n ôl. Mi oedd 'na ddyfalu ers wythnosau ynglŷn â phryd a sut y byddai'r holl beth yn cael ei weithredu.

Mae'r system wedi newid erbyn heddiw, yn rhannol oherwydd yr hyn ddigwyddodd yng nghyd-destun Irac, ond ar y pryd doedd yna ddim rheidrwydd ar Brif Weinidog i fynd â'r peth gerbron y Senedd. Mi ddaru o ofyn am ddadl yn y Senedd er mwyn cyflwyno'r achos dros ymyrryd yn y ffordd y gwnaethon nhw. Fel y soniais eisoes, mae 'na fyth wedi tyfu fod Ann Clwyd isio rhyfel, ond dydi hynny ddim yn wir. Er ei bod hi'n awyddus i ddilyn y llwybr cyfreithiol, mi draddododd hi araith yn cefnogi'r Prif Weinidog – nid am ei bod hi isio mynd i ryfel, ond am ei bod hi'n rhy hwyr bellach i ddilyn unrhyw lwybr arall.

Roedd yr awyrgylch yn San Steffan yn ddwys a thrydanol, a fwyfwy felly yn y dyddiau'n arwain at y bleidlais. Roeddwn i'n ymwybodol iawn fy mod i'n llygad-dyst i hanes yn digwydd o flaen fy llygaid. Mi deimlais yr un peth adeg pleidlais y refferendwm yn 1997, a 9/11. Ond mi oedd 'na densiwn a drama yno yn y dyddiau'n arwain at y bleidlais yma. Mi oedd Robin Cook, yr Ysgrifennydd Tramor, wedi ymddiswyddo cyn y ddadl, fel bod ganddo'r cyfle yn y ddadl i egluro pam. Dyna i chi dipyn o stori! A thros ddegawd yn ddiweddarach, mae'r Blaid Lafur, o dan Ed Miliband, yn cofio fel y dioddefodd hi yn y polau piniwn oherwydd Irac ac mae unrhyw sôn am ymyrryd yn y Dwyrain Canol – yn Syria er enghraifft – yn codi ofn mawr arnyn nhw.

Doeddwn i ddim yn ffan o Tony Blair ond fi, am wn i, ydi'r unig newyddiadurwr BBC sydd – hyd yn oed rŵan – yn dweud bod yr hyn ddigwyddodd yn y rhyfel yna yn gyfiawn. Iawn, mae pobol yn dweud, 'Beth am y bwlis eraill sy'n arwain gwledydd?' Ac wrth gwrs, roedd pobol yn holi lle'r oedd yr arfau dieflig, dinistriol – y *WMDs* bondigrybwyll 'ma – a oedd i fod gan Saddam Hussein? Dyna oedd yr esgus a'r cyfiawnhad swyddogol dros fynd i ryfel wedi'r cwbl. Roedd rhaid cael gwared ar Saddam Hussein er mwyn cael gwared ar yr arfau 'ma. Do, mi gafwyd gwared ar Saddam, ond ddaeth yr arfau cemegol ddim i'r fei, ac mi gafodd hynny ei ddefnyddio i danseilio'r rhesymau dros fynd i ryfel yn y lle cyntaf. Beth mae hynny'n ei anwybyddu ydi'r ffaith fod gan Irac arfau dinistriol, a'r arf mwyaf dinistriol oll oedd dyn o'r enw Saddam Hussein. Fo oedd y *WMD* peryclaf yn yr holl gasgliad. Felly, dwi mewn lleiafrif bychan iawn sy'n credu fod y rhyfel yn un cyfiawn. Mae 'na lawer yn sôn amdano fel rhyfel anghyfreithlon. Dwi'n anghytuno. Yn un peth, yng nghyd-destun rhyfel, beth sydd yn anghyfreithlon? Maen nhw'n dweud na ddylai'r rhyfel erioed fod wedi digwydd heb sêl bendith y Cenhedloedd Unedig, ond beth sy'n sancteiddio penderfyniad y Cenhedloedd Unedig? Y ffaith ydi fod Saddam Hussein, dros flynyddoedd lawer, wedi anwybyddu sawl penderfyniad gan y Cenhedloedd Unedig, felly dwi ddim yn gweld pam fod angen cael eu sêl bendith nhw p'run bynnag. Mi ddefnyddiodd sawl un y rhyfel fel pastwn i golbio Blair, ac nid dim ond pobol fel Adam Price, Aelod Seneddol Plaid Cymru, ond rhai o fewn y Blaid Lafur hefyd, er mwyn ceisio cael mantais wleidyddol.

Mae oes yr areithwyr mawr wedi mynd heibio erbyn hyn, pobol fel Churchill, Nye Bevan, Tony Benn, Enoch Powell, Michael Foot a Neil Kinnock. Ond pan oedd o ar ei orau, roedd Tony Blair yn gallu bod yn areithiwr o'r hen deip – ddim cweit yn yr un mowld â rhai o'r pregethwyr cyrddau mawr ers talwm, ond roedd o'n gallu bod yn dra effeithiol serch hynny. Roedd ei araith ar ddiwrnod y bleidlais ar fynd i ryfel yn Irac yn feistrolgar, ac roedd ei gefndir fel bargyfreithiwr yn amlwg. Roedd o'n gwybod sut i gyflwyno achos, a hefyd, roedd ganddo fo Alastair

Campbell oedd yn gwybod sut i baratoi'r achos hwnnw ar gyfer y papurau newydd.

Dwi'n cofio'i araith o yng nghynhadledd y Blaid Lafur ar ôl 9/11. Roedd honno'n wefreiddiol. A ph'un a oeddech chi'n cytuno â'i safbwynt o ai peidio, roedd hi'n bendant yn un o'r areithiau mawr. Mi soniodd o am yr hyn ddigwyddodd yn Efrog Newydd, a bod hynny wedi newid cwrs hanes i bob pwrpas, wedi ysgwyd caleidosgop hanes, a bod y darnau'n dal i ddisgyn i'w lle fel nad oedd neb yn gwybod sut roedd y dyfodol yn mynd i edrych. Mi sylwodd ar rywbeth sydd wedi dod yn gynyddol bwysig, sef y cysylltiad rhwng crefydd a gwleidyddiaeth. Nid eu bomio nhw i ebargofiant ydi'r ffordd i drechu terfysgwyr – mae'n rhaid trio'u deall nhw i ddechrau, meddai. Pam mae pobol yn medru cyfiawnhau gweithredoedd fel gosod bom yn y Tiwb yn Llundain, er enghraifft, neu gyfiawnhau anfon awyren ddibeilot neu *drone* i ladd aelod o'r Taliban, ac yntau'n gwbl anymwybodol ohoni? Beth sydd yna yn y meddylfryd dynol sy'n gadael i ni wneud hynny? Sut roedd Michael Adebolajo a Michael Adebowale yn medru cyfiawnhau ymosod ar y milwr Lee Rigby a'i ladd yn y modd mwyaf erchyll pan oedd o ar ei ffordd yn ôl i'w farics yn Woolwich? Oes yna rywbeth yn eu crefydd sy'n caniatáu'r fath bethau? Dydi Islam ddim yn grefydd derfysgol o bell ffordd, mae hi'n grefydd o heddwch. Felly beth sydd 'na yn ein ffordd ni o fyw yn y Gorllewin sydd wedi cyflyru'r bobol hyn – yn enwedig pobol ifanc – i greu y meddylfryd yma sy'n eu harwain nhw allan i ladd pobol? Ond er bod Tony Blair wedi cyfeirio at y peth, mae hi'n dal yn her nad ydi gwleidyddion wedi llwyddo i fynd i'r afael â hi, a does yna ddim ymdrech galed iawn i drio deall chwaith, hyd y gwela i.

Stori arall ddaeth yn ôl i'r cof yn ddiweddar yn sgil marwolaeth Ian Paisley oedd yr hyn ddigwyddodd pan wnes i ddarn byw y tu allan i Rif 10 Downing Street am drafodaethau Gogledd Iwerddon. Welais i ddim beth ddigwyddodd achos roedd fy nghefn at Rif 10 wrth i mi draddodi fy narn, ond fel yr oeddwn i'n enwi Ian Paisley a David Trimble dyma'r drws yn agor, a phwy ddaeth allan ond y ddau ohonyn nhw, fel tasa'r peth wedi cael ei sgriptio ymlaen llaw.

Dyna ydi'r peth am ddarlledu byw: mae'n rhaid i chi feddwl ar eich traed. Mae rhai gohebwyr a golygyddion yn cael sgwrs ymlaen llaw, ac yn gosod trefn y sgwrs allan fesul cwestiwn – cwestiwn un, dau, tri ac yn y blaen. Oes, mae'n rhaid gwybod am beth rydach chi'n sôn, wrth reswm, ond dwi ddim yn credu mewn mapio'r cyfweliad mor fanwl â hynny. Dwi'n cofio gwneud hynny un waith, efo rhyw stori reit gymhleth, er nad ydw i'n cofio beth oedd hi'n union. Ond mi ges i fy nhaflu'n llwyr ar ganol y sgwrs. Dwi'n meddwl 'mod i wedi siarad gormod ar gwestiwn un, nes bod Garry Owen (os dwi'n cofio'n iawn) wedi hepgor yr ail gwestiwn ac wedi mynd ymlaen yn syth i'r trydydd. Ac mi ddrysodd hynny rediad fy meddwl i am dipyn, nes yr oeddwn i'n ôl mewn gêr.

Y stori seneddol olaf i mi adrodd arni oedd y mesur hela efo cŵn. Roedd hwnnw'n ddiwrnod hollol bisâr. Roedd y sgwâr gyferbyn â'r Senedd yn llawn ffarmwrs a phobol o gefn gwlad, llawer ohonyn nhw wedi cael diod, llawer ohonyn nhw wedi mynd yno yn barod am dwrw, a llawer yn *chwilio* am dwrw. Ro'n i yno efo dyn camera, a dyma fi'n penderfynu: 'Reit, dwi am fynd i'w canol nhw.' Roedd o'n torri rheolau diogelwch y BBC, ond ta waeth. Mi es i ganol y dorf, a gwneud fy narn i gamera yn fan'no . . . ac mi o'n i'n cachu brics. Dwi'n cofio bachu Alun Michael wedyn, y Gweinidog oedd wedi llywio'r ddeddfwriaeth drwy'r Senedd – o dan drwyn gohebwyr newyddion y rhwydwaith – ac ro'n i'n falch mai BBC Cymru gafodd y cyfweliad cyntaf efo fo.

Fel un sy'n darllen y *Guardian* yn reddfol, ac fel un a weithiodd ar ffermydd pan oedd fy nhad yn mynd o gwmpas efo bwydydd anifeiliaid ers talwm, dwi'n gweld y ddwy ochr i'r ddadl; a dyna ateb gwleidydd os buodd un erioed! Ar gyfer pob digwyddiad gwleidyddol mae 'na gyd-destun, ac i ddeall y digwyddiad mae'n rhaid i chi weld y cyd-destun. Yn yr achos hwn y ffaith bod 'na gymaint o ddicter tuag at y Blaid Lafur mewn ardaloedd gwledig oedd y cyd-destun hwnnw. Roedd hyn yn enghraifft arall o bwnc yn cael ei ddefnyddio fel arf i waldio'r llywodraeth Lafur. Roedd 'na Geidwadwyr amlwg tu cefn i'r Countryside Alliance, yn eu swcro nhw ymlaen. Dwi ddim yn eu beirniadu nhw – dyna oedd eu gwaith nhw fel gwrthblaid, sef beirniadu a chosbi'r llywodraeth bob cyfle gaen nhw. Ond os ydach chi am wneud hynny, wel, mae'n rhaid ei wneud o ar sail y ffeithiau, ac fel yn achos Rhyfel Irac a'r mesur hela efo cŵn, dydi hynny ddim yn digwydd bob tro.

Ro'n i'n teimlo fy mod i'n tystio i ddigwyddiadau gwirioneddol hanesyddol. Mae meddwl fy mod i wedi bod yn llygad-dyst i bethau fel hyn, flynyddoedd yn unig ar ôl bod yn cysgu ar y stryd, yn gwneud i mi deimlo'n hynod ddiolchgar am y fraint, ac yn hynod wylaidd am y cyfle gefais i. Un o'r straeon dwi'n difaru na lwyddais i gael unrhyw effaith arni o gwbl oedd cwestiwn iawndal i chwarelwyr efo *pneumoconiosis*. Mae'n rhywbeth yr ydw i wedi teimlo'n gryf drosto ers pan o'n i'n hogyn, am fod fy nhad wedi bod yn chwarelwr ei hun, am wn i. I Aelodau Seneddol Plaid Cymru, Dafydd Wigley a Dafydd Elis-Thomas, y mae'r clod am daro bargen a gwthio llywodraeth Lafur Jim Callaghan i basio'r mesur yn 1979 i dalu iawndal i'r dynion. Ond mae 'na lawer iawn mwy y gellid bod wedi'i gyflawni. Iawn, does 'na ddim cymaint o chwarelwyr bellach ag oedd yna hyd at y saithdegau, ond beth am eu gweddwon er enghraifft? Mi gafodd y llywodraeth Lafur delerau da iawn i'r glowyr, a phob clod i'r ddau Ddafydd am y gwaith a wnaethon nhw i gael yr iawndal i'r chwarelwyr. Dydw i'n tynnu dim oddi wrth eu cyfraniad nhw, ond roedd rhai fel Goronwy Roberts, cyn-Aelod Seneddol Caernarfon, wedi llafurio yn yr un maes ers degawdau, ac roedd o wedi braenaru'r tir. Dwi'n dechrau hel stwff at ei gilydd i sgwennu rhyw fath o gofiant i Goronwy Roberts, a dyna oedd y peth mawr iddo fo, cael iawndal i'r bobol yma. Doedd o ddim yn fab i chwarelwr ei hun, ond mi gafodd ei fagu yn eu plith ym Methesda, felly roedd o'n benderfynol o gael yr hyn oedd yn cael ei alw ar y pryd yn chwarae teg i'r chwarelwyr, a dwi'n gofidio hyd heddiw nad ydi hynny wedi'i gyflawni fel y dylai fod.

Faswn i ddim yn dweud fy mod i'n un o'r rhai gorau am edrych ar ôl fy hun o safbwynt domestig. Na, mae hynna'n anghywir. Mi fedra i edrych ar ôl fy hun yn iawn, ond heb unrhyw grandrwydd o gwbl. Mi fedra i wneud bwyd, ond bod fy sgiliau cogyddol yn weddol gyfyng, ddywedwn ni fel'na. Tua diwedd mis Medi neu ddechrau Hydref bob blwyddyn, sef tymor y cynadleddau gwleidyddol, mi fyddwn i'n mynd i ffwrdd am bedair wythnos. Cynhadledd Plaid Cymru oedd y gyntaf fel arfer, wedyn y Democratiaid Rhyddfrydol, Llafur, ac yna'r Ceidwadwyr. Byddwn yn teithio i lawr i gynhadledd ar ddydd Mercher, dod yn ôl ar y dydd Sadwrn neu fore Sul, gwneud fy ngolchi a smwddio, ac yna'n dechrau pacio'n barod am y nesaf. A dyna oedd y drefn am fis. Mi fues i mewn cynadleddau mewn pob math o lefydd, yn cynnwys Brighton, Bournemouth, Birmingham, a hyd yn oed Pwllheli un waith. A bob tro y byddwn i'n cyrraedd adref y peth cyntaf yr oeddwn i'n ei wneud oedd berwi dau wy a gwneud dau bishyn o dost. O gael y ddau beth syml yna roeddwn i'n gwybod fy mod i adref.

Roedd y cynadleddau'n achlysuron gwlyb ar y diawl, a dwi ddim yn sôn am y tywydd na diffyg asgwrn cefn rhai gwleidyddion yn fa'ma. Roedd cymdeithasu'n chwarae rhan fawr yn y cynadleddau, ac roedd alcohol yn rhan amlwg o hynny wrth reswm. Ond er fy mod i ar y wagan, chefais i mo fy nhemtio o gwbl. Wrth gwrs, roedd y demtasiwn – pe baech chi wedi caniatáu i'r peth fod yn demtasiwn – yn aruthrol. Roeddech chi'n camu i mewn i fyd o ddiota wrth fynd i weithio yn San Steffan yn y dyddiau hynny. Roedd 'na ddeg o fariau yn Nhŷ'r Cyffredin, er enghraifft, heb sôn am y rhai yn Nhŷ'r Arglwyddi, ac mae 'na rwydwaith o dafarndai o gwmpas San Steffan efo clychau 'Division' ynddyn nhw, sef y gloch sy'n galw'r Aelodau Seneddol i'r Siambr i bleidleisio, fel y soniais o'r blaen. Mae'r tafarndai yma'n noddfa ac yn encil i Aelodau Seneddol, ac yn fan'no yr oeddwn i'n dod ar draws y rhan fwyaf o'm straeon – y nhw dros beint a finnau dros banad o goffi neu beth bynnag. Mi oedd hi'n hanfodol eu cyfarfod nhw'n gymdeithasol i fagu perthynas, i fagu eu ffydd nhw ynof fi, i gadw cyfrinach nes yr oedd hi'n briodol datgelu'r stori.

Dim ond unwaith erioed y gwnes i hyd yn oed ystyried alcohol ar ôl rhoi'r gorau i yfed. Mi oeddwn i wedi bod yn gweithio i'r BBC ers tua dwy flynedd, ac yn cynhyrchu *Stondin Sulwyn* yng Nghaerdydd ar y pryd. Roedd hi'n brynhawn braf, a dwi'n cofio mynd adref yn gynnar a mynd i'r ardd gefn i eistedd a darllen. Roeddwn i wedi prynu potel o *tonic water*, a dyna lle'r o'n i'n cael smôc a diod oer ac yn ymlacio yn y gwres. Yn sydyn reit dyma fi'n dechrau teimlo'n chwil. Pam, dwi ddim yn gwybod, ond mae gen i ddamcaniaeth. Dwi'n meddwl bod fy nghorff wedi cael rhyw adwaith cemegol ar ôl nabod y tonic gan feddwl bod 'na jin ynddo fo hefyd am wn i, a bod fy ymennydd wedi dweud: 'Duw, reit dda, mae o'n ôl ar y *piss*.' Mi godais ar fy nhraed, mynd yn syth i'r gegin a thywallt y tonic i lawr y sinc. Doeddwn i ddim isio cymryd y risg.

Yn y cynadleddau gwleidyddol roedd y rhan fwyaf o'r cyfarfodydd mewn bar neu mewn derbyniad lle'r oedd alcohol yn llifo fel dŵr. Ond erbyn hynny roedd gen i rwtîn, ac roedd hynny'n help mawr: ro'n i'n gwneud stwff radio yn y bore, mynd i'r gynhadledd, gwneud eitemau i'r *Post Prynhawn* a'r newyddion teledu gyda'r nos, a mynd i rywle am bryd o fwyd, ac yna'n ôl i'r gwesty ac i fy stafell. Roedd pobol fel David Cornock oedd yn gweithio efo fi, a'r criw camera, yn gwybod yn iawn nad oedd pwynt gofyn i mi ddod allan efo nhw am beint. A chwarae teg i rai o'r gwleidyddion hefyd – pobol fel Dafydd Wigley, Elfyn Llwyd a chriw'r Blaid Lafur – roeddan nhw'n fy nabod i'n ddigon da i wybod nad oeddwn i'n yfed, felly doeddan nhw ddim yn gofyn. Mewn cynhadledd wleidyddol neu mewn cwmni o unrhyw fath roeddwn i wastad yn ymwybodol o'r peryglon a allai godi pe bai rhywun yn meddwl: 'Ew, mi fasa'n hwyl rhoi fodca yn sudd oren John . . . be am wneud am sbort . . .' Os oedd rhywun yn cynnig diod o unrhyw fath i mi, doeddwn i byth yn ei gymryd o, dim ond i wneud yn siŵr mai dŵr neu sudd oren oedd yn fy ngwydr i a dim byd arall. Roedd rhaid i mi fod ar fy ngwyliadwraeth – nid oherwydd bod pobol yn ddichellgar, dim ond am y gallen nhw feddwl ei bod yn hwyl gwneud y math yna o beth, heb wybod fy mod i'n alcoholig.

Na, ches i erioed fy nhemtio i fynd yn ôl ar y pop, ond dydi hynny ddim yn adlewyrchu rhyw gryfder cymeriad neilltuol. Dwi'n ei weld o'n debycach i drên ar y cledrau. Os ydi'r brêcs yn methu ar y trên, mae'r cledrau'n ei gario fo nes i'r brêcs gael eu trwsio. Ac felly'r oeddwn i'n fy ngweld fy hun. Roedd hi'n bwysig cael rwtîn, a dyna oedd yn fy nghario fi. Os oedd hi'n brynhawn tawel a dim llawer o ddim byd i'w wneud yn y Senedd, roedd y rhan fwyaf yn mynd i yfed, ond ro'n i'n glynu at y rwtîn, achos y rwtîn oedd y cledrau a'r rheiny oedd yn fy nghadw fi ar y trywydd iawn, a rhag mynd yn ôl ar y botel.

PENNOD 14

Doethion a dyffars, a choridorau grym

Mae Tŷ'r Cyffredin a'r Senedd yn lle rhyfeddol, ac yn llawn cymeriadau – doethion ac athrylithoedd, ffyliaid a chrancs. Roedd hi'n rhyfedd mynd drwy'r Senedd ar y diwrnod cyntaf yn gweld y mawrion i gyd, rhai ohonyn nhw, megis Denis Healey neu Willie Whitelaw, wedi bod yn gwleidydda ers pan o'n i'n hogyn. Dwi'n cofio gweld Tony Blair yn chwerthin efo Bill Clinton – a dwi ddim yn dweud hyn er mwyn rhaffu enwau pobl enwog rŵan. Lle gwaith oedd o i mi, ac roeddwn i'n cymryd y bobol yma'n ganiataol ar ôl wythnos neu ddwy, heb edrych ddwywaith arnyn nhw. O'r tu allan, mae'r adeiladau seneddol yn edrych fel rhyw blasty enfawr, ond ym mol yr adeilad mae'r lle'n rhwydwaith o goridorau a chynteddau yn cordeddu yma a thraw.

Wna i byth anghofio gweld Tony Blair yn annisgwyl un diwrnod. Ro'n i newydd wneud cyfweliad efo rhywun, ac wedi mynd allan am smôc i'r cowt, a phwy oedd yn sefyll yno ond y fo, ac yn ddiarwybod i mi roedd 'na dorf o ffotograffwyr rownd y gornel yn aros amdano fo. Mi ganodd ei *pager* yn ei boced o, i ddweud fod pawb yn barod am wn i, ac yn yr eiliad honno mi newidiodd ei osgo'n llwyr. Mae o'n ddyn tal p'run bynnag, ond mi faswn i'n taeru ei fod o wedi tyfu tua chwe modfedd. Roedd o'n ddramatig iawn, iawn, a wna i ddim anghofio'r foment honno. Roedd o fel rhyw *shapeshifter* neu rywbeth arallfydol felly. Profiad rhyfedd iawn.

Fel yr ydw i wedi crybwyll eisoes, doeddwn i ddim yn ffan mawr o Tony Blair, ond mae'n rhaid i mi achub ei gam o ynghylch un neu ddau o bethau. Roedd o'n cael ei feirniadu gan ei blaid ei hun am nad oedd o yn eu tyb nhw yn ddigon o ddyn 'seneddol'. Doedd o ddim yn ddyn oedd yn mynd am banad neu am beint efo'r werin. Ond, chwarae teg, doedd ganddo fo ddim amser – roedd o'n Brif Weinidog, roedd o'n trio rhedeg y wlad, neno'r tad, nid cymdeithasu neu hel diod. Ond roedd hyn yn gwneud drwg iddo o ran 'y teulu Llafur'. Roedd llawer o'r hen stejars yn amheus ohono, achos doedd o ddim wedi bod yn Llafurwr o'i grud chwaith. Er enghraifft, roedd ei dad wedi bod yn gadeirydd Cymdeithas y Ceidwadwyr yn Durham, er ei fod wedi bod yn Gomiwnydd hefyd pan oedd o'n iau. Roedd pobol yn cydnabod gwerth Tony Blair fel arweinydd, ac fel rhywun oedd wedi rhoi cyfeiriad a phwrpas newydd i'r blaid a'i gwneud hi'n etholadwy. Ond er iddo ennill etholiad 1997 efo mwyafrif aruthrol, y meddylfryd gan nifer oddi mewn i'r blaid, a dyfynnu Margaret Thatcher, oedd: 'Is he one of us?' A doedd llawer o Aelodau Seneddol Llafur ddim yn meddwl ei fod o.

Mi newidiodd Blair naws y blaid yn gyfan gwbl, neu fasa hi erioed wedi ennill etholiad eto. Meddyliwch am yr hyn a wnaeth i Gymal 4 – *Clause 4* – ynglŷn â'r polisi o wladoli diwydiannau ac ati. Roedd dileu hwn yn gam dewr iawn, ac roedd 'na wrthwynebiad chwyrn. Ond roedd o'n gam pwysig am ei fod yn rhoi neges i'r etholwyr. Wrth ddileu Cymal 4 roedd o'n datgan yn blwmp ac yn blaen fod Llafur wedi newid ac nad oedd hi bellach yn blaid oedd yn gwladoli popeth. Roedd o'n newid go sylfaenol, ac yn rhoi arwydd clir i'r etholwyr bod rhywbeth mawr yn digwydd oddi mewn i'r Blaid Lafur.

John Prescott ddaru achub ei groen o yn y gynhadledd pan drafodwyd Cymal 4. Roedd ei gefnogaeth o yn holl-bwysig. Wrth gwrs, roedd cael gwared ar Gymal 4 yn rhan o'r broses sbin hefyd. Dyna ydi cymaint o wleidyddiaeth p'run bynnag – delwedd. Mi newidiodd Blair ddelwedd y Blaid Lafur yn llwyr. Roeddan nhw'n arfer gorffen cyn-adleddau trwy ganu 'The Red Flag'. Mi aeth hynny drwy'r ffenest. Mi newidiwyd y bathodyn yn rhosyn llwyd, mi newidiodd y berthynas efo'r undebau, ac mi aethpwyd mor bell â newid enw'r blaid yn 'Llafur Newydd'. Ond yr hyn sy'n ddiddorol am Lafur Newydd ydi hyn: oedd, mi oedd o'n rym ymhlith y *chattering classes* yn Llundain, efallai, ond chafodd o fawr o afael yng Nghymru, er enghraifft. Do, mi gafodd Chris Bryant ei ethol yn y Rhondda yn y cyfnod yna, ac roedd o'n un o'r lladmeryddion ffyrnicaf dros Lafur Newydd, ac yn ffitio'r proffil newydd i'r dim – dyn ifanc, hoyw, ac yn hollol groes i'r stereoteip traddodiadol o Aelod Seneddol yn y Cymoedd, sef dyn canol oed efo siwt lwyd a gwallt llwyd yn yfed peintiau. Ond ar wahân iddo fo, yma yng Nghymru roedd Llafur Newydd yn dal yn debyg iawn i'r hen Lafur.

Cyn 1997 Ann Clwyd oedd un o'r ychydig ferched yn y Senedd. Cafodd ei hethol yng Nghwm Cynon mewn isetholiad yn 1984, ar ôl cyfnod yn Senedd Ewrop. Ar un adeg roedd pobol fel Ann yn eithriadau prin iawn, nid yn unig yng Nghymru, ond yng ngweddill Ynysoedd Prydain. Ond ar ôl etholiad cyffredinol 1997 mi oedd 'na dros gant o ferched ar y meinciau Llafur, a nifer fawr ohonyn nhw'n ifanc a brwdfrydig. Felly newidiodd Tony Blair nid yn unig ddelwedd y Blaid Lafur, roedd o wedi newid ei chynnwys hi hefyd.

Roedd 'na gymaint o rwystrau ar ferched rhag mynd i mewn i wleidyddiaeth yn yr hen ddyddiau, fel yr oedd cymaint o rwystrau ar ferched rhag cael gyrfa mewn unrhyw broffesiwn, oherwydd disgwyliadau a diwylliant y cyfnod. Lle'r ferch oedd bod adref yn gwarchod y plant – dyna'r meddylfryd. Newidiwyd y system dethol ymgeiswyr yn llwyr i ddenu mwy o ferched i'r rhengoedd. Mae oriau gwaith Siambr Tŷ'r Cyffredin wedi newid hefyd. Pan o'n i'n gweithio yno, roedd y bleidlais olaf am ddeg o'r gloch y nos. Roedd hynny'n adlewyrchu'r cyfnod pan mai dim ond pobol gyfoethog oedd yn medru mynd i San Steffan. Roedd nifer ohonyn nhw'n fargyfreithwyr neu'n fancwyr yn y Ddinas – dyna oedd eu prif waith nhw. Ail swydd oedd bod yn Aelod Seneddol, ac roeddan nhw'n mynd i'w prif waith yn y bore, ac i'r Senedd yn y pnawn, pan oedd honno'n agor am 2.30. Rhyfedd o fyd. Erbyn heddiw, fel arfer mae'r dadleuon yn gorffen am saith, sy'n ei gwneud hi fymryn yn haws i'r aelodau hynny sydd â theulu.

Mae'r ffaith mai merch, Frances O'Grady, ydi Ysgrifennydd y TUC wrth i mi sgwennu hwn yn adlewyrchu'r newid sydd wedi digwydd oddi mewn i'r undebau llafur. Merched ydi mwyafrif aelodau undeb Unsain, er enghraifft, achos eu bod nhw'n gweithio yn y sector gyhoeddus, megis pobol sy'n glanhau ysgolion neu'n gweithio mewn ceginau ysgolion. Maen nhw'n weithwyr rhan-amser ac yn aelodau o undeb, felly mae llais merched rŵan yn llawer iawn cryfach a mwy dylanwadol nag y buodd o erioed. Mae David Cameron wedi gweld hynny ac mae'n bolisi gan y Ceidwadwyr bellach yn ogystal i drio swcro mwy o ferched i fynd yn wleidyddion. Mae o hefyd i'w weld yn y Cynulliad erbyn hyn, ac etholiad cyffredinol 1997 oedd y trobwynt yn hyn o beth.

Y frwydr fawr i David Cornock a finnau fel gohebwyr seneddol oedd atgoffa gwrandawyr a gwylwyr Radio Wales a *Wales Today*, Radio Cymru a *Newyddion*, fod y Senedd yn dal i fodoli. Roedd y Cynulliad wedi dechrau ar ei waith bellach, felly roedd y ffocws i gyd ar Fae Caerdydd, ond roedd 'na gymaint o bethau yn dal i gael eu penderfynu yn Llundain. Roedd hi'n frwydr fawr cael rhaglenni i gofio fod y Senedd yn Llundain yn bodoli o gwbl. Dwi'n meddwl mai Alun Michael ddechreuodd sôn am 'Dîm Cymru', lle'r oedd o'n gweld y BBC fel rhan o'r fenter fawr newydd yma yng Nghaerdydd. Ond doeddan ni ddim yno i fod yn fêts ac i ddweud mai'r Cynulliad oedd y peth gorau fu erioed. Ein gwaith ni oedd dod o hyd i straeon a chael atebion gan y gwleidyddion oedd yn atebion gonest, tryloyw.

Mi oedd y pedair blynedd y bûm i'n gweithio i Ann Clwyd rhwng 1993 ac 1997 yn help mawr i mi ddod i adnabod nid dim ond y gwleidyddion, ond pobol fel y plismyn oedd yn gweithio yn San Steffan, y merched oedd yn glanhau a'r rhai oedd yn gweithio yn y cantîn. Hwyrach y bydd hyn yn dipyn o syndod i rai pobol, ond mi oeddwn i ar delerau da efo llawer o Aelodau Seneddol Ceidwadol hefyd. Er enghraifft, mi ddois i'n ffrindiau mawr efo Irvine Patnick, Aelod Seneddol un o seddi Sheffield. Dwi'n ei grybwyll o oherwydd iddo gael ei feirniadu'n hallt yn 2013 pan gyhoeddwyd yr adroddiad ar drychineb Hillsborough. Fo oedd Aelod Seneddol ardal Hillsborough a fo gafodd y bai am wneud yr honiad fod y drychineb wedi digwydd oherwydd fod cefnogwyr tîm pêl-droed Lerpwl yn feddw. Mi ddaru David Cameron ei enwi o yn Nhŷ'r Cyffredin yn ystod yr adroddiad ar Hillsborough, ac o fewn chwe mis roedd Irvine Patnick wedi marw. Ond roeddwn i'n meddwl bod ei enwi fo yn gwbl annheg, achos y cwbl wnaeth o oedd ailadrodd beth roedd y plismyn wedi'i ddweud wrtho fo ar y pryd. Gwas bach oedd o yn adrodd yr hyn roedd rhywun arall wedi'i ddweud, ac mi gafodd o fai ar gam. Dwi'n argyhoeddedig fod ei farwolaeth yn gysylltiedig â chael ei enwi fel y cafodd o. *Self-made man* oedd o, Iddew, a boi unigryw. Roedd o reit ar asgell dde ei blaid, ond roeddwn i'n gwneud yn iawn efo fo. Dwi'n meddwl mai'r rheswm am hynny oedd bod daliadau gwleidyddol Ann Clwyd a'i ddaliadau o mor hollol wahanol i'w gilydd, ac eto roedd ganddo fo barch mawr tuag at Ann. Ei lein arferol o oedd: 'At least you know what she stands for', ac roedd o yn llygad ei le yn hynny o beth.

Yn ogystal â'r cymeriadau a'r straeon yr oedd rhywun yn eu cael yn San Steffan, rhywbeth arall oedd yn ddiddorol am weithio yno oedd y digwyddiadau, y rhwysg a'r seremoni. Mi gafodd rhan helaeth o'r Senedd ei bomio adeg y rhyfel a'r unig ran sy'n dal i sefyll o'r Senedd wreiddiol ydi Westminster Hall, a gafodd ei adeiladu yn y ddeuddegfed ganrif. Mae'r lle yn anferth, maint sawl cae pêl-droed, mae'n siŵr, a honno ydi'r neuadd lle mae enwogion a gwladweinwyr y byd yn dod pan maen nhw ar ymweliad â Llundain. Mi ddaeth Nelson Mandela a Bill Clinton yno ar ymweliadau swyddogol pan oeddwn i'n gweithio yno, a phan fu farw'r Fam Frenhines yn y fan honno y cafodd ei harch ei gosod er mwyn i bobol dalu teyrnged iddi. Roedd naws y lle ar y pryd yn drawiadol. Roedd yr arch wedi'i gosod ar lwyfan isel, ac roedd 'na bedwar aelod o Warchodlu'r Grenadiers yn gwylio drosti, un ar bob cornel. Roedd ei choron hi ar gaead yr arch, ac roedd y lle yn berffaith dawel. Roedd hynny'n taro rhywun, ond yr hyn wnaeth yr argraff fwyaf arna i oedd pa mor fychan oedd yr arch.

William Hague oedd Arweinydd yr Wrthblaid pan oeddwn i'n dechrau gweithio yn y Senedd. Roedd o wedi bod yn Ysgrifennydd Gwladol dros Gymru, ac wedi priodi Cymraes, Ffion, sy'n siarad yr iaith. Mi oedd gen i berthynas dda efo fo hefyd. Roeddwn i'n ei gael o'n foi hynaws iawn. Doeddan ni ddim yn holi cymaint â hynny ar y Toriaid. Y llywodraeth Lafur oedd y stori, a doedd gan y Ceidwadwyr ddim un Aelod Seneddol yng Nghymru ers 1997 beth bynnag. Ond dwi'n cofio mynd i holi William Hague un tro, yn ei swyddfa a oedd yn nhop rhyw dŵr. Mae gen i flew yn tyfu ar flaen fy nhrwyn, ac mae'n rhaid i mi ei siafio o bryd i'w gilydd, a digwydd bod y bore hwnnw roeddwn i wedi torri fy hun wrth wneud. Erbyn cyrraedd y gwaith roedd 'na grachen fach yno. Popeth yn iawn. Ond ar y ffordd i fyny i swyddfa Hague, a heb feddwl, mi grafais fy nhrwyn a thorri'r grachen. Mi ddechreuodd bistyllio gwaedu eto. Felly dychmygwch gyrraedd swyddfa Arweinydd yr Wrthblaid efo criw camera, a'r gohebydd yn gorfod mynd ar ei liniau o flaen cadair William Hague i'w holi fo (oherwydd diffyg lle ac i fod allan o'r siot), efo hances boced fawr wrth ei drwyn am ei fod o'n gwaedu fel mochyn. A wyddoch chi be? Roedd o'n ormod o ŵr bonheddig i ddweud dim am y peth. Wnaeth o ddim cymryd arno, fel tasa fo'r peth mwyaf naturiol. Pan es i o 'na, mae'n siŵr ei fod wedi gofyn i'w ysgrifenyddes: 'Who the hell was that? Why did the BBC send him?' Gŵr bonheddig.

Mae 'na siop yn y Senedd yn gwerthu pob math o anrhegion a chofroddion seneddol, a bob blwyddyn roeddwn i'n mynd yno i brynu pum potel o wisgi, efo logo Tŷ'r Cyffredin neu Dŷ'r Arglwyddi arnyn nhw. Nid i mi fy hun, rwy'n prysuro i ddweud, ond fel anrhegion i bobol eraill – fy nhad, fy ewyrth Joe, Now Jôs oedd yn arfer byw drws nesaf i 'Nhad, Owen Jones (Now Jôs arall!) a oedd yn gweithio yn y storfa yn Rio Tinto, a Iorwerth Rowlands, neu Iorwerth Bryn Bela fel yr oedd o i ni, cynghorydd sir ac un o ffrindiau pennaf fy nhad. Un tro roeddwn i yn y ciw yn y siop 'ma, ac mi glywn rywbeth yn mynd ymlaen y tu ôl i mi, a phwy oedd yno ond Mrs Thatcher. Mi aeth hi'n sgwrs rhyngddom ni, ac mi oedd hi'r beth glenia'n fyw! Roedd o'r un fath yn union â chael sgwrs efo rhywun yn y ciw yn Tesco Bangor. Roedd hi yn Nhŷ'r Arglwyddi erbyn hynny, fel y Farwnes Thatcher, a dyma fi'n dweud wrthi: 'You're far away from your normal stomping ground.' A dyma hithau'n egluro ei bod hi yno i nôl mints i'w gŵr, Denis:

'Denis insists on a box of Bendicks Mints at Christmas and they'd run out in the House of Lords shop.'

Mi gynigiais iddi fynd o 'mlaen i yn y ciw, rhag ofn fod y ddynes ar frys i fynd i ryw ddadl bwysig yn Nhŷ'r Arglwyddi neu rywbeth. Wel? Chwarae teg, roedd hi'n ddigon clên efo fi y diwrnod hwnnw, felly roedd o'r peth lleiaf fedrwn i ei wneud fel gŵr bonheddig. Ond gwrthod yn blaen wnaeth hi. Roeddwn i wedi'i gweld hi yn y Siambr droeon, wrth gwrs, ond y tro hwn roeddwn i'n sefyll reit wrth ei hymyl hi, a'r hyn a'm trawodd i oedd pa mor fychan oedd hi o ran corffolaeth.

Un o eiconau Tŷ'r Cyffredin ydi Dennis Skinner, Aelod Seneddol Bolsover, Swydd Derby. Mae o'n wleidydd o'r hen deip – dydi o ddim yn aelod o unrhyw bwyllgor, a dydi o erioed wedi bod yn aelod achos mae o o'r farn mai calon y system ddemocrataidd ydi'r Senedd ac mai calon y Senedd ydi Siambr Tŷ'r Cyffredin. Felly, mae o'n eistedd yn ei le yn brydlon am 11.00 y bore pan mae'r sesiwn yn agor ac mae o yno nes i'r sesiwn gau. Mae o'n rhan o ddodrefn y Senedd. Pan mae'r Senedd yn agor, a'r Frenhines yn dod i Dŷ'r Arglwyddi i ddarllen ei haraith sy'n amlinellu beth mae'r llywodraeth newydd yn mynd i'w wneud, mae 'na swyddog o'r enw Black Rod yn cael ei anfon yn ei lifrai canoloesol oddi yno, drwy'r Lobi Ganolog, ac i Dŷ'r Cyffredin. Pan mae o o fewn tri cham i ddrws Siambr Tŷ'r Cyffredin mae 'na stiward yn cau y drws yn glep yn ei wyneb. Wedyn mae Black Rod yn curo ar y drws efo'i ffon (dyna pam mae o'n cael ei alw'n Black Rod, wrth gwrs, nid am ei fod o'n groenddu ac yn sicr nid am mai Rodney ydi'i enw fo). Wedyn mae'n cael ei adael i mewn ac mae o'n martsio'n ara deg at gadair y Llefarydd, a phob tro yn ystod y ddefod hon mae Dennis Skinner wedi paratoi rhywbeth doniol i'w ddweud wrth i Black Rod ymddangos: 'Those black tights he's wearing don't do much for him, I can see his varicose veins . . .' – y math yna o beth. Ac mae sylwadau Dennis bellach yn rhan o'r ddefod o agor y Senedd i lawer. Mi fydd o wedi bod yn ymarfer ei lein ers dyddiau, ac mae ei amseru'n berffaith. Pan mae Black Rod yn dod i mewn, mae'r lle'n mynd yn dawel a'r cwbl yr ydach chi'n ei glywed ydi sŵn ei draed ar y teils. Mae Dennis yn disgwyl am y saib, a phan ddaw o mae'n dweud ei lein. Mae 'na feicroffon uwch ei ben o, ac mae o i'w glywed yn blaen. Mae o hyd yn oed i'w glywed ar y teledu, ac mae'n beth rhyfedd nad ydi o wedi cael ei geryddu ond mae'n ei wneud o ers blynyddoedd.

Pan o'n i'n gweithio yn y Senedd, y Llefarydd oedd Betty Boothroyd. Dyna i chi ddynes a hanner. Roedd Betty wedi dechrau fel un o ddawnswyr y Tiller Girls yn y London Palladium. Mi aeth i weithio fel ysgrifenyddes i Aelod Seneddol ac yna cafodd ei hethol yn Aelod Seneddol ei hun, yn etholaeth West Bromwich ac yna West Bromwich West. Dwi'n cofio, pan gafodd ei phenodi'n Llefarydd, nad oedd neb yn siŵr iawn sut i'w chyfarch hi am mai hi oedd y ddynes gyntaf i wneud y swydd. Fyddai 'Mr Speaker' ddim yn gweddu wrth reswm pawb. Ond cofiodd rhywun am y sioe gerdd boblogaidd *Call Me Madam*, a 'Madam Speaker' oedd hi wedyn. Roedd hi'n arbennig yn y swydd. Yn hytrach na rhoi cerydd i rywun, ei harf pennaf – a pheryclaf – oedd hiwmor, ac mi oedd hwnnw'n gweithio bob amser i dawelu'r dyfroedd os oedd pethau'n mynd yn boeth, achos unwaith y cewch chi rywun i chwerthin mi ydach chi wedi ennill hanner y frwydr, a dyna oedd steil Betty.

Mae gen i ddiddordeb mawr yn hanes y Senedd a San Steffan hefyd. Mae 'na gymaint o hanes yn gysylltiedig â'r lle, fedrwch chi ddim peidio â'i deimlo fo. Westminster Hall, er enghraifft. Ro'n i'n gweithio oriau hir, a phan oeddwn i'n mynd adref ro'n i'n gadael Millbank, croesi'r lôn, dod trwy un o'r drysau cefn a mynd trwy Westminster Hall i groesi ar gyfer y Tiwb. Erbyn tua 9.30 i 10.00 o'r gloch mi fasa'r golau wedi ei droi i lawr a thawelwch dros y lle, ac ar adegau felly roeddech chi bron iawn yn clywed lleisiau'r gorffennol yn sisial arnoch chi drwy'r cerrig. Mae'n adeilad wyth can mlwydd oed wedi'r cwbl. Ar y llawr yn Westminster Hall mae 'na blaciau pres, a dwi'n cofio'r wefr o weld beth oedd ar un neu ddau ohonyn nhw: 'Sir Winston Churchill was laid to rest in state here', neu eiriau cyffelyb, a: 'Charles I was sentenced to death at this spot'; 'Thomas Moore was sentenced to be executed here'. Fedrech chi ddim peidio â theimlo'r effaith.

Mi oedd o'n benderfyniad bwriadol i'r Cynulliad beidio ag efelychu San Steffan, a dwi'n dallt yn iawn pam, wrth gwrs. Roeddan nhw isio cael eu gweld fel rhywbeth gwahanol, nid fel rhyw gopi o San Steffan. Ond pan mae'r Senedd yn agor yn y bore mae 'na orymdaith o Swyddfa'r Llefarydd drwy'r Lobi Ganolog, ac mi glywch lais plisman yn gweiddi, 'Hats off, strangers!', sef unrhyw un sydd ddim yn Aelod Seneddol neu'n Aelod o Dŷ'r Arglwyddi. Mae'r osgordd yn mynd drwodd a'r byrllysg neu'r *mace* yn ei harwain yn y tu blaen, cyn diflannu i mewn i'r Siambr. Mae'n fy atgoffa i o Orsedd y Beirdd. Rŵan, nid beirniadaeth ydi hyn, ond dyma'r math o beth sy'n brin yn y Cynulliad. Does gynnoch chi mo'r traddodiad yma. Doedd dim modd iddyn nhw efelychu San Steffan yn llawn p'run bynnag, achos bod adeilad y Cynulliad mor newydd. Ond mae cartre'r Cynulliad mor ddigymeriad â rhyw siop fawr neu ffatri. Mae o fel camu i mewn i Tesco neu B&Q. Camwch chi i mewn i San Steffan ac mae'r hanes yn eich taro chi yn eich wyneb yn syth bìn. Mae 'na *mystique* yno, ac mae hynny'n bwysig. A dyna ydi'r gwahaniaeth. Dwi'n gobeithio y daw hyn ymhen amser. Dwi wedi awgrymu'r peth wrth nifer o Aelodau Cynulliad. Er enghraifft, pam y mae Llythyr Pennal yn dal ym Mharis? Pam nad ydi o yng Nghaerdydd, yn y Senedd? Nid copi ohono, ond y llythyr ei hun. Pam lai? Mi ddylai fod mewn cas gwydr yn y Senedd i gynrychioli un rhan o draddodiad hanesyddol, gwleidyddol Cymru.

Dyna ichi'r traddodiad deheuol, glofaol wedyn – mi ddaru Noah Ablett, arweinydd Syndicalaidd y glowyr, gyhoeddi pamffled yn 1912 o'r enw *The Miners' Next Step*, sef galwad i wladoli'r diwydiant glo. Llythyr Pennal mewn cas ar un ochr, a *The Miners' Next Step* mewn cas ar yr ochr arall, ac mae 'na amryw byd o bethau eraill y gellid eu cael yno, dim ond i ddangos bod gynnon ninnau hanes, a thraddodiad gwleidyddol hir ac anrhydeddus.

Mae 'na draddodiadau a rheolau cyntefig, hen ffasiwn a rhyfedd ofnadwy yn perthyn i San Steffan – Siambr Tŷ'r Cyffredin yn enwedig. Er enghraifft, yn y drafodaeth ar y Gyllideb, os ydi Aelod Seneddol ar ei draed yn ymateb i araith y Canghellor, chaiff neb ei herio fo oni bai eu bod nhw'n gwisgo het silc – *top hat*. Ac roedd het silc yn cael ei chadw i'r pwrpas hwnnw yn sedd y Llefarydd. Chaiff Aelod Seneddol ddim marw yn Nhŷ'r Cyffredin chwaith. Os ydi rhywun mor anffodus ag ymadael â'r fuchedd hon oddi mewn i'r coridorau cysegredig, yna maen nhw'n mynd â'r corff i Ysbyty St Thomas ar draws afon Tafwys, a fan'no maen nhw'n arwyddo'r dystysgrif marwolaeth. Chaiff Aelod Seneddol ddim cyhuddo Aelod Seneddol arall o ddweud celwydd yn y Siambr, a chân nhw ddim dweud fod Aelod Seneddol yn feddw chwaith. 'Tired and emotional' ydi'r term sy'n tueddu i gael ei ddefnyddio. Mi welais i sawl Aelod Seneddol blinedig ac emosiynol yn ystod fy nghyfnod yno, rhai ohonyn nhw'n ffigurau amlwg iawn, fel y cewch chi glywed yn y man.

Y ddau wleidydd y gwnes i fwynhau eu cwmni nhw fwyaf oedd Gwilym Prys Davies a John Prescott. Mae Gwilym Prys Davies yn un o'r cymeriadau mawr i mi. Y drasiedi yw y bydd o'n cael ei gofio fel y dyn a gollodd Gaerfyrddin i Gwynfor Evans yn 1966, ond bobol bach, mae ei gyfraniad o i wleidyddiaeth Cymru gymaint yn fwy na hynny. Chafodd o mo'i ethol yn Aelod Seneddol, ond mae'n aelod o Dŷ'r Arglwyddi ers blynyddoedd. Mae o'n tynnu am ei 90 rŵan, ac yn byw efo'i ferch yn Llundain, ac mae ei feddwl o mor chwim ag erioed. Fo oedd llefarydd y Blaid Lafur ar Ogledd Iwerddon yn Nhŷ'r Arglwyddi pan oeddwn i'n gweithio yn y Senedd. Bu'n ymgynghorydd arbennig i John Morris pan oedd o'n Ysgrifennydd Gwladol Cymru, a dyna oedd ei gyfraniad mawr o, efallai – gweithio yn y cefndir, ond yn gwneud pethau mawr. Fo, er enghraifft, oedd un o geffylau blaen yr ymgyrch Senedd i Gymru ar ddechrau'r pumdegau. Roedd o hefyd yn flaenllaw efo Mudiad Gweriniaethol Cymru yr adeg honno. Dwi wedi trio'i berswadio fo sawl tro i ddweud hanes y mudiad hwnnw, achos ychydig iawn yr ydan ni'n ei wybod amdano ar wahân i'r ffaith eu bod nhw'n grŵp asgell chwith a oedd am weld hunanlywodraeth i Gymru, ond yn gweld y Blaid Lafur a Phlaid Cymru'n symud yn rhy ara deg i wireddu'r freuddwyd honno. Mi oedd pobol fel y bardd Harri Webb ac Ithel Davies, er enghraifft, yn aelodau, ond mae Gwilym yn gyndyn iawn i sôn am y cyfnod yna.

Mi o'n i'n arfer cael cinio efo fo unwaith y mis, a doedd o ddim 'run fath â siarad efo Aelod Seneddol cyffredin yn y cantîn. Roedd Gwilym mewn cae arall; roedd o'n ddyn mor ddiwylliedig, hirben a doeth. Roedd y profiad yn debycach i seminar prifysgol, neu seiat. Er bod ei waith gwleidyddol wedi digwydd tu ôl i'r llenni ar wahanol bwyllgorau dylanwadol, does gen i ddim amheuaeth nad ydi Gwilym Prys Davies yn un o'r meddylwyr gwleidyddol mwyaf praff sydd gynnon ni yng Nghymru.

Un o'r cyfweliadau roddodd fwyaf o bleser i mi oedd holi John Prescott o bawb, flwyddyn wedi'r digwyddiad enwog hwnnw yn y Rhyl, pan roddodd o swadan i ryw foi a oedd wedi taflu wy ato fo. Y rheswm yr oeddwn i'n ei holi oedd ei fod o wedi cyhoeddi ei fod yn gadael y Senedd, ac roedd o ar daith ychydig cyn etholiad cyffredinol 2009, pan gollodd Llafur. Roedd o yng ngogledd Cymru, a'r hyn roedd ei swyddfa wedi'i ddisgwyl oedd cyfweliad dau funud yn holi pam ei fod o i fyny yn y Gogledd, beth oedd rhagolygon Llafur yn yr etholiad ac yn y blaen. Ond roeddwn i'n meddwl ei fod o'n haeddu mwy na hynny, achos roedd y dyn yma, gafodd ei eni ym Mhrestatyn, wedi bod yn ddirprwy Brif Weinidog mewn cyfnod cyffrous tu hwnt, a rŵan roedd ei yrfa wleidyddol yn Nhŷ'r Cyffredin yn dod i ben. Gan nad oedd o'n sefyll yn 2009 mi ges i'r syniad: beth am wneud cais i wneud cyfweliad efo fo yn edrych yn ôl dros ei yrfa? Ymateb y Blaid Lafur oedd ei fod yn bur annhebygol o gytuno. Mi wyddwn i nad oedd Prescott yn rhy hoff o'r BBC p'run bynnag, am ei fod o'r farn ei fod yn llawn o bobol Caer-grawnt a Rhydychen, dosbarth canol, Torïaidd ac yn y blaen. Roedd o'n cydnabod ei hun fod ganddo *chip* ar ei ysgwydd ynglŷn â'r peth. Stiward llong oedd o cyn cael ei ethol i'r Senedd, a doedd o ddim wedi bod i brifysgol yn ddyn ifanc. Mi aeth i brifysgol wedyn – i Goleg Ruskin, Rhydychen, sef coleg i oedolion heb gymwysterau addysgol – ac roedd hynny'n ychwanegu at y teimlad israddol, mae'n rhaid. Ond mi gytunodd i wneud y cyfweliad efo fi, ac mi alla i ei weld o rŵan efo'r gwarchodwyr a golwg ar ei wyneb fel tasa fo newydd lyncu gwenyn meirch. Dyma'r camerâu'n dechrau recordio, ac roedd o'n gwgu fel y cythraul ei hun ar y cychwyn. Ond dyma fi'n gofyn iddo fo oedd o'n difaru rhoi dwrn i'r boi daflodd wy ato fo. Oedd, mi oedd o'n difaru, medda fo – nid yn gymaint beth oedd wedi digwydd ond y ffordd y digwyddodd o. A dyma finnau'n gofyn sut oedd Tony Blair wedi ymateb, a dyma 'na wên yn dod o rywle, a dyma fo'n dweud ei fod o wedi codi'i ysgwyddau a dweud mai John oedd John.

Ro'n i'n teimlo fy mod i'n siarad nid efo'r cyn-ddirprwy Brif Weinidog ond efo John Prescott y dyn, ac mi gefais i wedd hollol newydd arno fo yn ystod y cyfweliad yna. Mi aeth ymlaen i sôn am ei ddiddordebau bellach, ac roedd yn gweld ei swyddogaeth fel ymgyrchydd i'r Blaid Lafur. Doedd o ddim yn rhy awyddus i fynd i Dŷ'r Arglwyddi, ond roedd y penderfyniad wedi'i wneud, medda fo – gan ei wraig. Roedd hi isio iddo fo fynd yno. Ond ychwanegodd mai hi fuasai'n cael y gwahoddiadau i fynychu gwahanol ddigwyddiadau wedyn, nid y fo. Ac i danlinellu'r pwynt, roedd o eisoes wedi cael un gwahoddiad o'r fath – wedi'i gyfeirio at 'Mrs John Prescott & Friend'. Roedd o'n gyfweliad llawer iawn haws na'r disgwyl, ac roedd o'n gymeriad llawer mwy hawddgar nag yr oeddwn i wedi'i ddisgwyl, a'i ymateb i'r cwestiynau yn llawer mwy graslon. Mi wnes i fwynhau ei gwmni'n fawr iawn.

Dwi wedi cael yr un profiad hefyd yn holi Dafydd Wigley, er enghraifft. Mae Dafydd ei hun yn cydnabod ei fod yn medru bod yn ddyn blin iawn ar adegau, ond dwi wedi bod ar delerau da iawn efo fo ac mae gen i'r parch mwyaf ato. Yn yr un modd, ro'n i ar delerau da iawn efo'r diweddar Syr Wyn Roberts – yr Arglwydd Roberts o Gonwy. Y llinyn cyswllt pennaf oedd y ffaith ein bod ni'n dau'n dod o Sir Fôn – Llansadwrn yn ei achos o, heb fod ymhell o Langoed a dweud y gwir. Roedd ei gyfraniad gwleidyddol o'n anferthol – Deddf yr Iaith, Bwrdd yr Iaith, S4C. Ond i mi, ei gyfraniad mwyaf, yn enwedig i fywydau pobol gyffredin, ydi'r A55 ar draws gogledd Cymru. Fo oedd y gweinidog roddodd sêl bendith ar y cynllun sydd wedi gwneud cyfraniad uniongyrchol pwysig iawn i economi'r rhan yna o Gymru. O achos y cynnydd mewn traffig mae hi'n dangos ei hoed erbyn heddiw, ac os cewch chi ddamwain arni, yna mae 'na broblemau a thagfeydd aruthrol yn codi. Ond dwi'n ddigon hen i gofio tripiau ysgol Sul i'r Rhyl, neu rywle felly, lle'r oeddech chi'n gorfod eistedd yn y bws am oriau yn sownd yng Nghonwy, bron â marw isio pi-pi, ond yn methu symud oherwydd tagfeydd traffig. Cyrraedd y Rhyl, cael awran yn fan'no, stopio am jips ar y ffordd adra, a mynd yn sownd yng Nghonwy am ddwy awr arall. Os ydach chi'n meddwl bod yr A55 yn ddrwg, dydi hi ddim yn dod yn agos i sut roedd hi ers talwm. Oedd, mi oedd Deddf yr Iaith ac S4C yn bwysig, ond i mi y cyfraniad bara menyn pobol gyffredin oedd yr A55. Mi oedd colli Syr Wyn yn dipyn o golled, ac yn fy marn i dydi o ddim wedi cael ei haeddiant oherwydd mai Tori oedd o. Yn y Gymru Gymraeg doedd hi ddim yn dderbyniol i neb gydnabod eu bod nhw'n Geidwadwr.

Fel Cymry Cymraeg mae gynnon ni'r syniad 'ma o Gymru fel gwlad radicalaidd, asgell chwith. Nonsens llwyr! O ran agweddau cymdeithasol bu Cymru'n un o'r gwledydd mwyaf adweithiol sy'n bod – er enghraifft, ar bwnc merched. Mi gafodd Ann Clwyd drafferthion ofnadwy hyd yn oed i gael ei hystyried i fod yn Aelod Seneddol ar y dechrau. Roedd yr agwedd at wrywgydwyr yn rhan o'r un *malaise* ers talwm. Mae'r gair gwrywgydwyr ynddo'i hun yn rhan o'r agwedd honno, tydi? 'Hoyw' ydi'r gair *PC* rŵan, ond ar lafar gwlad, ers talwm o leiaf, mi gaech chi 'pansan', 'cadi ffan' a phob math o bethau eraill. Mae pobol hoyw yn dal i ddioddef enwau dirmygus, ond dydi pethau ddim cweit cynddrwg ag yr oeddan nhw bryd hynny.

Ella fy mod i o genhedlaeth arbennig, ond dwi ddim yn credu fod newyddiadurwr go iawn yn orddibynnol ar ddatganiadau i'r wasg. I gael y straeon, mae'n rhaid magu'r berthynas yn y lle cyntaf. Mae'n berthynas o barch, mae'n berthynas hyd-braich ac mae hi'n berthynas ar lefel bersonol, a dwi wedi trio magu'r math yna o berthynas efo gwleidyddion ar draws y pleidiau. Mae gen i'r parch mwyaf at nifer o wleidyddion, ond ychydig iawn ohonyn nhw dwi'n eu hystyried yn ffrindiau yn yr ystyr gonfensiynol. Perthynas waith oedd hi, ac yn gorfod bod felly. Ond erbyn hyn dwi'n ystyried pobol fel Elfyn Llwyd yn fêts. Nid ein bod ni'n rhannu'r un diddordebau chwaith, cofiwch – mae o'n cadw colomennod a does gen i ddim diddordeb o fath y byd yn ei ffrindiau pluog. Mi ges i ddigon arnyn nhw pan oeddwn i'n byw ar yr un strydoedd â nhw. Ond mae fy nghyfeillgarwch efo Elfyn ar lefel bersonol bellach. Yn naturiol, mae gen i'r un parch a'r un cyfeillgarwch yn achos Ann Clwyd.

Dwi wedi trio bod yr un mor strêt a gonest yn y ffordd dwi'n delio efo gwleidyddion p'un a ydyn nhw yn San Steffan, yn y Cynulliad, ar Gyngor Môn neu ar gyngor plwy, a dwi'n meddwl bod hynny'n mynd yn ôl i'r ffordd y ces i fy magu. Pan aeth fy nhad i weithio fel gwerthwr bwydydd anifeiliaid i ffarmwrs ar ôl gadael y chwarel, dwi'n ei gofio fo'n gofyn i mi un diwrnod:

'Be ydi fy job i?'

'Wel gwerthu, siŵr,' medda finnau.

'Ia, ond be 'di'r peth cynta mae gwerthwr yn ei werthu?'

'Wel, mi ydach chi'n gwerthu hadau a bwyd anifeiliaid . . .' medda finnau'n methu deall beth oedd yn bod arno fo'n gofyn y fath beth.

'Naci. Y peth cynta mae gwerthwr da yn ei werthu ydi fo'i hun.'

Gwerthu ei bersonoliaeth i'r cwsmer, fel bod hwnnw neu honno'n medru ymddiried ynddo fo, dyna oedd y cam cyntaf, medda fo. Ac mae'r wers yna ddysgais i gan fy nhad sawl blwyddyn yn ôl yn Llangoed wedi aros efo fi, a dyna'r ffordd yr ydw i wedi trio ymdrin â'r gwleidyddion dwi wedi gweithio efo nhw dros y blynyddoedd. Fedra i ddim dweud mai fel'na yr oeddwn i'n ymddwyn yn y cyfnod pan oeddwn i'n hel diod chwaith, cofiwch. Na, fel pob alcoholig, fi fy hun a neb arall oedd yn bwysig bryd hynny, a defnyddio a chymryd mantais ar bobol oedd y drefn arferol. Ond ar ôl i mi sadio, mi ddaeth fy magwraeth yn ôl i'r wyneb, a dyna'r ffordd yr ydw i wedi trio byw fy mywyd, a gweithio efo pobol.

Mae'r BBC yn gorff cyhoeddus, ac arian cyhoeddus oedd yn talu fy nghyflog i. Doeddwn i ddim yn cael fy nhalu i ledaenu propaganda'r Blaid Lafur nac unrhyw blaid arall. Mae 'na wahaniaeth rhwng gohebydd a *correspondent*. Mae gohebydd fel y meddyg teulu yn ei syrjeri, a'i waith yn amrywio o glaf i glaf, tra bod y *correspondent* fel yr arbenigwr yn yr ysbyty, yn canolbwyntio ar un maes. Mae gohebydd yno i adrodd y stori: 'Dyma sydd wedi digwydd heddiw.' Mae *correspondent* yn fwy tebygol o ddweud: 'Dyma sydd wedi digwydd heddiw, a dyma pam ...' Mae o'n rhoi'r cyd-destun. Felly, nid lledaenu propaganda ar ran yr Iraciaid na'r Blaid Lafur na neb oedd fy swyddogaeth i, ond adrodd beth oedd wedi digwydd a cheisio bod yn hollol strêt.

Dwi wedi sôn eisoes am draddodiadau rhyfedd Tŷ'r Cyffredin, a'r term 'blinedig ac emosiynol'. Wel, dwi'n cofio cael y fraint o holi Charles Kennedy mewn cynhadledd ryw dro. Ro'n i'n un o ddeuddeg gohebydd rhanbarthol oedd gan y BBC, ac roedd pob un yn cael pum munud efo fo. Mi wnes i'r un math o beth efo Tony Blair, Michael Howard a William Hague, ac roedd o'n gyfle i ofyn cwestiynau Cymreig iddyn nhw yn fy achos i. Beth bynnag, yn achos Charles Kennedy dyma ni'n cael neges yn dweud ei fod o wedi canslo ei araith fel arweinydd y diwrnod hwnnw am nad oedd o'n teimlo'n dda, ond mi fyddai'n dal i wneud y cyfweliadau ar gyfer y rhanbarthau. Popeth yn iawn. Ond wrth gerdded i'r man penodedig, roedd hi'n amlwg i bawb pam ei fod wedi canslo'i araith – roedd o'n chwil ulw gaib. Mi oedd o'n goch fel bitrwt, yn chwysu chwartiau ac yn methu cael ei eiriau allan. Roedd o'n amlwg 'yn flinedig ac yn emosiynol' iawn, iawn, ac ymhen dim dyma'r gwarchodwyr yn penderfynu mai digon oedd digon, a chafodd y cyfweliadau eu canslo hefyd. Roedd 'na straeon am Charles wedi bod yn cylchdroi yn y wasg ac yng nghoridorau grym ers peth amser, ond gwadu bod 'na broblem yr oedd y Rhyddfrydwyr bob tro, fel yr oeddwn i wedi gwadu am flynyddoedd bod gen innau broblem. Y peth hawsa'n y byd ydi dweud celwydd wrth bobol eraill os ydach chi'n dweud celwydd wrthoch chi'ch hun yn y lle cyntaf. Mi oeddwn i'n ei wneud o, ac mi oedd o'n ei wneud o. Mae o wedi datrys ei broblemau bellach, yn ôl yr hyn dwi'n ei ddeall, ac mae o'n aelod gwerthfawr ar feinciau cefn y Democratiaid Rhyddfrydol, achos pan oedd o'n sobor roedd o'n *class act* go iawn.

Mae 'na droeon trwstan yn digwydd yn ddyddiol bron yng ngwaith gohebydd, a dyma i chi un neu ddau o'r pethau gwaethaf ddigwyddodd i mi yn ystod fy ngyrfa. Dwi wedi gwneud dwsinau ar ddwsinau o adroddiadau ar gyfer rhaglenni newyddion naill ai'n fyw ar leoliad, neu o'r stiwdio yn Llundain. Ac ar adegau felly mae gofyn i unrhyw gyfrannwr siarad efo'r cyflwynydd yng Nghaerdydd i wneud yn siŵr fod popeth yn gweithio fel y dylai. Mae Garry Owen yn ddarlledwr profiadol a dibynadwy ac yn foi hynaws iawn, ond bob tro y byddwn yn siarad efo fo ar ben arall y lein roedd 'na lawer o dynnu coes rhyngddom ni'n dau, cyn mynd ar yr awyr. Dwi ddim yn cofio beth ddywedodd o ar yr achlysur arbennig hwn, ond fy ymateb ysgafn i oedd, 'O, ffyc off!' Ond beth wnaethon ni ddim ei sylweddoli ar y pryd oedd fod y dechnoleg yn golygu fod y sgwrs cyn y darllediad yn mynd i mewn rywsut neu'i gilydd i wefan y BBC. Felly ar y wefan, roedd pawb yn clywed y rhagarweiniad a'r tynnu coes rhyngddom ni, a'r rheg ar y diwedd! Roeddwn i'n teithio adref ar y Tiwb, ac erbyn i'r trên ddod allan o'r twnnel am y tro cyntaf yn South Kensington, roedd 'na ddwsin o alwadau wedi bod ar fy ffôn i. Ac fel roedd y trên yn tynnu i mewn, dyma'r ffôn yn canu eto – Siân Gwynedd, pennaeth newyddion teledu'r BBC yng Nghymru ar y pryd. Roedd hi'n gandryll! Mi ges i gythraul o lond pen ganddi. Erbyn deall yn ddiweddarach, mi oedd hi a thechnegydd wedi bod yn eu gwaith tan bedwar o'r gloch y bore wedyn yn trio sgwrio'r darn efo'r rheg oddi ar y wefan. Aeth o ddim allan ar y teledu, ond mae'n bosib iawn fod mwy o bobol yn gwrando ar y we nag sydd yn gwylio'r rhaglen.

Roedd un o fy nghamau gwag eraill i'w weld ar YouTube. Gwneud adroddiad o'r stiwdio yr oeddwn i y tro hwnnw hefyd. Pan mae'r rhaglen *Newyddion* yn dechrau, y cwbl sydd i'w glywed yn eich clust ydi'r lŵp – llais yn dweud, 'This is Cardiff to Bangor, line number blah blah blah', ac mae hwnna'n cael ei ailadrodd drosodd a throsodd, tan y gerddoriaeth agoriadol ac yna lais Dewi Llwyd ar ddechrau'r rhaglen. Roedd y rhaglen yn dechrau am 7.30 yr hwyr bryd hynny, a'r tro arbennig yma roedd hi'n 7.35 a dim smic wedi dod o Gaerdydd. Ro'n i'n meddwl fod y rhaglen flaenorol wedi rhedeg yn hwyr am ryw reswm – darllediad gwleidyddol hwyrach – a wnes i ddim meddwl mwy am y peth. Ond ymhen munud neu ddau dyma fi'n gofyn, yn reit flin, i'r peiriannydd oedd yn sefyll tu ôl i'r boi camera, 'Are we bloody well on air yet?' Wel, oeddan, mi oeddan ni 'bloody well on air' ond doeddwn i ddim yn gwybod hynny am nad oeddwn i'n clywed dim byd yn fy nghlustiau. Ond beth welodd y gwylwyr adref oedd llun y cyflwynydd yng Nghaerdydd yn dweud, 'ac mi awn ni'n syth draw i Fangor at ein gohebydd gwleidyddol, John Stevenson . . .', a finnau'n ymateb efo'r lein: 'Are we bloody well on air yet?' O ran amseru, roedd o'n edrych fel pe baen ni wedi bod yn ymarfer ers oriau.

Mi drodd fy stori olaf fel gohebydd seneddol yn dipyn o hunllef – holi Ed Miliband ar ddiwedd cynhadledd y Blaid Lafur Gymreig. Mi holais i o ar y set, ac roedd o'n gyfweliad o tua ugain munud ar gyfer y rhaglen *The Politics Show*. Mi aeth y cyfweliad yn ddi-fai. Mi wnaethon ni'r *noddies* a'r *cutaways* – sef y siots camera ychwanegol o onglau eraill, ac ohono fo a fi yn nodio yn y llefydd priodol – ac mi aeth o. Ond pan aethon ni â'r tâp yn ôl i'r fan, i'w anfon i lawr i Gaerdydd, dyma sylweddoli bod 'na nam arno. Mi aethon ni'n ôl i'r neuadd, ond erbyn i ni gyrraedd mi oedd y set lle'r oeddan ni wedi gwneud y cyfweliad a'r *cutaways* wedi cael ei thynnu i lawr! Roedd hi'n ddiwedd y gynhadledd wedi'r cwbl. Felly, beth aeth allan y noson honno oedd deng munud o gyfweliad efo arweinydd y Blaid Lafur i gyd ar un camera – siot lydan – heb *cutaways* na dim byd arall i dorri ar yr undonedd (gweledol, nid geiriol).

Do, mi gefais y pleser o gwrdd â sawl cawr, a sawl cymêr hefyd. Mae'r byd gwleidyddol yn denu cymeriadau ac adar brith fel gwenyn at bot jam. Pobol sydd isio cael eu gweld ydi nifer ohonyn nhw wedi'r cwbl, efo *egos* mawr a meddyliau bach, ac mi ddois i ar draws dipyn go lew o'r rheiny. Ond chwarae teg, mae'r rhan fwyaf yn chwarae'r gêm wleidyddol am y rhesymau iawn.

PENNOD 15

Rwmania . . . gwreiddiau fy 'obsesiwn'

Ar ysgwyddau ffrind y crybwyllais ei enw eisoes y mae'r bai am fy niddordeb yn Rwmania, sef Huw Owen, gan mai fo blannodd yr hadau dros ddeugain mlynedd yn ôl. Trydanwr oedd Huw wrth ei grefft, ond fo oedd y swyddog undeb llawn amser ar safle cwmni Aliwminiwm Môn pan ddechreuais i weithio yno ar ôl graddio yn 1973. Roedd Huw yn gymeriad go iawn. Y sôn oedd ei fod, neu ei fod wedi bod, yn aelod o'r Blaid Gomiwnyddol ac arwydd o hynny, am wn i, oedd ei arfer o gyfarch pawb fel 'Brother'. Waeth pwy oedd gwrthrych y cyfarchiad, 'Brother' oedd hi bob gafael – cadeirydd cwmni RTZ (un o'r tri chwmni oedd yn berchen Aliwminiwm Môn), y gŵr oedd yn glanhau'r toiledau neu'r prentis oedd megis dechrau ar ei daith drwy fyd gwaith: 'Brother' oeddan nhw i gyd i'r hen gyfaill annwyl.

Mi oeddwn yn nabod Huw cyn dechrau gweithio yno, a

dweud y gwir, gan ein bod ni'n dau'n aelodau o Gyngor Undebau Llafur Bangor a Biwmares – Huw yn cynrychioli Undeb y Trydanwyr a minnau yn aelod oherwydd 'mod i'n ysgrifennydd Undeb y Myfyrwyr yn y Brifysgol. Felly mi oeddwn yn gyfarwydd â syniadau'r asgell chwith a diddordeb Huw yn ngwledydd Dwyrain Ewrop. Yr hyn a'm swynodd i amdano oedd ei ddewis o leoliad ar gyfer gwyliau blynyddol. Nid Llydaw mewn ciarifán na Butlins ym Mhwllheli na chwaith wyliau Caelloi neu Saga oedd yn mynd â'i fryd. Yn hytrach, i wledydd yr hen Ddwyrain Gomiwnyddol yr âi Huw bob blwyddyn. Un o'i hoff wledydd oedd Rwmania.

Ond pam?

Dwi ddim yn credu mai'r ideoleg Farcsaidd oedd yn ei ysbrydoli ond, yn syml, y ffaith fod 'na gwmni yn Wakefield, Swydd Efrog (os dwi'n cofio'n iawn), oedd yn hysbysebu gwyliau yn Nwyrain Ewrop ym mhapur newydd y Chwith, sef y *Morning Star*, ac mewn cylchgronau gwleidyddol fel y *New Statesman*. Apêl y gwyliau oedd fod y gost lawer iawn yn rhatach na gwyliau cyffredin gan fod llywodraethau'r gwledydd Comiwnyddol yn cyfrannu. Y sôn oedd fod y cwmni yn Wakefield, mewn gwirionedd, yn ffenest siop i wasanaeth cudd llywodraeth Rwsia, sef y KGB, ac mai arian Moscow oedd yn cynnal y busnes fel rhan o ymgyrch bropaganda'r Rhyfel Oer. Beth bynnag oedd y gwirionedd, y ffaith oedd fod Huw a Mrs Owen yn ymweld yn gyson â'r gwledydd ar ochr arall y Llen Haearn. Dyna, felly, oedd dechrau fy niddordeb yn Rwmania, diddordeb sydd wedi dwysáu yn ystod y blynyddoedd diwethaf.

Bu Rwmania yn rhan o'r Gymanwlad Gomiwnyddol tan fis Rhagfyr 1989, pan lwyddodd *coup* i ddisodli arwein-yddiaeth Nicolae Ceauşescu a'i wraig Elena. Gydol y flwyddyn 1989, cwympodd un ar ôl y llall o'r llywodraethau Comiwnyddol a'r brwydro ar strydoedd Bwcarest oedd y mwyaf gwaedlyd o ddigon. Pwy all fyth anghofio'r adroddiadau teledu ar ddiwrnod Nadolig 1989 yn dangos gweddillion corff Ceauşescu a'i wraig wedi'r dienyddiad diseremoni mewn barics milwrol ar gyrion Bwcarest?

Y llynedd mi oedd pobol Rwmania yn cael y cyfle i ddathlu chwarter canrif ers y cwymp. Ond nid pawb oedd yn dathlu. Yn wir, yr hyn sydd wedi fy nharo'n gyson yn ystod fy ymweliadau â'r wlad yw'r ffaith fod 'na bobol o hyd fyddai wrth eu bodd yn cael Ceauşescu yn ôl. Wrth deithio o faes awyr Henri Coandă y tro cyntaf i mi ymweld, gofynnais i'r gyrrwr tacsi sut roedd y wlad wedi newid ers dyddiau Comiwnyddiaeth. Fe'm synnwyd gan yr ateb: 'Ceauşescu did many bad things but for the right reasons. We have democracy now but many of our politicians don't know what it means.' Do, mi chwalwyd rhannau helaeth o hen ddinas Bwcarest gan y Comiwnyddion i wneud lle ar gyfer blociau o fflatiau digymeriad. Ond gwnaed hynny am fod ar y boblogaeth oedd yn llifo i mewn i Fwcarest, i weithio yn ffatrïoedd y brifddinas, angen lle i fyw. Ydyn, mae'r adeiladau yn edrych yn llwm erbyn hyn ond pan gawson nhw eu hadeiladu roeddan nhw'n blastai o'u cymharu â'u bythynnod amrwd yng nghefn gwlad. Gwasanaeth iechyd, system addysg, cludiant cyhoeddus: mi oedd Rwmania Gomiwnyddol ar y blaen mewn sawl maes.

Cyn y cyfnod Comiwnyddol roedd Bwcarest yn cael ei chydnabod fel Paris y Dwyrain. Mae blas o'r ysblander a'r moethusrwydd yno o hyd, a'r hyn dwi'n ei fwynhau ydi cael cerdded yn hamddenol, ar ddiwrnod braf, heibio tai yr hen fyddigions ar Strada Kiseleff. Mae'r mwyafrif ohonyn nhw rŵan yn eiddo i gwmnïau o'r Gorllewin neu yn llys-genadaethau. Ond am flas o'r hen ffordd o fyw sy'n dal i fodoli mewn sawl man yn y Rwmania wledig, does unlle gwell na'r Amgueddfa Werin yng ngheg Strada Kiseleff neu'r Amgueddfa Werin Awyr Agored ar lan Llyn Herăstrău, ar ben uchaf Strada Kiseleff. Treuliais oriau yn y ddau le, a gwn yn iawn y bydd 'na rywbeth newydd yn dal fy llygad y tro nesaf yr af i yno.

Y grefydd Uniongred ydi'r grefydd draddodiadol ac mae'r eglwysi, hyd yn oed y rhai lleiaf, yn wledd i'r holl synhwyrau. Sawl gwaith mi ydw i wedi sefyll yn gegrwth mewn tawelwch llonydd yn y llefydd sanctaidd yma, a syllu'n wylaidd ar yr eiconau sy'n addurno'r muriau. Mae addoldai megis Eglwys Colţea yng nghanol Bwcarest, yn enghraifft wych. Apêl y grefydd Uniongred i mi ydi symlrwydd ffydd y credinwyr ond, ar y llaw arall, cadernid yr hyn maen nhw'n credu ynddo. O'i gymharu â'r plisgyn sy'n cuddio pydredd Anghydffurfiaeth Gymreig, mae Uniongrededd Rwmania yn gyhyrog a grymus. Mae pobol Rwmania yn gwybod beth maen nhw'n ei gredu! Uchafbwynt i unrhyw un sy'n ymweld ydi'r mynachlogydd canoloesol yn nhalaith Maramureş. Hyd yma, dydw i ddim wedi bod yno ond mae ymweliad yn *mynd* i ddigwydd cyn bo hir.

Er mwyn cael mwy o flas ar y wlad yn y cyfnod cyn y

cwymp yn 1989, byddwn yn annog pobol i ddarllen campwaith Patrick McGuinness, *The Last Hundred Days*. Enillodd y gyfrol gystadleuaeth Llyfr y Flwyddyn yng Nghymru rai blynyddoedd yn ôl a llwyddodd i gyrraedd rhestr Gwobr Booker. Mae'n glasur ac yn werth ei ddarllen. Clasuron eraill ydi cyfrolau Patrick Leigh Fermor. Cerddodd Paddy Fermor yr holl ffordd o'r Iseldiroedd i Istanbul yn y blynyddoedd wedi 1933, ac mae'r daith wedi ei chroniclo mewn manylder gafaelgar. Y gwahaniaeth mwyaf amlwg rhwng teithio yn y tridegau a rŵan ydi y byddai pasbort Paddy Fermor wedi cael ei stampio wrth iddo symud o un wlad i'r llall. Un peth sy'n fy nghorddi bob tro dwi'n teithio ydi'r ffaith nad yw'r siwrne byth yn cael ei chofnodi ar fy mhasbort. Mae Rwmania bellach yn rhan o'r Undeb Ewropeaidd, ac felly mae modd teithio o faes awyr Manceinion yr holl ffordd i Fwcarest heb gael stamp ar y pasbort na dim byd swyddogol i nodi fod y daith wedi digwydd.

Ond mae un stamp yn fy mhasbort a hynny wedi i mi deithio ar y trên o Fwcarest i Chişinău, prifddinas gwlad gyfagos Moldofa. Am daith gofiadwy oedd honno – deuddeg awr o siwrne ar drên oedd yn perthyn i'r cyfnod Comiwnyddol. Pwrpas y siwrne oedd mynd i gynhadledd ryngwladol yn ymdrin â dyfodol newyddiaduraeth ymchwiliadol yng ngwledydd Ewrop. Roedd cael gwahoddiad i fod yn rhan o'r fath ddigwyddiad yn fraint gwbl annisgwyl, er gwaetha'r anghyfleustra o gyrraedd y wlad. Gadael gorsaf ganolog Bwcarest, sef y Gara de Nord, yn brydlon am ugain munud i wyth y nos. Cael ein dal yn ôl ar y ffin am ddwy awr, wrth i heddlu parafilwrol

Rwmania edrych drwy basborts pawb. Ac yna, dyma'r trên yn symud ryw ddau gan llath drwy dir neb a thros y ffin i Foldofa, cyn i mi fynd drwy'r un broses boenus yn fan'no, wrth i'r heddlu yno wneud yn union yr un peth gyda'r pasbort. Ond y tro yma, cefais y stamp inc i ddangos fy mod wedi ymweld ac mae hynny'n destun cryn falchder. Wedi'r oedi, dyma gael ailgychwyn, cyn stopio eto o fewn tua milltir o'r ffin. Cefais sioc o edrych drwy'r ffenest a gweld fod y trên wedi codi uwchben y cledrau a bod dynion efo cynion a morthwylion wrthi'n newid yr olwynion. Mae cledrau Rwmania yn wahanol i gledrau eraill yr hen wledydd Comiwnyddol ac mae 'na reswm gwleidyddol am hynny. Mae'n debyg fod Ceauşescu wedi gorchymyn newid y cledrau, i rwystro trenau milwrol Rwsia a'i chynghreiriaid rhag teithio arnyn nhw. Yn 1968, pan feddiannwyd Tsiecoslofacia gan Rwsia, gwelodd fod Moscow wedi gallu symud milwyr ac offer ar y rheilffyrdd, ac felly roedd newid y cledrau yn Rwmania yn fesur diogelwch gwerth chweil.

Wrth i 'nhrên deithio drwy gefn gwlad Moldofa, buan y sylweddolais fy mod i wedi gadael fy myd cyfarwydd a mentro, bron iawn, i fyd arall. Yn wir, roedd hi'n teimlo fel taswn i wedi gadael yr unfed ganrif ar hugain a theithio i oes wahanol iawn. Wrth i'r wawr dorri, yr hyn a welwn drwy ffenest y trên oedd golygfeydd a fyddai wedi bod yn gyfarwydd i bobol oedd yn byw rai canrifoedd ynghynt. Bron nad oedd amser wedi sefyll yn gwbl stond a bod yr olygfa a'r ffordd o fyw wedi cael eu rhewi neu eu gosod mewn ffrâm mewn oes oedd wedi hen ddiflannu! Caeau bychain heb glawdd terfyn; bugeiliaid mewn dillad traddodiadol yn gwarchod eu defaid a'u gwartheg; torri gwair efo pladur a dim golwg o bolyn trydan yn unman. Bob hyn a hyn, ar y ffyrdd didarmac, roedd pwmp dŵr neu ffynnon neu bydew ac wrth ymyl pob un, cwt bach amrwd yn gysgod a noddfa i groesbren gysegredig a chyntefig.

Yr hyn sy'n wefreiddiol am y grefydd Uniongred, sef crefydd Rwmania a Moldofa, ydi fod pobol y ddwy wlad yn glynu'n dynn yn nysgeidiaeth geidwadol a gwyliau swyddogol yr Eglwys; ond, yr un pryd, fod credoau a defodau mwy gwerinol a thraddodiadol wedi goroesi ac wedi eu gwau yn rhan o batrwm bywyd pob dydd heddiw. Mae hyd yn oed pobol sy'n byw ym mhrysurdeb dinasoedd fel Iaşi, Chişinău neu Fwcarest yn dal eu gafael mewn arferion sydd wedi gwreiddio'n ddwfn ym milltir sgwâr eu cyndeidiau dros y canrifoedd.

O'r diwedd, dyma gyrraedd pen y daith – dinas Chişinău, prifddinas Moldofa, sef y wlad dlotaf yn Ewrop. Roedd arwyddion y strydoedd a'r adeiladau swyddogol mewn ysgrifen Cyrilig, sef y wyddor Rwsiaidd. Wrth deithio o'r orsaf i'r gwesty moethus fyddai'n gartref i'r gynhadledd, bu'n rhaid i'r tacsi arafu. Gwaith ffordd? Na. Goleuadau traffig? Na, dim o'r fath beth. Trol a cheffyl yn cludo llwyth o wair oedd y rhwystr! Dychmygwch drol a cheffyl yn mynd drwy Oxford Street yng nghanol Llundain neu'n gwau drwy draffig Heol y Gadeirlan yng Nghaerdydd! Mae Moldofa yn byw rhwng dau fyd – byd yr heddiw a'r presennol, a'r byd fel yr oedd yn nyddiau'r hynafiaid. Dyma ddod i ddeall ystyr yr hyn yr oedd Waldo Williams yn sôn amdano, sef fod bywyd yn y presennol fel 'cadw tŷ mewn cwmwl tystion'. Gyda llaw, 'Strydoedd Aberstalwm' ydi strydoedd dinas Chişinău i'r bobol sy'n byw yna a dyna'n union dwi'n ei deimlo o fynd adref i Langoed.

Tridiau oedd hyd y gynhadledd, ac roedd bod yno yn agoriad llygad gwirioneddol. Y wers bwysicaf wrth wrando ar brofiadau newyddiadurwyr o wledydd eraill oedd sylweddoli pa mor lwcus yr ydan ni fel newyddiadurwyr yn ein rhan ni o gyfandir Ewrop. Hyd yn oed pan oeddwn i'n gohebu am helyntion gwleidyddol a'r llygredd oedd bron â dymchwel Cyngor Môn, wnes i erioed orfod edrych o dan fy nghar cyn tanio'r injan rhag ofn fod yr heddlu cudd neu elyn gwleidyddol wedi gosod dyfais ffrwydrol yno dros nos.

Daeth diwedd y gynhadledd ac amser cychwyn ar y daith yn ôl i Fwcarest. Ond er fy mod i'n barod am y siwrne flinedig y tro hwn, cefais ar ddeall nad oedd 'na ddim math o gyfleusterau bwyd na diod ar y trên. Yna, gwelais res o stondinau bychain ger mynedfa'r orsaf, pob un yn gwerthu byrbrydau. Felly, cyn cychwyn, mi brynais ddwy bastai afal i'w bwyta ar y daith. Roeddwn i'n ffodus wrth deithio yno mai fi oedd yr unig un yn fy nghaban, ond nid felly ar y ffordd yn ôl. Daeth gŵr o fy oedran i i mewn i'r caban a dwi ddim yn amau nad oedd holl gynnwys ei wardrob yn y cesys oedd efo fo. Doedd o'n deall yr un gair o Saesneg, na finnau'r un gair o Rwmaneg, ond mi gawsom ddeall ein gilydd drwy arwyddo. Dyna setlo ar gyfer y daith a'r trên yn araf gychwyn. Cyrraedd y ffin wedyn a mynd drwy'r un perfformans yno eto wrth newid yr olwynion.

Bum awr ar ôl gadael Chişinău, dyma deimlo fod y daith am adref wedi cychwyn go iawn. Ond cyn clwydo, dyma benderfynu cael rhywbeth i'w fwyta, sef y pasteiod afalau. Cymerais lond ceg. Ych a fi! Erbyn gweld (a blasu), nid pasteiod afalau melys oeddan nhw ond pasteiod cabaitsh oer wedi eu gorhalltu'n ofnadwy. Wnes i ddim bwyta llawer mwy. Ond dechrau gofidiau oedd hynny. Roedd gwaeth yn fy nisgwyl. Roeddwn i wedi llwyddo i gael y fainc gysgu isaf yn y caban a dyma ddechrau swatio am y noson. Yna daeth sŵn fel taran o'r fainc gysgu uwch fy mhen. Roedd fy nghyd-deithiwr yn amlwg wedi bwyta pastai gabaitsh, neu rywbeth tebyg, ac mi rechodd yr holl ffordd drwy'r daith yn ôl i Fwcarest. Felly ches i fawr o gwsg na fawr i'w fwyta y noson honno, a bron nad oes gen i gywilydd cyfaddef mai'r peth cyntaf wnes i ar ôl dod i ben y daith oedd mynd yn syth i McDonald's oedd yng nghanol y Gara de Nord a phrynu dau frecwast cyfan, ac mi oedd 'na gysur yn y cyfarwydd. Ronald McDonald – mi fydda i'n dy garu di am byth. Chdi ddaru fy nghadw i rhag llwgu y bore hwnnw.

Dwi wrth fy modd yn cael fy nghludo mewn tacsi. Y rheswm pennaf ydi 'mod i'n yrrwr trychinebus o sâl. Ond ym Mwcarest mi oedd 'na reswm arall. Taswn i wedi mentro gyrru yno, does gen i ddim amheuaeth na faswn i wedi lladd fy hun, neu gael fy lladd, gan fod gyrwyr Bwcarest yn gwbl, gwbl wallgof.

Ar ôl brecwast dyma gael gafael ar dacsi i faes awyr Henri Coandă.

'Are you English?' gofynnodd y gyrrwr.

'No,' medda finnau, 'I'm from Wales.'

'Ah,' meddai, ar ôl saib.

'Tara Galilor,' atebais (sef Cymru).

Seibiant arall.

'You like rugby?'

Cyn ei ateb, teimlais euogrwydd o fod yn bradychu fy

ngwlad, wrth ddweud, 'No!' Aeth y daith yn ei blaen mewn distawrwydd llwyr, ac yna heb na rheswm na rhybudd, dyma fo'n bloeddio nerth ei ben, 'Caerleon!' Hyd heddiw, does gen i ddim syniad pam. Sut y gwyddai gyrrwr tacsi am fodolaeth tref fach yn ne-ddwyrain Cymru? Ond dyna ni, rhagor o brawf o'r dywediad 'Rhyfedd o fyd'.

Y gwir yw fod cael cyfle i gynhyrchu a chyflwyno nifer o raglenni i nodi chwarter canmlwyddiant chwyldro 1989 ar gyfer radio a theledu yn un o uchafbwyntiau fy ngyrfa fel darlledwr a newyddiadurwr. Dwi am ddioch i Llion Iwan (S4C), Dylan Huws (Cwmni Da), a Betsan Powys a Steve Austins o Radio Cymru a Radio Wales, am fod yn ddigon hirben i weld fod hon yn stori oedd yn werth ei dweud. Er gwaethaf prysurdeb ei waith fel rheolwr gyfarwyddwr cwmni teledu Cwmni Da, mi benderfynodd Dylan gyfarwyddo'r rhaglen deledu ei hun. Roedd hynny o fantais enfawr. Mae gen i le i ddiolch hefyd i'r tîm cynhyrchu. Pobol fel fi a Dylan – y cynhyrchydd a'r cyfarwyddwr – sy'n cael y clod cyhoeddus, os oes llwyddiant. Ond y gwir amdani yw fod llwyddiant yn digwydd oherwydd gwaith ac ymroddiad pobol fel Rhianydd Newbery, Lowri Gwyndaf, Carol Hughes, Siôn Bayley Hughes, Osian Williams a Jiwlian Tomos. Iddyn nhw mae'r clod am fy rhaglenni yn ymwneud â'r chwyldro, ac os oes bai o gwbl am unrhyw beth, arna i a neb arall y mae'r cyfrifoldeb am hynny. Mae 'na ormod o bobol ym myd y cyfryngau yn fwy na pharod i swanio a bachu'r anrhydeddau, heb gydnabod rhan pobol eraill. A chan ein bod yn sôn am lwyddiant, dwi hefyd am achub ar y cyfle i gynnig ymddiheuriad i gyn-gyd-weithwyr yn BBC Cymru: Betsan Powys, pan oedd hi'n olygydd gwleidyddol arna i; Bethan Williams, golygydd newyddion Bangor; a Guto Thomas a Mark Palmer yng Nghaerdydd. Sori, bawb, 'mod i bron â'ch gyrru chi'n boncyrs ar brydiau wrth sôn yn ddiddiwedd am fy niddordeb yn Rwmania.

Mae 'na bron i 1,500 o filltiroedd rhwng Cymru a Rwmania ond yr hyn sydd wedi fy synnu, dro ar ôl tro, yw darganfod y cysylltiadau cwbl, cwbl annisgwyl rhwng y ddwy wlad. Mae 'na gred, er enghraifft, mai o'r ardal yma – hynny yw y tir sy'n cael ei adnabod bellach fel Rwmania – yr ymledodd y llwythau Celtaidd ar draws Ewrop. Mae 'na dystiolaeth fod milwyr o'r hyn sydd bellach yn Rwmania wedi gwasanaethu ym myddin Rhufain ar Fur Hadrian, sy'n awgrymu y gallai milwyr o Rwmania fod wedi gwasanaethu hefyd yn Segontium yng Nghaernarfon, yn y gaer ar Fynydd Caergybi neu yng Nghaerllion ym mlynyddoedd y goresgyniad Rhufeinig.

Yn fwy diweddar, wyddoch chi fod 'na ddwy o freninesau Rwmania wedi cael eu hurddo yn aelodau o'r Orsedd, un yn Eisteddfod Genedlaethol Bangor yn 1890 a'r llall yn Eisteddfod Pwllheli yn 1925? Wyddoch chi fod 'na blant o ddwy ysgol gynradd reit yng ngogledd Rwmania wedi ymateb i Neges Ewyllys Da yr Urdd yn 1935 drwy anfon dogfen addurniedig, wedi'i harwyddo gan bob plentyn yn y ddwy ysgol?

Mae hanes yr urddo brenhinol yn 1890 yn rhyfeddol a dweud y lleiaf. Y gyntaf i gael ei hanrhydeddu gan yr Eisteddfod Genedlaethol oedd y Frenhines Elizabeth. Teithiodd efo'i mab o Fwcarest drwy Ewrop ar drên yr Orient Express. Pwrpas y daith oedd cael gwraig iddo fel etifedd y Goron. Dyna gyrraedd Llundain ac yna, wedi ymgynghori, penderfynu ar wyliau yn nhref glan môr Llandudno. Bu'r frenhines a'i mab yn aros yng ngwesty'r Adelphi ar y Prom am bum wythnos ac mae'r ymweliad yn dal i gael ei gofnodi yn y gwesty. Mewn lle anrhydeddus gerllaw'r brif fynedfa, mae 'na lun amlwg o Elizabeth a chopi o'r llythyr a anfonwyd ganddi i ddiolch am hynawsedd y bobol fu'n tendiad arni. Cafodd yr ymweliad ei gofnodi hefyd yn y dref ei hun yn enwau'r strydoedd: Romania Drive, Romania Avenue, a Carmen Sylva Road. Yn ogystal â bod yn frenhines Rwmania roedd Elizabeth hefyd yn llenor, a dyna pam y cafodd ei hurddo yn aelod o'r Orsedd yn Eisteddfod Genedlaethol Bangor.

Mae adroddiadau'r papurau lleol am yr arhosiad brenhinol yn debyg i'r sylw y byddai ymweliad gan eilun roc yn ei gael yn y papurau poblogaidd yn ein dyddiau ni. Mae'r ohebiaeth rhwng gwraig fu'n perfformio yn y seremoni urddo ac E. O. Humphries, sef golygydd papur newydd lleol, yn wirioneddol afaelgar. Mae llawer o'r papurau perthnasol ar gael yn Archifdy Cyngor Conwy yn Llandudno, yn y Llyfrgell Genedlaethol yn Aberystwyth ac Archifdy Gwynedd yng Nghaernarfon. Roedd treulio oriau yn pori drwy'r dogfennau yn dwysáu fy niddordeb fwyfwy, a bu gwneud eitem am hyn gydag Elin Fflur ar gyfer *Wedi Saith* yn sbort go iawn – mae hi'n ferch hynaws a thalentog ac un mor hawdd gweithio efo hi.

Roedd 'na gysylltiad arall, yn anuniongyrchol, rhwng Cymru a Rwmania yn 1916 gyda'r Prif Weinidog David Lloyd George a'r bardd Cynan yn ddolen gyswllt. Dysgais 'Monastîr', un o gerddi Cynan, un ai yn Ysgol Gynradd Llangoed neu yn Ysgol David Hughes ac am flynyddoedd roeddwn yn cofio'r geiriau. Ond y gwir ydi nad oedd gen i syniad ble yn union roedd Monastîr na chwaith beth oedd arwyddocâd y lle yn y Rhyfel Byd Cyntaf. Gwyddwn fod y gerdd wedi ei gosod yng nghyfnod gwasanaeth milwrol Cynan. 'Gwelais ryw afon loyw, a llawer meindwr gwych,' meddai, ac yn nes ymlaen mae o'n galaru: 'Gwybu fy nghalon hiraeth dir / Am Fonastîr, am Fonastîr.' Mae Monastîr yn yr un rhan o'r byd â Rwmania. Nid dyma'r lle i drafod ei arwyddocâd milwrol, yn bennaf oherwydd nad ydw i'n gymwys fel hanesydd milwrol. Digon yw dweud fod yr hyn ddigwyddodd yn y rhan yma o'r byd wedi cael effaith uniongyrchol ar dynged Rwmania. Dywedodd David Lloyd George, 'It is no exaggeration to say that Rumania may be the turning point of the campaign.' Dwi'n mawr obeithio y gallwn ddarllen mwy yng nghofiant Cynan, sy'n cael ei baratoi gan y Dr Gerwyn Wiliams o Brifysgol Bangor.

Sawl tro yn ystod fy nheithiau i Rwmania dwi wedi teimlo 'mod i'n ymweld â gwlad sy'n byw rhwng dau fyd. Mae 'na gyfoeth; mae bariau crand ardal Lipscani yn llawn o bobol sy'n gwybod pris popeth ond gwerth fawr ddim. Ond ar yr un pryd, mae 'na bobol yn byw dan ddaear yn y draeniau ac ar domenni sbwriel. Cefais sioc am fy mywyd pan gododd y caead metel oedd yn cau'r fynedfa i'r twneli gerllaw gorsaf reilffordd y Gara de Nord. Ond cefais fwy o sioc fyth o weld wyth o bobol yn dringo allan o'r twll. Yn ddynion, merched a phlant, roedd y bobol hyn mewn gwyll tanddaearol ac, yn ôl pob sôn, roedd yna rai cannoedd ohonyn nhw'n crafu byw yno. Y llynedd oedd y chweched tro i mi ymweld â Rwmania a chred rhai fod gen i obsesiwn efo'r wlad a'i phobol. Y gwir yw nad ydi hudoliaeth y wlad byth wedi pylu ers fy ymweliad cyntaf. Fel Patrick McGuinness yn *The Last Hundred Days*, mae hudoliaeth Bwcarest yn dal i'm denu innau a'm swyno.

Ers diwedd y gormes Comiwnyddol bu hon yn wlad ar daith, a choron ar y cyfan oedd cael ei derbyn yn 2007 yn aelod cyflawn o'r Undeb Ewropeaidd. Un o'r argraffiadau yn ystod un o'm hymweliadau yn 2014 oedd fod yr etholiadau Ewropeaidd wedi tanio cryn gystadleuaeth rhwng y pleidiau gwleidyddol, sydd i'w weld nid yn unig ar bosteri ond ar faneri enfawr yn hongian ar draws y strydoedd. Roedd yr ardal o gwmpas y Gara de Nord, a'r pafin ger y ffordd fawr gerllaw fy ngwesty, yn glwstwr lliwgar o bebyll wrth i'r gwahanol bleidiau geisio denu pleidleisiau. O gofio hanes Rwmania o fod yn rhan o wladwriaethau mwy megis ymerodraethau'r Rhufeiniaid a'r Ottoman, does dim rhyfedd fod yr ymdeimlad Ewropeaidd mor gryf yn y wlad.

Teithiais i ddinas Iaşi yn y Gogledd, taith trên a gymerodd bron i wyth awr. Pwrpas yr ymweliad oedd cyfarfod prif swyddogion Prifysgol Alexandru Ioan Cuza, sef y brifysgol hynaf yn Rwmania. Cefais groeso wrth drafod cynllun blaengar i sefydlu partneriaeth rhwng Iaşi a Phrifysgol Bangor. Do, mi gafwyd sgyrsiau academaidd ond y prif destun trafod, yn arbennig ymhlith y bobol ifanc yn y Brifysgol, oedd y sefyllfa yn yr Iwcráin. Tra bo Bwcarest yn edrych tua'r gorllewin, roedd golygon sawl un o'r bobol y bûm i'n siarad â nhw yn edrych tua'r gogledd.

Mae dinas Iaşi yn nhalaith Moldavia ac mae Moldavia reit ar y ffin â'r Iwcráin. Yn ystod fy ymweliad yno yn 2014, roedd y tensiwn rhwng Gorllewin a Dwyrain Iwcráin yn dechrau berwi. Ofn y myfyrwyr ifanc yn y Brifysgol oedd gweld Rwmania'n cael ei thynnu i wrthdaro gyda'i chymydog ac efo Rwsia. Roedd llywodraeth y Prif Weinidog Ponta eisoes wedi sôn am orfodaeth filwrol i ddynion ifanc dros ugain oed. Cafodd cais gan un o ddirprwyon yr Arlywydd Putin i gael hedfan dros Rwmania ei wrthod gan neb llai na'r Arlywydd Băsescu ei hun. Y gwir amdani yw nad oedd gan Arlywydd Rwmania fawr o ddewis ond gwrthod y cais gan fod Rwmania, yn ogystal â bod yn rhan o'r Undeb Ewropeaidd, bellach yn aelod o NATO – ac roedd NATO wedi penderfynu rhwystro rhai aelodau o lywodraeth Rwsia rhag hedfan dros dir aelodau'r gynghrair filwrol. Dro ar ôl tro ar y newyddion teledu, gwelais luniau o drenau milwrol yn cludo tanciau, darnau awyrennau a wageni milwrol i ddinas Suceava, dinas sydd ar y ffin â'r Iwcráin. Roedd pennawd ar un bwletin newyddion yn gwbl ddiflewyn-ar-dafod: 'Romania goes to war with Russia.' Ardal yw hon sy'n hen gyfarwydd â rhyfel. Gerllaw'r brif fynedfa i orsaf drenau Iaşi mae 'na blac bychan yn cofnodi un o erchyllterau'r Ail Ryfel Byd – 'O'r fan hon, yn ystod un penwythnos ym mis Mehefin 1941, cludwyd miloedd lawer o ddynion, gwragedd a phlant Iddewig a hwythau heb wybod i ble'r oedden nhw'n mynd.'

O ran ein delwedd o Rwmania, mae 'na dueddiad anffodus i'w gweld fel gwlad o sipsiwn ysgeler a lladron sy'n tyrru i odro'r drefn nawdd cymdeithasol ym Mhrydain, y gwir yw fod hon yn wlad a chanddi ragolygon hynod gyfoethog. Mae ganddi adnoddau naturiol megis yn y meysydd olew yn Ploieşti, un o gloddfeydd aur mwya'r byd mewn lle o'r enw Rosia Montana, a dan wyneb y Mare Negra, sef y Môr Du, mae 'na gyflenwadau di-ben-draw o nwy siâl.

Un o'r adroddiadau olaf wnes i ar gyfer teledu, cyn gadael staff BBC Cymru ym mis Mawrth 2013, oedd un yn trafod y rhagolygon am berthynas fwy clòs rhwng Rwmania a Chymru. Gwn fod Llysgennad Rwmania, Dr Jhon Ingha, yn awyddus i weld hynny'n digwydd, ac felly hefyd Gonswl Rwmania yng Nghymru, Clive Williams. Mae Prif Weinidog Cymru, Carwyn Jones, yn ogystal â chyn-Lywydd y Cynulliad Cenedlaethol, yr Arglwydd Elis-Thomas, yn awyddus i weld datblygu'r cysylltiadau, tra bo'r arbenigwr busnes, yr Athro Dylan Jones-Evans, o'r farn fod Cymru wedi colli cyfle, ac yn dal i wneud. Os bydd yr ychydig yr ydw i wedi gallu ei wneud i hybu'r berthynas yn dwyn ffrwyth, yna mi fydd y cyfan wedi bod yn werth yr ymdrech. Yn hytrach na dilorni a phardduo Rwmania a'i phobol, mi ddylai gwahanol lywodraethau gwledydd Prydain fod yn anwesu gwlad ac iddi'r fath botensial.

PENNOD 16

Straeon difyr

Un o freintiau mawr bod yn newyddiadurwr ydi cael y cyfle i gyfarfod â phobol ddifyr. Mae lecio pobol yn gaffaeliad mawr yn y gwaith ac mae angen bod yn berson busneslyd a pharod i dyrchio dan yr wyneb i gael at y gwir. Yr hyn mae'r gynulleidfa adre yn ei weld neu'n ei glywed, wrth gwrs, ydi adroddiad pedwar munud ar radio a theledu, a hwythau wedyn dan yr argraff, 'Nefoedd, mae gan y boi yna joban handi . . .'

Mae cael stori ar sail sgwrsio efo pobol yn un o'r crefftau elfennol yn y busnes yma, ond mae perygl i newydd-iaduraeth heddiw fynd yn orddibynnol ar ddatganiadau i'r wasg neu dderbyn yn ddigwestiwn yr hyn y mae gwleidyddion neu bobol *PR* yn ei ddweud. Y rheswm am hynny, yn rhannol, yw pwysau amser: mae'r peiriant newyddion bellach yn fwystfil awchus a barus dros bedair awr ar hugain, saith diwrnod yr wythnos. Ar ben hynny, mae gwefannau cymdeithasol fel Facebook a Twitter yn golygu fod 'na ddulliau newydd o dorri stori heb orfod dibynnu ar ohebydd. Ond cryfder gwasanaeth newyddion

BBC Cymru oedd ei rwydwaith o ohebwyr, pobol ymroddedig sy'n byw yn eu cymunedau – dynion fel Craig Duggan, Aled Scourfield, Siôn Tecwyn a John Meredith – pobol a'u clust at y ddaear.

Dwi wedi trafod fy niddordeb yn Rwmania eisoes yn y bennod flaenorol. Y rheswm yr ydw i am sôn am y wlad eto a dyfynnu darn o ddyddiadur rhyfel gŵr o'r enw Geraint Dyfnallt Owen, am gaffi ym Mwcarest, ydi oherwydd mai fan'no, sef Café Gambrinus, oedd lleoliad y cyfweliad pwysicaf i mi ei wneud yn ystod fy holl yrfa newyddiadurol. Treuliodd Geraint Dyfnallt Owen ran o'r Ail Ryfel Byd yn gweithio ym Mwcarest a chofnododd ei brofiadau yno mewn dyddiadur. Dyma'r cofnod perthnasol:

> Hydref 12, 1944
> Cwrdd â Martin yn yr hwyr a threfnu mynd gydag ef i'r Gambrinus – man cyfarfod myfyrwyr Bwcarest. Dywed Martin fod perygl llywodraeth Gomiwnyddol . . . os digwydd hynny, ni fydd y llywodraeth newydd at chwaeth y genedl ac ni chaiff fawr o flas ar y newidiadau a fyddai'n sicr o ddilyn.

Fel dwi wedi ei ddweud, roedd cael cynhyrchu a chyflwyno nifer o raglenni o Fwcarest ar gyfer radio a theledu y llynedd i nodi chwarter canmlwyddiant y chwyldro yn 1989 ddaru ddymchwel Comiwnyddiaeth yn fraint ac uchafbwynt. Cefais y cyfle yn y Gambrinus i holi un o ffigurau pwysig y chwyldro a gwrando arnon'n rhannu atgofion dadlennol am yr hyn ddigwyddodd go iawn yn ystod y dyddiau cynhyrfus hynny. Dywedodd rhywun rywbryd fod newyddiadurwyr yn cael y cyfrifoldeb (sydd hefyd yn fraint) o sgwennu'r drafft cyntaf o hanes. Dyna sut ro'n i'n teimlo ar ddiwedd y cyfweliad hwnnw: fy mod i wedi holi un oedd wedi siapio hanes.

Roedd holi'r cyn-Gadfridog Dan Voinea yn wirioneddol ddirdynnol. Cyfreithiwr oedd Dan Voinea, ac ym mis Rhagfyr 1989 roedd o'n uwch-gapten yn Adran Gyfreithiol y Weinyddiaeth Amddiffyn. Fo gafodd y dasg o fod yn brif erlynydd yn yr achos yn erbyn Nicolae ac Elena Ceauşescu – y nhw oedd wedi llywodraethu'r wlad ers degawdau. Dan Voinea ydi'r dyn mawr efo sbectol sydd i'w weld mewn clipiau o'r achos sydd i'w cael ar YouTube. Cyfaddefodd wrtha i ar gamera yn gwbl onest nad oedd yn teimlo fod ganddo ddigon o dystiolaeth i ddechrau na chynnal achos. Serch hynny, cafodd addewid mai megis dechrau yr oedd y broses gyfreithiol. Ond ymhen ychydig, meddai, cafodd orchymyn gan y Gweinidog Amddiffyn, Victor Stănculescu, fod yr achos i orffen mewn hanner awr ac mai dedfryd 'Euog' oedd yr unig un oedd yn dderbyniol. Mae'n amlwg o wylio'r achos ar YouTube nad oedd y cyn-Arlywydd na'i wraig, Elena, yn sylweddoli cweit beth oedd yn digwydd. Cyfaddefodd Dan Voinea wrtha i iddo gydymdeimlo â'r ddau am eiliad, yn enwedig pan edrychodd Elena'n syth ato a dweud, 'Sut medrwch chi wneud hyn . . . ni yw eich rhieni . . . chi yw ein plant . . . fi yw eich mam.'

Prif bwrpas y cyfweliad oedd hel tystiolaeth ar gyfer fy ffilm, a wnaed efo Cwmni Da, am ffotograffydd o Brestatyn o'r enw Ian Parry, newyddiadurwr a gafodd ei ladd wrth weithio ym Mwcarest i bapur newydd y *Sunday Times*. Bu farw dridiau wedi i'r Ceauşescus gael eu dienyddio. Y fersiwn swyddogol, wedi blynyddoedd o dawelwch, oedd fod Ian Parry wedi marw pan blymiodd yr awyren oedd yn ei gludo o Fwcarest i'r ddaear yn ystod tywydd garw. Roedd Dan Voinea wedi ceisio cynnal ymchwiliad, meddai, ond roedd y llywodraeth newydd wedi ei wahardd rhag parhau. Ond honnodd wrtha i fod ganddo ddigon o dystiolaeth nad damwain oedd y digwyddiad ond fod taflegryn wedi taro'r awyren. Dyna, meddai, oedd wedi achosi marwolaeth Ian Parry a chwech o Rwmaniaid. Aeth Dan Voinea ynhellach: dywedodd fod ganddo ddigon o dystiolaeth hefyd fod dau o wleidyddion amlycaf y llywodraeth newydd yn Rwmania wedi cynllwynio gydag eraill yn y llywodraeth i ladd Ian Parry. Fy ngobaith yw y bydd y dystiolaeth yn cael ei hystyried un ai gan lywodraeth Prydain, gan Senedd Ewrop neu gan y llywodraeth yn Rwmania; ac os ydi'r dystiolaeth yn ddigonol, yna fod y mater wedyn yn cael gwrandawiad yn y Llys Rhyngwladol yn yr Hâg.

Toc wedi darlledu'r rhaglenni radio a theledu am Ian Parry a'r chwyldro yn Rwmania, daeth e-bost annisgwyl oddi wrth Carmen Moise. Hi ydi'r newyddiadurwraig ddewr ym Mwcarest fu'n gymaint o help i ni wrth weithio ar y stori. Dywedodd wrtha i ei bod wedi trefnu cyfarfod ym Mrwsel yn 2015 gydag Aelodau Senedd Ewrop o Ffrainc, Gwlad Belg a'r Iseldiroedd. Gwyddwn eisoes nad Ian Parry oedd yr unig newyddiadurwr i farw yn ystod y gwrthdaro. Lladdwyd chwech yn Timişoara, er enghraifft, ar ddiwrnod cyntaf y chwyldro a bu farw eraill mewn dinasoedd ledled Rwmania. Mae hynny'n codi cwestiwn allweddol: oedd y marwolaethau wedi digwydd oherwydd fod gan arweinwyr y chwyldro bolisi bwriadol o dargedu newyddiadurwyr, a'u lladd os oedd angen, er mwyn celu'r gwir am yr hyn oedd yn digwydd yn y wlad? Mae llywodraeth Rwmania wedi camarwain, wedi dweud celwydd ac wedi ffugio a 'cholli' dogfennau am chwarter canrif. Mae pobol ddylai fod wedi sefyll eu prawf flynyddoedd yn ôl wedi llwyddo i osgoi hynny oherwydd eu bod yn bobol ddylanwadol yn y drefn wleidyddol.

Cafodd Arlywydd newydd ei ethol yn Rwmania yn Nhachwedd 2014. Cyn-Faer dinas Sibiu yw'r Arlywydd Iohannis a gŵr nad yw'n perthyn i'r criw sydd wedi tra-arglwyddiaethu yn Rwmania ers dyddiau'r chwyldro. Mae'n arwyddocaol iawn mai un o'r addewidion cyntaf a wnaeth yr Arlywydd oedd ymrwymo i newid y drefn o benodi barnwyr ac erlynwyr. Rhan o'r broblem yn ymwneud â llygredd ydi penodiadau gwleidyddol, trefn sydd wedi cadw pobol ddrwg yn gysurus am chwarter canrif: gwleidyddion llwgr yn penodi gan wybod na fyddai'r bobl newydd yn gofyn cwestiynau anghyfforddus am y bobl ddaru eu penodi nhw yn y lle cyntaf! Pwrpas y cyfarod ym Mrwsel oedd ceisio perswadio Aelodau o Senedd Ewrop i godi'r mater ac i gefnogi cais i ddwyn achos Ian Parry, Jean-Louis Calderon a'r lleill fu farw ym mis Rhagfyr 1989 gerbron y Llys Troseddau Rhyngwladol yn yr Hâg. Mae'n amlwg nad ydi hi'n bosib cau pen y mwdwl ar achos Ian Parry a does wybod i ba gyfeiriad y bydd y stori yma'n mynd nesaf. Heb unrhyw amheuaeth o gwbl, hon ydi'r stori fwyaf i mi weithio arni erioed.

Rhywbeth arall sydd wedi fy niddori ers blynyddoedd ydi beth yn union ddaru ddigwydd yn Abergele ar y noson cyn urddo etifedd y Goron, y Tywysog Charles, yn

Dywysog Cymru. Bu farw dau ddyn yn Abergele ar 1 Gorffennaf 1969 wedi i fom ffrwydro, sef George Taylor ac Alwyn Jones. Cefais gyfle i wneud rhaglen ar y stori yng nghyfres *Manylu* i BBC Radio Cymru. Ers y rhaglen honno bu'n fraint cyfarfod a chydweithio â Jenny Collins, sef merch George Taylor. Mae hi fel finnau yn argyhoeddedig nad oedd ei thad wedi mynd allan i osod bom. Teyrngarwch plentyn tuag at riant? Gwrthod wynebu ffeithiau? Mae'n wir y byddai ymateb felly yn ddealladwy, ond doeddwn i ddim – a dydw i ddim – yn credu hynny.

Treuliais ddiwrnod cyfan yn yr Archifdy yn Kew yn llungopïo holl bapurau'r achos cyfreithiol yn erbyn John Jenkins, y cyn-nyrs milwrol a gafwyd yn euog yn Llys y Goron Abertawe o gynllwynio i osod bomiau. Costiodd cynnwys y dwsinau o ffeils dros £150 i'w gopïo ac o feddwl fod un tudalen yn costio deg ceiniog, gwnewch y sym. Treuliais oriau yn darllen y papurau cyfreithiol, a dwi wedi trafod gyda gwleidyddion sy'n gyfarwydd â'r achos a gyda phlisman oedd yn rhan o'r ymchwiliad. Mae'r dystiolaeth dwi wedi ei gweld a'i chlywed yn awgrymu'n gryf nad oedd George Taylor yn rhan o unrhyw gynllwyn i osod bom: doedd yr un o'r tystion yn sôn am enw George Taylor a chadarnhaodd un o gyn-swyddogion yr heddlu cudd ar gamera nad oeddan nhw erioed wedi clywed sôn amdano.

Ond mae 'na gwestiynau yn codi. Gweithiais yn agos efo'r Arglwydd Roberts o Landudno i geisio cael ymchwiliad i'r digwyddiad. Cododd Roger Roberts y mater yn Nhŷ'r Arglwyddi ac ymateb swta braidd fu i'r ymholiadau. Ond cafwyd cadarnad fod 'na wybodaeth yn cael ei dal yn ôl ond fod rhaid parchu teimladau'r teulu a pheidio â'i chyhoeddi. Cawsom gryn gymorth gan un sydd bellach yn gyn-aelod o lywodraeth David Cameron. Cododd y mater gyda'r Ysgrifennydd Cartref, Teresa May, a daeth gwahoddiad i mi i'w gyfarfod. Mi es yno'n eiddgar gan ddisgwyl newyddion. Ond fe'm siomwyd. Beth gefais i ganddo oedd y neges ddiamwys y dylwn beidio â busnesu rhagor, gan fod pobol a sefydliadau dylanwadol yn cadw llygad ar yr hyn ro'n i'n ei wneud. Er gwaethaf hynny, dwi'n dal i ofyn cwestiynau.

Mae'n amlwg o ddarllen gohebiaeth gyfrinachol rhwng Ysgrifennydd y Cabinet, Syr Burke Trend, a'r Prif Weinidog, Harold Wilson, fod Wilson yn pryderu am ddiogelwch y teulu brenhinol wrth iddyn nhw deithio am y seremoni, o Lundain i Griffiths Crossing ger Caernarfon, ar drên. Cymaint oedd pryder Wilson nes iddo ystyried teithio mewn hofrenydd. Felly, sut roedd modd i ddau ddyn ddod o fewn llathenni i'r brif lein, yn cario bom, o gofio'r mesurau diogelwch oedd i fod mewn grym? Mae'r cwestiwn yna'n codi un arall. Oedd rhywun o fewn y lluoedd diogelwch yn gwybod am y bwriad i osod bom, ac yn fwy difrifol, oedd 'na orchymyn gwleidyddol i gau llygaid neu i droi cefn?

Mae'r cwestiynau yn dal i godi. Pa arwyddocâd sydd i'r ffaith mai patholegydd o'r enw Dr Frank Skuse ddaru gynnal y profion fforensig yn achos Abergele? Fo oedd y gwyddonydd fforensig yn achos 'Chwech Birmingham' yn 1975 hefyd, ac ar sail ei dystiolaeth o y cawsant eu carcharu ar gam. Profwyd yn ddiweddarach fod ei gasgliadau'n hollol anghywir. Ynghyd â dulliau amheus yr heddlu o sicrhau cyffesiadau yn yr achos, mi gollodd y chwe diffynnydd un mlynedd ar bymtheg o'u bywydau oherwydd dulliau diffygiol Skuse.

Pa arwyddocâd sydd i'r ffaith fod dogfennau'r cwest i achos George Taylor wedi mynd ar goll? Pa arwyddocâd sydd i'r ffaith fod marwolaeth milwr ifanc ar gei llechi Caernarfon gwta oriau wedi'r seremoni Arwisgo yn y Castell wedi cael y nesaf peth i ddim sylw a bod tystion yn y cwest hwnnw wedi gwrth-ddweud ei gilydd? Y cwestiwn mwyaf diddorol i mi o ddigon ydi pwy oedd y miliwnydd Cymreig y mae un o'r tystion yn hawlio i John Jenkins ei grybwyll wrth frolio am arian oedd yn cyllido'r ymgyrch fomio. Mae 'na orymdaith yn cael ei chynnal drwy ganol Abergele bob Gorffennaf i ddathlu a choffáu y merthyron honedig, Alwyn Jones a George Taylor, ac mae hynny'n destun loes i Jenny Collins a gweddill y teulu. Mae angen atebion, ond i gael y rheiny mae'n rhaid gofyn y cwestiynau iawn i'r bobol iawn. Dyna'n union yw fy mwriad.

Gwleidyddiaeth oedd fy mhriod waith, yn San Steffan ac ym Mangor. Dwi ddim felly yn siŵr pam yr oeddwn i yn Nhrawsfynydd yn gwneud eitem ar Eisteddfod y Gadair Ddu. Beth bynnag oedd y rheswm, roedd cynnwys y cyfweliad yn gwbl annisgwyl. Garffild Lloyd Lewis, cyn-olygydd newyddion Radio Cymru, ddaru awgrymu y dylwn fynd i weld 'Anti Ruth', sef Ruth Roberts, gwraig dros ei chant oed oedd yn byw mewn tŷ teras dafliad carreg o gofgolofn Hedd Wyn. Dyma ffonio ei merch, cael croeso cynnes a gwahoddiad i fynd fyny am banad. Gwraig oedrannus yn ei chwman roeddwn i wedi ei disgwyl ond nid un felly oedd Anti Ruth. Roedd ei chof yn glir fel grisial a dyma ddechrau'r cyfweliad. Sgwrs gyffredinol am yr ardal i ddechrau ac am ei hatgofion. Yna'n gwbl annisgwyl, dyma'r frawddeg:

'Dyma fi'n dweud wrtho fo . . .'

'Dweud be wrth bwy?' medda finnau.

'Wel y fo 'te,' meddai yn ddigon difynedd.

'Wel pwy?'

Doeddwn i ddim yn disgwyl yr ateb ges i.

'Y fo, Ellis yr Ysgwrn – Hedd Wyn.'

Dyma droi i edrych ar Mal Owen, y dyn camera, ac mi oedd yntau fel finnau yn gegrwth. Roeddan ni'n siarad efo gwraig oedd yn nabod Hedd Wyn, nid o'i farddoniaeth ond yn ei nabod fel cymeriad cig a gwaed. Aeth gweddill y cyfweliad i gyfeiriad gwahanol iawn i'r disgwyl.

Mi oedd hi'n ffrindiau agos ag un o chwiorydd Hedd Wyn ac yn ymwelydd cyson â'r Ysgwrn. Dwi wedi ailedrych ar y cyfweliad. Mae Anti Ruth yn rhannu'r atgofion gyda gwên wrth adrodd hanes Hedd Wyn yn gwerthu ei gôt fawr. Mae'n ymddangos fod 'na siop wystlo, neu *pawnbroker*, ym mhentref Trawsfynydd cyn y Rhyfel Byd Cyntaf, ac mi werthodd Ellis ei gôt yno!

'Wyddoch chi be wnaeth y cythral bach efo'r pres?' meddai. 'Mi brynodd bump o Woodbine i gael smôc!'

Yna, llwyddodd Anti Ruth i baentio darlun byw iawn o ddigwyddiad pwysig yn hanes yr ardal ac, yn wir, yn hanes Cymru: sef y diwrnod y daeth y Gadair Ddu i bentref Trawsfynydd. Cafodd y gadair ei chludo ar y trên o Benbedw ac roedd torf yn disgwyl amdani yng ngwaelod y pentref. Cafodd y trysor ei gario ar gefn trol a cheffyl, ac roedd Anti Ruth yn y dorf ac mi welodd y cyfan a'i ddisgrifio fel tasa fo wedi digwydd yr wythnos cynt. Y geiriau sy'n glynu yn y cof o'r cyfweliad ydi'r rhain: 'Mi ddaeth y Gadair i Drawsfynydd ond ddaru Hedd Wyn ddim dod adra.' Roedd y mynegiant yn y fersiwn Saesneg yn fwy grymus: 'It was a sad day, a very sad day . . . it was the saddest of our days.' Mae'n dal yn destun gofid i mi na wyddwn am farwolaeth Anti Ruth ac felly na chefais i'r cyfle i fynd i'r angladd. Hoffwn fod wedi mynd, er mwyn cael diolch am y fraint o fod wedi cael cyfarfod y wraig arbennig yma, er nad oedd hynny ond am ychydig oriau.

Wrth sôn am y Gadair Ddu, mi hoffwn ychwanegu pwt personol o hanes fy nheulu. Gŵr o'r enw David Evans oedd cadeirydd pwyllgor gwaith Eisteddfod y Gadair Ddu. Cafodd ei eni a'i fagu yn Llangoed, ac roedd o'n perthyn o bell i deulu fy hen daid, Moses Jones. Mi fudodd o a'i frodyr i gael gwaith ym Mhenbedw. Yno, bu'n llwyddiant fel adeiladydd mawr yn y ddinas. David Evans hefyd oedd perchennog chwarel galch Penmon ac roedd yn cadw cysylltiad agos â'i wreiddiau. Roedd ganddo dŷ hyfryd, sef Cynlais, ger y ffordd am Benmon ac roedd o a'r teulu yn treulio gwyliau blynyddol yno.

Yn ei hunangofiant, *Tros y Tresi*, mae Huw T. Edwards yn hel atgofion amdano'n bargeinio gyda David Evans am godiad cyflog i chwarelwyr Penmon. Doedd dim gobaith o hynny oedd ymateb David Evans, gan fod y busnes yn mynd drwy gyfnod anodd. Roedd o ei hun wedi gorfod torri'n ôl, meddai, ac yn hytrach na smocio sigaréts Player's roedd o wedi gorfod dechrau smocio Woodbines. Yn ystod yr egwyl ginio, penderfynwyd trefnu casgliad a'i gyflwyno i David Evans. Pedwar swllt a chwe cheiniog: modd iddo gael paced o Player's am ddiwrnod neu ddau! Chwarddodd

David Evans lond ei fol ac mi ildiodd i ofynion y gweithwyr.

Dwi'n falch o ddweud fod copi personol David Evans o Gyfansoddiadau Eisteddfod Birkenhead 1917 mewn lle anrhydeddus ar fy silffoedd llyfrau. Fel y nodais ynghynt, fo oedd cadeirydd pwyllgor gwaith yr eisteddfod honno, Eisteddfod y Gadair Ddu, a fo ddaru gyflwyno'r Gadair Ddu yn yr ŵyl. Pan oeddwn i'n gweithio yn Llundain mi fyddwn i'n mynd bob diwrnod cyflog, ar y 15fed o'r mis, i siop lyfrau ail-law yn Charing Cross Road i bori. Un tro, mi ddois i ar draws tomen o lyfrau Cymraeg, a dwi ddim yn amau mai rhan o lyfrgell Capel Charing Cross oeddan nhw. Yn eu canol nhw beth oedd 'na ond copi o Gyfansoddiadau a Beirniadaethau Eisteddfod y Gadair Ddu, a thu mewn i glawr y llyfr roedd 'na blât papur yn dweud: 'Mae'r gyfrol hon yn eiddo i David Evans, Cadeirydd Pwyllgor Gwaith Eisteddfod Birkenhead 1917.'

Mae tawelwch cefn gwlad Sir Feirionnydd i'w deimlo yn Nhrawsfynydd – lle i enaid gael llonydd yng ngwir ystyr y gair. Ond dros hanner canrif yn ôl, roedd hi'n stori dra gwahanol wrth i beiriannau trwm rwygo'r enaid o bentref Capel Celyn i greu cronfa ddŵr Tryweryn.

Yn fy nghyfnod yn y Senedd, mi oeddwn yn arfer cyfarfod Aelodau Seneddol o bob plaid a hynny am sgwrs gwbl anffurfiol. Dyna sut roedd dod i wybod beth oedd yn digwydd go iawn, tu ôl i ffurfioldeb San Steffan. Pan ddychwelais i weithio yng Nghymru yn 2005, dyma benderfynu parhau â'r arferiad. Er nad ydw i'n ddyn am golomennod, pleser oedd cyfarfod Elfyn Llwyd yn ei gartref yn Llanuwchllyn. Felly hefyd Albert Owen yng Nghaergybi, Dafydd Wigley yn Bontnewydd neu Roger Roberts yn y bore coffi wythnosol yn yr Eglwys Fethodistaidd yn Llandudno.

Yn 2005 roedd cofio Tryweryn ar y gorwel, ac mewn sgwrs gyda Roger Roberts dyma gael gwybod ei fod o'n mynd i gynhadledd ei blaid yn Blackpool. Cefais ar ddeall gan Roger ei fod yn debyg o siarad gydag arweinydd Cyngor Lerpwl, Mike Storey. Dyna weld cyfle yn syth. Bu Rhian Jones, dirprwy olygydd newyddion Radio Cymru ar y pryd, a minnau'n trafod eisoes sut i nodi'r deugain mlynedd ers Tryweryn. Dyna awgrymu wrth Roger ei fod o'n gofyn i Mike Storey am y posibilrwydd o gael datganiad ganddo fel arweinydd presennol y cyngor. Dyna fu tan ddiwedd y tymor cynadledda, ac yna cefais alwad ffôn gan Roger Roberts. Pryd roedd modd cael sgwrs?

Gweinidog Wesle ydi Roger ac 'Enthusiasts' oedd yr enw cynnar am ddilynwyr John Wesley. Teg dweud fod Roger Roberts yn hynod 'enthusiastic' pan ddaru ni gyfarfod yn Llandudno. Roedd o wedi siarad efo Mike Storey, medda fo, a hwnnw yn ei dro wedi cyfarfod ag arweinwyr y pleidiau eraill ar y cyngor. Y newyddion oedd fod aelodau'r cyngor wedi dod i gytundeb a byddai cynnig yn y man yn mynd gerbron y cyngor llawn, yn enw'r Democratiaid Rhyddfrydol a'r Blaid Lafur. Byddai Mr Storey yn gofyn am ganiatâd y cyngor i gyhoeddi datganiad fod Cyngor Lerpwl yn edifar am y penderfyniad a wnaed ddeugain mlynedd ynghynt i foddi Cwm Tryweryn a hefyd am y ffordd ansensitif y cafodd y mater ei drin ar y pryd gan yr awdurdodau.

Y bore tyngedfennol hwnnw, roeddwn i'n medru darlledu'r stori yn fyw o Ganolfan y BBC yn y Bala, hynny ydi, o ardd ffrynt fy nghyfaill Llŷr Edwards, gohebydd y BBC yn yr ardal. Gwn yn iawn mai yn ei symbolaeth yr oedd hanfod y stori ac roedd yn bwysig cael yr ymateb. Croesawyd yr ymddiheuriad gan Brif Weinidog Cymru, Rhodri Morgan, ond cefais y fraint o holi pobol oedd yn cofio'r digwyddiadau'n glir am eu hymateb nhw. Yn union fel Anti Ruth yn siarad am ei hatgofion hithau am Hedd Wyn, roedd Euron Prysor yn siarad o'r galon am ei atgofion personol. Nid drwy niwl amser y bu Euron Prysor yn sôn am Ysgol Cwm Celyn a'r gymuned efo gwrandawyr y *Post Cyntaf* y bore hwnnw. Siaradodd o'r galon ac am ddigwyddiadau oedd yn dal i achosi gwewyr i'r enaid. Mewn cyfarfod o gyngor llawn Dinas Lerpwl ar 19 Hydref 2005, cafodd y cynnig ei basio. Dim ond wedyn y gwnes i sylweddoli'r eironi. Agorwyd y llifddorau i foddi'r cwm a chreu argae Tryweryn ar 28 Hydref 1965. Priodol, felly, oedd i'r ymddiheuriad ddod bron i ddeugain mlynedd i'r diwrnod y gwnaed hynny.

Mae 'na gwestiynau'n codi yng nghyd-destun y stori yma ac mae'n bryd i rywun fynd i'r afael â nhw. Beth ydi pwrpas cael haneswyr a newyddiadurwyr gwleidyddol a Choleg Cenedlaethol os nad ydyn nhw'n bwrw ati o ddifri ac yn wrthrychol i ddadansoddi pynciau o'r math yma? Pam ddaru Tryweryn ddigwydd? Beth oedd ei wir effaith wleidyddol yng Nghymru a thu hwnt? Mae D. Ben Rees, yn ei lyfr am Jim Griffiths a gyhoeddwyd yn 2014, wedi crybwyll ei ddistawrwydd o ar y pwnc. Crybwyll, heb y nesaf peth i ddim manylion a dim ymdrech i drio dweud pam. Os oedd Tryweryn yn gymaint o hwb i danio'r 'Ymwybyddiaeth Genedlaethol' â hynny, sut ddaru Plaid

Cymru fethu â chipio sedd Meirionnydd yn etholiad 1959?

Mae saga Tryweryn bellach, fel Brad y Llyfrau Gleision a Llosgi Maes Awyr Penyberth, yn rhan o fytholeg wleidyddol y Gymru Gymraeg. Rhag ofn i unrhyw un gamddeall, pan dwi'n sôn am 'fyth gwleidyddol' dwi ddim yn awgrymu am funud fod stori Tryweryn yn stori blant na chwaith yn chwedl dylwyth teg. Yn sicr, dwi ddim am i neb gredu 'mod i'n ceisio dilorni yr hyn ddigwyddodd i Gapel Celyn a'i bobol. Yr hyn dwi'n ceisio'i wneud ydi deall ei wir arwyddocâd.

Gwell i mi geisio egluro.

Y disgrifiad gorau o fytholeg wleidyddol i mi yw hwnnw gan yr Athro Emeritws Christopher Flood o Brifysgol Surrey. Dywedodd yn 2001 fod digwyddiadau gwleidyddol ddoe neu heddiw yn cael eu defnyddio i greu ideoleg sydd wedyn yn cael ei llyncu fel y gwir, yr holl wir a dim ond y gwir gan ddiystyru ffeithiau sydd ddim yn siwtio, neu hyd yn oed greu ffeithiau i gynnal y myth ar gyfer dibenion gwleidyddol. Dyma rai enghreifftiau o bethau sydd erbyn hyn yn cael eu derbyn yn ffeithiol gywir a'u defnyddio i lunio naratif at ddibenion gwleidyddol:

'Cyn y Diwygiad Methodistaidd, roedd Cymru yn anialwch ysbrydol.'

'Bu gwerthoedd gwleidyddol y Cymry yn gynhenid radicalaidd a dyna pam yr oedd Llafur, tan yn ddiweddar, yn denu'r fath gefnogaeth.'

'Mae'r Ceidwadwyr yn blaid estron yng Nghymru sy'n cael ei chynnal gan bobol ddŵad.'

'Roedd Gwrthryfel Glyndŵr yn enghraifft o genedl yn codi yn erbyn ei meistri estron a gormesol.'

'Arddel cenedlaetholdeb ydi'r unig ffordd i achub yr iaith Gymraeg.'

'Aeth Blair â Phrydain i ryfel yn Irac ar sail celwydd.'

'Mae pobol o dramor yn llifo yma i fyw ar haelioni Prydain.'

'Thatcher a Reagan ddaru ddymchwel Comiwnydd-iaeth.'

Os ydi rhywbeth amheus yn cael ei ailadrodd yn ddigon aml, mae o'n cael ei dderbyn yn ffaith. Os ca i awgrymu'n garedig, mae pob un o'r gosodiadau uchod wedi eu seilio ar ragdybiaethau anghyflawn a dyna pam dwi'n eu galw nhw'n 'fythau gwleidyddol'. Ond wedi dweud hynny, mae pob un hefyd wedi cael ei lyncu i geisio siapio'r 'Myth Gwleidyddol Cymreig' am Gymru ddoe a Chymru heddiw ac yfory. Dwi'n prysuro i ychwanegu nad yng Nghymru'n unig y mae'r ymgais yma'n digwydd. Dyna fyrdwn yr hyn yr oedd Michael Gove yn ceisio'i wneud drwy fentro newid y cwricwlwm cenedlaethol ar gyfer y pwnc Hanes yn ysgolion Lloegr pan oedd o'n Ysgrifennydd Addysg. Dyna pam roedd y ffilm *Braveheart* mor boblogaidd yn yr Alban, a thueddiad felly a welir yn Rwmania wrth i wleidyddion yno ddilorni etifeddiaeth Nicolae Ceaușescu yn ei chyfanrwydd.

Sori, gyfeillion, dyna ddechrau crwydro a mynd i ganol dyfroedd dyfnion. Gwell dychwelyd at fy stori . . .

Canol llonydd, tawelwch meddwl

Mae gen i ddyled aruthrol i 'Nhad. Pan fuodd o farw yn 2002 roedd hi'n golled anferthol i mi. Roedd o wedi bod yn gefn drwy'r cwbl – yn nyddiau ysgol, coleg, ac ar ôl hynny. O'r cyfnod positif i'r cyfnod negyddol pan ddechreuodd y cymylau duon grynhoi uwch fy mhen, mi oedd fy nhad yno yn gefn i mi. A phan ddois i allan ym mhen arall y twnnel, roedd o yno eto. Doedd o ddim yn hapus, wrth gwrs nad oedd o, ac mi ges i'r cerydd mwyaf erioed ganddo fo a dweud y gwir, ond roedd o yno i mi serch hynny.

Roedd Mam wedi ailbriodi erbyn hynny a doeddwn i ddim wedi bod mewn cysylltiad â hi yn ystod y blynyddoedd afradlon. Ond a bod yn deg, doeddwn i ddim mewn cysylltiad uniongyrchol â 'Nhad chwaith, ar wahân i'r adegau prin hynny pan oeddwn i'n mynd adref er mwyn cael pres, neu pan oeddwn i mewn trwbwl go iawn, fel adeg yr achosion llys. Un o'r pethau dwi'n falch iawn ohonyn nhw erbyn hyn ydi fy mod i wedi llwyddo i ail-greu perthynas o fath efo Mam.

Pan ddaeth y gwahoddiad i wneud y rhaglen deledu *Gadael y Gwter*, mi o'n i'n reit amheus ar y dechrau. Er fy mod i'n adnabod y cynhyrchydd, Gwenan Pennant Jones, a'r cyflwynydd, Bethan Rhys Roberts, yn dda iawn, ac er bod gen i'r parch mwyaf atyn nhw, doeddwn i ddim yn gwbl gartrefol ynglŷn â bwrw fy mol yn gyhoeddus unwaith eto. Roeddwn i wedi gwneud hynny eisoes ar *Beti a'i Phobol* yn 2000 – y tro cyntaf i mi siarad yn gyhoeddus am fy mywyd a 'mhroblemau. Mi wnes i gytuno bryd hynny am fy mod i'n gwybod na fuasai Beti George yn cymryd mantais ar fy sefyllfa fregus, fel y buasai rhai darlledwyr diegwyddor yn ei wneud, gan feddwl eu bod nhw'n cael gwell rhaglen os ydyn nhw'n cael dagrau. Mi wnaiff rhai cyflwynwyr unrhyw beth i geisio cael hynny, ond nid Beti. Roeddwn i'n gwybod yn iawn na fuasai Gwenan a Bethan byth wedi gwneud y fath beth chwaith, chwarae teg, ond doedd o ddim yn benderfyniad hawdd mynd ati i fwrw fy mhechodau o flaen y byd unwaith eto.

Mi oedd gwneud rhaglen Beti yn brofiad rhyfeddol, achos roedd o'n gyfle i ddwyn atgofion yn ôl – pethau annifyr a oedd o dan yr wyneb a minnau'n dewis eu cadw nhw felly. Pethau yr oeddwn wedi bod yn eu gwthio o'r neilltu. Atgofion cas yr oedd yn well gen i beidio â meddwl amdanyn nhw ar y pryd. Mi oedd o'n gyfle i sôn am y rhain am fy mod i'n medru ymlacio wrth siarad efo Beti, ac roedd o'n gatharsis i mi. Cofiwch chi, wnes i ddim cytuno'n syth bin i gymryd rhan yn y rhaglen honno chwaith. Oedd o'n beth doeth i mi siarad yn gyhoeddus am y pethau yma ac ailferwi'r cawl, fel petai? Rydan ni'n sôn am bethau ddigwyddodd dros ugain mlynedd yn ôl. Ond erbyn hyn dwi'n falch iawn fy mod i wedi dewis cymryd rhan yn y ddwy raglen. Mae siarad yn gyhoeddus am fy helyntion a fy mhroblemau wedi bod yn fendithiol, heb os. Cyfle i fwrw fy mol a chael llechen lân.

Un o'r pethau oedd yn fy mhoeni fwyaf am *Gadael y Gwter* oedd mynd yn ôl i Watford i gyfarfod y dyn wnaeth fy achub i, Sarjant Bob Seecombes. Fel y soniais o'r blaen, doeddwn i ddim wedi'i gyfarfod o ers ugain mlynedd, ac er fy mod i wedi anfon cerdyn Nadolig ato bob blwyddyn yn ddi-ffael byth ers hynny, doeddwn i ddim yn rhy siŵr y byddai'n fy nghofio. A hwnnw oedd y profiad mwyaf emosiynol drwy'r ffilmio i gyd. Mi ges i bwl bach yng ngorsaf Victoria hefyd, wrth weld lle'r oeddwn i wedi bod yn cysgu ar adegau yn ystod y cyfnod coll. Roedd hynny'n anodd. Un peth oedd eistedd mewn stiwdio yng Nghaerdydd efo Beti yn sôn am bethau oedd wedi digwydd yn y gorffennol, mater arall oedd mynd yno a gweld y llefydd unwaith eto, arogli'r arogleuon hen gyfarwydd a chlywed yr hen synau drachefn. Roedd yr atgofion yn llifo'n ôl yn llawer iawn mwy byw wedyn – roedd 'na gig a gwaed iddyn nhw bron. Ond mae amser yn mendio briwiau, ac ro'n i'n teimlo'n llawer llai emosiynol nag roeddwn i wedi disgwyl y byddwn i am fod cymaint o flynyddoedd wedi mynd heibio. Roeddan nhw fel rhyw glustog rhyngof fi a'r gwirioneddau cas hynny, ac felly wnes i ddim ymateb fel y basach chi'n disgwyl i ddrama cwîn ymateb. Ydw, dwi'n cyfaddef fy mod i'n gallu bod yn un o'r rheiny ar brydiau, ond mi lwyddais i gadw'r elfen honno o'r neilltu y tro hwn.

Mae pobol yn gofyn i mi'n aml oes 'na beryg i mi droi'n ôl at y botel, ac oes, mae 'na beryg o hynny bob dydd. Dwi'n ddigon realistig i sylweddoli'r posibilrwydd hwnnw, pe bai'r amgylchiadau neu'r pwysau'n newid mewn rhyw ffordd neu'i gilydd. Mae 'na beryg i mi gael fy nharo gan fellten neu gan gar wrth groesi'r stryd hefyd. Ond mae'n rhaid cadw'r salwch dan reolaeth a'r unig ffordd i wneud hynny ydi peidio ag yfed.

Am y tro cyntaf ers dwn i ddim pa bryd, dwi'n teimlo fod gen i ganol llonydd i fy mywyd. Y tawelwch meddwl yna ydi'r goriad i egluro'r yr hyn dwi wedi llwyddo i'w wneud – yr ychydig dwi wedi llwyddo i'w wneud – ers cael fy hun yn ôl ar fy nhraed. Mae'n golygu fy mod i'n byw bywyd cwbl onest bellach, ond hefyd, y cyfrinach ydi fy mod i'n byw bywyd efo tawelwch meddwl am y tro cyntaf ers blynyddoedd. Mae fy mherthynas efo fy nghymar, Mark, yn rhan allweddol o hyn. Mae'r darnau llwyddiannus o fy mywyd i'n seiliedig ar y ffaith fy mod wedi cydnabod a derbyn y realiti fy mod i'n hoyw. Roeddwn i'n byw bywyd ffug pan o'n i'n briod, ond, diolch i Mark, ers chwarter canrif mae gen i sefydlogrwydd yn fy mywyd.

Wrth i mi fynd yn hŷn, bu'r cwestiwn yn codi o bryd i'w gilydd yng nghefn fy meddwl: beth pe bai'r hyn ddigwyddodd heb ddigwydd? Lle faswn i wedi'i gyrraedd o fewn y BBC o ran gwaith? Faswn i wedi llwyddo i gael gyrfa wleidyddol, neu faswn i wedi bod yn un o hoelion wyth y Bedyddwyr Cymreig? Dwi wedi rhoi'r gorau i feddwl hynny bellach. Does 'na ddim pwrpas iddo fo. Dydi hel meddyliau fel yna ddim ond yn mynd i arwain at feddyliau negyddol yn y pen draw.

Dau beth sy'n bwysig: yr hyn yr ydw i wedi llwyddo i'w wneud o ran fy ngyrfa, ac o ran adfer fy mherthynas efo fy mhlant; ac yn ail, bod fy nhad wedi mynd i'w fedd yn gweld fy mod yn ôl ar fy nhraed, fel y gallai feddwl: 'Na, doedd John ddim yn gymaint o wastraff amser â hynny', ac mae hynny'n bwysig iawn i mi. Dwi wedi llwyddo i ailsefydlu rhyw fath o berthynas efo Linda erbyn hyn hefyd, ond fedr hi byth anghofio'r ing a'r boen yr aeth hi drwyddyn nhw o'm hachos i, a dwi'n derbyn hynny wrth reswm.

Oherwydd y blynyddoedd coll, y realiti ydi fod yr uchelgais wleidyddol oedd gen i ar un adeg bellach ar ben. Mae gen i ormod o fagej erbyn hyn. Dwi'n 64, dwi'n dad i ddau o blant a dwi'n meddwl y byd ac yn falch iawn o'r ddau. Ond llawn mor bwysig, os nad pwysicach, ydi fy mod i'n daid a bod gen i wyrion ac wyres, a dwi'n ymfalchïo'n fawr ym mywydau a llwyddiant y pedwar – Matthew, Cameron, Sophie ac Alec. Dwi'n yrrwr tacsi swyddogol iddyn nhw. Maen nhw i gyd yn llwyddiannus yn eu meysydd eu hunain, ond dydi llwyddiant academaidd neu broffesiynol ddim mor bwysig â hynny i mi. Yr hyn dwi am ei weld gan blant fy merch ydi eu bod hwythau'n cael profi tawelwch meddwl hefyd, achos mae hynny'n fwy gwerthfawr na dim.

Y cyngor fydda i'n ei roi iddyn nhw bob amser ydi i fod yn onest efo nhw'u hunain, a thrafod unrhyw broblemau efo rhywun y maen nhw'n ymddiried ynddo, a pheidio celu rhywbeth yn fewnol lle mae hynny'n golygu gwneud niwed iddyn nhw'u hunain yn feddyliol neu'n gorfforol. Dwi wedi bod yn ffodus i ddarganfod y canol llonydd chwedlonol hwnnw. Dwi bellach yn ddyn tawel fy myd ac yn mwynhau bywyd – ond nid bodlon fy myd chwaith, achos dwi ddim yn greadur hunanfodlon.

Craidd hapusrwydd ydi'r berthynas sydd gynnoch chi efo pobol o'ch cwmpas, ond yn bwysicach hyd yn oed na hynny, y berthynas yr ydach chi'n ei magu ac yn ei meithrin efo chi'ch hun. Mae 'na adnod yn yr Efengyl yn ôl Ioan sy'n dweud, 'A chwi a gewch wybod y gwirionedd, a'r gwirionedd a'ch rhyddha chwi' (Ioan 8:32). Unwaith y gwnes i wynebu'r gwirionedd amdanaf fi fy hun, mi ges i ryddid meddwl, a thawelwch, ac mae hynny'n gysur ac yn werth ei bwysau mewn aur.

Do, mi gerddais heibio San Steffan gannoedd o weithiau pan o'n i'n byw ar y stryd, yn f'atgoffa fy hun o'r freuddwyd a'r uchelgais a oedd gennyf unwaith am y lle. Yn y cyflwr yr oeddwn i ynddo ar y pryd, fasan nhw ddim wedi fy ngadael i'n agos at y drws heb sôn am fy ngadael i dros y rhiniog. Ac eto dyna fi, flwyddyn neu ddwy ar ôl llwyddo i oresgyn hynny, yn sefyll ar College Green, yn Downing Street, neu yn y Central Lobby, yn holi William Hague, Tony Blair, Gordon Brown, Dafydd Wigley, Roger Roberts neu bwy bynnag – mawrion eu pleidiau. Mae'n gwbl anhygoel i mi, ond i osod y peth yn ei gyd-destun, stori ydi hi am enaid clwyfus a gafodd ei lorio gan ei broblemau fo'i hun. Does 'na ddim cyfrifoldeb ar neb arall amdanyn nhw, dim ond fi fy hun, ac nid y fi wnaeth adfer fy hun – mi ges i help gan lawer ar y daith.

Mi es i drwy'r cyfnod mwyaf negyddol yr oedd posib mynd drwyddo. Ond unwaith y daeth o i ben, ac wrth i'r meddwl ddechrau clirio, mi sylweddolais fod gen i gryfderau personoliaeth nad oeddwn i wedi bod yn ymwybodol ohonyn nhw cyn hynny, yn enwedig pan oedd y gwaith o'm hadfer fy hun wedi dechrau.

Er gwaetha'r holl niwed wnes i i mi fy hun ac i bobol eraill, ac er gwaetha'r niwed wnes i i'm henw da, dwi yma o hyd. Mae hynny'n wyrth. Dwi yma, a hynny ar fy ngwaethaf.